AGRESSIONS SEXUELLES

LA RÉPONSE JUDICIAIRE

GILLES ANTONOWICZ

AGRESSIONS SEXUELLES

LA RÉPONSE JUDICIAIRE

Odile Jacob

15, rue Soufflot, 75005 Paris

www.odilejacob.fr

ISBN : 2-7381-1113-0

INTRODUCTION

La statistique affadit, elle ensevelit l'horreur sous le nombre.

Jean-Claude CHESNAIS,
Histoire de la violence.

Selon une circulaire du ministère de l'Éducation nationale[1], un jeune sur dix est victime de violences sexuelles entre sa naissance et sa majorité. Autant dire, pour que les choses soient claires, qu'environ 6 millions d'individus, toutes générations confondues sur l'ensemble de notre population, sont, ont été ou seront victimes d'agressions de ce type. Cela se passe dans notre beau pays de France, à l'aube du XXIe siècle.

Autre source, les travaux de l'ANRS[2] conduits sous la responsabilité de deux sociologues du CNRS[3] ont permis d'estimer à « 15,4 % des filles et 2,3 % des garçons la proportion d'enfants et d'adolescents subissant des rapports sexuels forcés. Pour les filles, ces rapports imposés sous la contrainte sont dans 85 % des cas le fait d'hommes qu'elles connaissent, jeunes ou adultes, appartenant ou non à la famille. Pour 25 % d'entre elles, de tels rapports ne sont pas des actes isolés, mais se répètent d'autant plus souvent qu'ils ont commencé tôt. Quand ils ont débuté avant douze ans, ces abus durent au moins un an. Les cas d'inceste débutent presque toujours avant la puberté et concernent 8 % des cas[4] ». Et encore ces chiffres ne constituent-ils que des estimations minimalistes. Pour une agression dénoncée, ou même simplement évoquée au détour d'une enquête ou d'un entretien, combien d'agressions tues, désespérément cachées au fond de la mémoire d'un enfant ou d'un adolescent ?

La question « classique », qui revient inévitablement dès que l'on aborde un tel sujet, peut se formuler ainsi : ces agressions sont-elles aujourd'hui effectivement en augmentation ou la croissance des statistiques n'est-elle que la résultante de plaintes et dénonciations plus fréquentes sans pour autant que le phénomène soit en réelle progression ? Il n'existe à ce jour aucune étude permettant de répondre de manière catégorique à une telle interrogation. Les seules certitudes dont nous disposons proviennent des services judiciaires et policiers et nous assurent de l'augmentation sensible des dossiers traités : le dernier quart de siècle a vu tripler[5] le nombre des plaintes déposées pour viols et autres agressions sexuelles. Un tiers des arrêts de cours d'assises rendus en 1999 ont concerné des viols commis sur des mineurs. Entre 1984 et 1999, le nombre des condamnations prononcées pour des viols commis sur des mineurs de moins de quinze ans a été multiplié par sept. De 1994 à 1999, les condamnations pour agressions sexuelles de nature délictuelle commises sur des mineurs sont passées de 2 050 à 4 306[6]. En janvier 2000, les agresseurs sexuels (toutes « catégories » confondues) représentaient 21,8 % des condamnés détenus dans les prisons françaises[7].

Pour certains, que le nombre des dossiers traités augmente serait « plutôt bon signe » et ne résulterait que de la « levée des barrages psychologiques » qui interdisaient auparavant tout dévoilement. Les intervenants sociaux seraient mieux formés, plus sensibilisés. Assistantes sociales, médecins, enseignants hésiteraient moins à faire des signalements. Les enfants, mieux entourés, mieux protégés, mieux informés, révéleraient plus facilement les agressions qu'ils subissent.

D'autres soulignent au contraire les multiples clignotants paraissant malheureusement plaider pour une augmentation sensible du nombre des agressions, parlent de fléau social et soutiennent que les agressions sexuelles sur mineurs sont à l'enfance et à l'adolescence ce que la corruption est désormais à la politique mondiale — une véritable gangrène que les institutions judiciaires ont et auront de plus en plus de mal à combattre —, tout en constatant dans un cas comme dans l'autre que le nombre d'affaires traitées et sanctionnées ne cesse effectivement d'augmenter. Comme un puits sans fond.

En réalité, les chiffres dont nous disposons nous autorisent simplement à dire que la répression des infractions commises est aujourd'hui meilleure, plus efficace, mais nullement à penser qu'il y aurait globalement plus ou moins d'agressions de cette nature. Il est également possible d'affirmer que certains verrous ont sauté : le scandale n'effraie plus, personne n'est à l'abri, riche, puissant ou misérable. Cela ne signifie hélas qu'une seule chose, que tout le corps social se trouve concerné et impliqué. Les agressions dépassent aujourd'hui largement le cadre familial ou de voisinage, scolaire ou celui, plus exceptionnel, de la « mauvaise rencontre » fortuite, pour se retrouver « institutionnalisées » dans ce qui est devenu au niveau mondial une véritable exploitation sexuelle de l'enfance et de l'adolescence. Le premier congrès réuni sur le sujet à Stockholm en août 1996, rassemblant plus de mille délégués en provenance de 126 pays, a permis d'ouvrir le procès d'une véritable « industrie mondiale » du trafic et de la pornographie enfantine. Les chiffres fournis en cette occasion par l'UNICEF sur la prostitution d'enfants dans le monde donnent le vertige[8] : près de 700 000 enfants seraient en état de prostitution aux Philippines, 400 000 en Inde, 300 000 aux États-Unis, 200 000 en Thaïlande, autant en Chine, 30 000 dans la petite République dominicaine et... 8 000 en France. Selon une estimation de la police judiciaire, de 300 à 500 000 images pornographiques mettant en scène des mineurs seraient en circulation dans notre pays[9]. Les « réseaux » pédophiles tissent leur toile sur Internet et, pour un juge d'instruction français, il paraît aussi illusoire de vouloir en remonter les filières par le truchement de commissions rogatoires internationales que de tenter de suivre le circuit de l'argent sale dans les cascades de sociétés off-shore fleurissant des Bermudes aux îles Caïmans.

Cet ouvrage n'a pas la prétention de traiter l'ensemble de ces questions dans leur globalité. Il entend plus précisément s'attacher à évoquer la condition, nettement majoritaire, des mineurs de moins de quinze ans victimes d'adultes vivant dans leur entourage, ascendants directs ou personnes ayant autorité sur eux, par leur position (beau-père, amis de la famille, proches parents) ou leur fonction (enseignants, membres de famille d'accueil, éducateurs).

Analyser ces agressions, leurs natures bien différentes selon les situations, leurs conséquences, la personnalité des agresseurs, leurs moyens de défense, la souffrance des victimes, tel est le premier objectif de ce livre qui souhaite, en retranscrivant les paroles mêmes de leurs auteurs et de leurs victimes glanées au fil des procédures et des audiences, faire prendre conscience à chacun de la réalité des drames qui se jouent souvent derrière les portes fermées des palais de justice, dans l'intimité des huis clos. Certains propos ci-après reproduits pourront apparaître comme extrêmement choquants. Ils ne sont pourtant que l'exacte restitution d'une réalité que nous devons bien regarder en face. Leur lecture générera sans doute du dégoût. Les lire reste cependant nécessaire : nos esprits policés se refusent à concevoir la réalité, et il faut donc la connaître pour pouvoir en prendre la mesure. C'est à cette condition que l'on pourra comprendre que le combat pour l'enfance n'a rien à voir avec une quelconque croisade morale : il ne s'agit pas de brandir l'étendard de l'ordre et de partir en guerre contre la pornographie ou l'homosexualité, il s'agit de défendre des enfants et des adolescents qui souffrent, non de faire des amalgames.

Le second objectif de ce livre vise à (re)donner aux victimes, aux « parties civiles », la place qui leur revient au cœur de notre procédure pénale. Dans son essai *Justice sans Dieu*[10], Thierry Lévy fait le constat suivant : « Il y a trois parties dans un procès pénal : la victime, l'accusé et le ministère public. La victime a encore moins de droits que l'accusé. Elle est traitée comme une intruse. » L'institution judiciaire n'a en effet le plus souvent, au mieux, qu'une indifférence polie à offrir aux victimes. Seul l'accusé est aujourd'hui l'objet de toutes ses attentions. À la toute-puissance de l'accusation née des excès d'une procédure de type inquisitoire a succédé un fonctionnement judiciaire établi sur un mode binaire où le couple accusation-défense est venu occuper tout l'espace.

Les raisons de cette situation ? Très certainement, tout d'abord, l'énorme culpabilité que nous portons pour avoir rendu pendant des siècles une justice de barbares. La torture, la question (« une invention tout à fait nécessaire pour perdre un innocent », disait La Bruyère), l'inquisition, le secret, l'absence de contradictoire, les supplices, que de crimes ont, en effet, été commis en son nom. La grande mutation née à la fin du XVIIIe siècle avec l'abolition par Louis XVI des questions « préparatoires et préalables », poursuivie par la Révolution ouvrant une porte vite refermée par l'Empire sur le principe du contradictoire, puis relancée à la fin du XIXe avec notamment l'autorisation donnée en 1897 aux avocats d'assister aux actes d'instruction, ne s'est achevée que très récemment : nous venons à peine d'entrer dans l'ère d'une justice moderne et civilisée. L'abolition de la peine de mort et la suppression de la dernière juridiction d'exception, la Cour de sûreté de l'État, ne datent que de 1981, c'est-à-dire d'à peine plus de vingt ans. Cela n'est sans doute pas un délai suffisant pour faire disparaître le souvenir coupable de siècles d'injustices plus ou moins criantes. Depuis cette date, toutefois, on ne peut plus parler de système judiciaire érigeant l'arbitraire en règle de droit même si l'on peut toujours continuer à parler de bavures et de dysfonctionnements liés la plupart du temps à des problèmes structurels sur lesquels il convient de continuer à se pencher.

Sans doute également le pouvoir de fascination exercé par le crime et la transgression a-t-il contribué à favoriser cette situation. L'intérêt suscité par la personnalité de ceux qui sont passés de l'autre côté de la frontière pénale est plus grand que celui né de la souffrance des victimes[11] qui ne sont constituées généralement que de « gens ordinaires », surtout quand il s'agit d'enfants que, bien à tort, les adultes peuvent considérer comme n'ayant rien à dire. Or, les victimes ont des choses à exprimer, elles ont une vérité à asseoir, elles ont besoin d'être reconnues, entendues. Elles doivent pouvoir participer au procès pénal dans un strict rapport d'égalité et avec les mêmes armes que la défense et l'accusation dont le regard est nécessairement radicalement différent du leur. Le procureur de la République représente la société, il exerce des poursuites pour faire cesser le trouble porté à l'ordre public par l'infraction commise, il agit pour préserver la paix sociale et rappeler à chacun qu'est révolu le temps des vengeances privées, qu'il n'est pas question de retourner à la « faide » du temps des Mérovingiens, que la justice demeure un pouvoir « régalien », une prérogative de l'État. Mais il n'a pour autant, lui, personnellement souffert de rien. Il demeure avant tout un magistrat, un fonctionnaire qui n'a pas à avoir d'état d'âme particulier et doit demeurer neutre et indépendant vis-à-vis des parties. Il n'est donc nullement tenu de croire le plaignant et souvent d'ailleurs ne le croit-il pas ou pas suffisamment, d'où les innombrables décisions de classement sans suite ou de non-lieu. Si pour Clemenceau la guerre était une affaire trop sérieuse pour être confiée aux seuls militaires, l'accusation est pour les victimes une affaire trop grave, trop intime et trop douloureuse pour être ainsi laissée aux mains des seuls procureurs. Les discussions sur les réformes à entreprendre ne sont pas closes : entre les partisans d'une procédure résolument tournée vers l'accusatoire, de type anglo-saxon, qui verrait notamment disparaître le juge « enquêteur » qu'est notre actuel juge d'instruction, et les tenants de simples améliorations visant à apporter à notre actuel Code de procédure pénale d'inspiration inquisitoire quelques retouches de nature à renforcer les garanties des justiciables, le débat est vif : le temps est désormais venu pour les parties civiles d'y prendre part et d'y faire entendre leur voix pour la reconnaissance de leur existence et de leurs droits.

Chapitre premier

SORTIR DU SILENCE

Tribunal pour enfants. Procès-verbal d'audience en assistance éducative.

Le 28 janvier 1997, Nous, G.B., juge des enfants, agissant en application de l'ordonnance du 23 décembre 1958 relative à la protection de l'enfance et de l'adolescence en danger, étant en notre Cabinet, avons procédé ainsi qu'il suit à l'audition de Raphaël F. :

> « Je voulais vous parler car il y a environ quatre ou cinq mois, à l'occasion d'un week-end chez moi, j'ai vu mon père toucher les fesses de ma sœur qui était endormie. J'étais déjà un peu choqué car ma sœur dort dans le lit de mon père alors que ma mère couche ailleurs. Je précise que ma sœur dormait profondément et qu'elle ne s'est rendu compte de rien. Je n'ai jamais constaté d'autres gestes déplacés. Au moment des faits que je relate étaient également présents mon frère Roland et sa copine. Personne n'a osé rien dire. Je suis conscient de la gravité de mes déclarations et je note que vous les transmettez au procureur. »

Direction générale de la police nationale. Brigade des mineurs. Procès-verbal d'audition. Enquête préliminaire.

L'an mil neuf cent quatre-vingt-dix-sept, le 5 avril à dix heures cinq, Nous, P.G., Enquêteur de police, Agent de Police Judiciaire en résidence à B., poursuivant l'enquête, avons mandé et constatons que se présente monsieur Robert F., né le

12 décembre 1955 à B., de nationalité française, demeurant 15 rue Paul L., qui nous déclare :

> « Vous venez de me donner connaissance du motif de mon audition, c'est-à-dire la déclaration de mon fils Raphaël. Je m'étonne de cette déclaration, d'autant que mon fils vient de passer quelques jours à la maison et rien dans son comportement ne laissait paraître un quelconque ressentiment à mon endroit. Dans la maison, nous avons effectivement trois chambres, une pour moi et mon épouse, une chambre pour ma fille Véronique et une troisième pour les amis ou mes fils lorsqu'ils sont de passage. Je ne partage ni mon lit, ni mon canapé avec ma fille. Par contre il est arrivé à Véronique de s'endormir sur le canapé alors que nous regardions la télévision. Lorsque mon fils Raphaël déclare que je partage depuis longtemps ma couche avec ma fille, il ment. Il ment également lorsqu'il évoque cette histoire d'attouchement. Je ne peux expliquer ces déclarations que par le fait que mon fils nous en veut, à sa mère et à moi, d'avoir été placé dans un foyer, contrairement à sa sœur et à son frère aîné. Je ne vois rien de plus à ajouter à cette affaire, sinon que je vais faire des démarches auprès du juge pour enfants et également auprès du foyer où il se trouve, car il n'est pas possible que je laisse les choses en l'état. »

L'an mil neuf cent quatre-vingt-dix-sept, le 5 avril à dix heures quarante, Nous, PG, Enquêteur de police, Agent de Police Judiciaire en résidence à B., poursuivant l'enquête, avons mandé et constatons que se présente mademoiselle Véronique F., née le 20 janvier 1983 à B., de nationalité française, collégienne, demeurant 15, rue Paul L., qui nous déclare :

> « Je réside au domicile de mes parents avec mon père et ma mère. Mon frère aîné et son amie viennent fréquemment. De temps en temps vient également mon autre frère Raphaël. À la maison, j'ai une chambre dans laquelle je dors. Je ne dors jamais ailleurs que dans ma chambre. »
>
> Question : « Votre frère Raphaël déclare que vous dormez très souvent avec votre père, est-ce exact ? »

Véronique ne répond pas, se décompose et s'enferme dans un mutisme, puis se met à pleurer.
Disons à ce stade cesser son audition.

L'an mil neuf cent quatre-vingt-dix-sept, le 5 avril à douze heures dix, Nous, G.M., Capitaine de police, Officier de Police Judiciaire en résidence à B., poursuivant l'enquête, entendons à nouveau mademoiselle Véronique F., déjà identifiée, qui nous déclare :

« C'est vrai qu'il m'est difficile de parler de ce que m'a fait mon père, parce que c'est mon père et que je l'aime malgré tout ; il reste que j'ai effectivement des rapports sexuels avec lui depuis quatre ans maintenant et que par honte et parce que c'est mon père, je n'en ai jamais parlé. »
Question : « Peux-tu me raconter comment cela s'est passé la première fois avec ton père ? »
Constatons que Véronique, les larmes aux yeux, nous répond : « Une nuit il est venu dans ma chambre se coucher près de moi. Je dormais toujours avec une lampe de chevet allumée. Là, il m'a montré son sexe en m'expliquant qu'un homme était différent d'une femme et que c'était avec ça qu'on faisait les bébés. Cette nuit-là, il s'est contenté de me caresser sur tout le corps par-dessus mon pyjama. Je devais avoir dix ans, dix ans et demi. Je ne me rappelle pas quand est-ce que j'ai eu par la suite le premier rapport sexuel avec mon père. C'était longtemps après cette première fois où il est venu dans ma chambre. Si je ne me rappelle pas ce premier rapport complet, je sais qu'ensuite, je devais avoir douze ans, pendant un certain temps, j'en ai eu presque tous les jours. Je lui ai alors dit que cela m'énervait et il m'a répondu qu'on allait s'arranger et que nous les aurions tous les quinze jours. Malgré cela, il a continué, moins souvent, mais plus d'une fois tous les quinze jours tout de même. Je me rappelle que pour son dernier anniversaire, il m'a demandé de "faire comme d'habitude ce que tu sais". Le dernier rapport que j'ai eu avec lui remonte à la semaine dernière. [...] Avec mon père, j'ai eu des rapports par-devant lorsqu'il me demandait de me mettre sur le dos mais également par-derrière lorsqu'il me demandait de me mettre sur le ventre. Je ne sais pas comment

s'appellent ces rapports que je vous décris par-derrière, mais mon père m'introduisait bien son sexe dans l'anus ; de même il m'obligeait parfois à lui sucer le sexe. [...] Mon père dort régulièrement avec moi depuis deux ans. Ma mère ne nous a jamais surpris mais elle a déjà dit à mon père que ce n'était pas normal. Mon père ne m'a jamais menacée de quoi que ce soit. Par contre il m'a bien dit de n'en parler à personne. Au début, il m'avait dit que c'était un secret entre nous et par la suite je n'ai pas osé en parler. [...] J'ai bien eu des petits amis, mais je n'ai jamais eu de rapports sexuels avec eux, nous nous contentions de nous embrasser. [...] J'aime malgré tout mon père. Même si je sais qu'il n'aurait jamais dû faire cela, je ne pourrai jamais lui répéter en face ce que je viens de vous dire. Je vous ai bien dit toute la vérité. »

Lecture faite, persiste et signe avec nous.

L'an mil neuf cent quatre-vingt-dix-sept, le 5 avril à quinze heures vingt, Nous, G.M., Capitaine de police, Officier de Police Judiciaire en résidence à B., poursuivant l'enquête, avons mandé et entendons à nouveau monsieur Robert F., déjà identifié, qui nous déclare :

« Vous venez de me donner connaissance de ce que ma fille Véronique vous aurait déclaré que depuis trois ans j'abuserais d'elle. C'est totalement faux. Je n'ai aucun problème avec elle et à ma connaissance, elle m'adore. Je n'ai rien à me reprocher et je ne vois aucune explication à ces accusations. »

L'an mil neuf cent quatre-vingt-dix-sept, le 6 avril à neuf heures cinq, Nous, J.N., Commandant de police, Officier de Police Judiciaire en résidence à B., poursuivant l'enquête, faisons à nouveau comparaître devant nous le nommé Robert F., gardé à vue, qui nous déclare :

« Je préfère vous dire toute la vérité. J'adore ma fille et je ne veux pas la faire passer pour une menteuse. Je regardais la télé et je voyais les histoires de violeurs qui s'en prenaient à leur propre fille et je ne comprenais pas ce qui pouvait se passer dans leur tête. Je me demandais comment ils pouvaient en arriver là et je m'étais toujours dit qu'un jour j'essaierais. Au début j'allais la trouver dans sa chambre pour la caresser puis j'allais me recoucher. Elle ne parlait pas, ne réagissait pas, mais se laissait faire. Je voyais bien quand même que cela lui faisait un peu peur. Elle avait dix ans et demi. Après c'est allé un peu plus loin. Nous en sommes venus à avoir des rapports presque tous les jours. »

Voilà, retranscrit dans toute leur brutalité, ce que l'on peut découvrir à la lecture des premiers procès-verbaux d'un dossier tragiquement banal, au travers desquels se profilent déjà plusieurs constantes dans le comportement de l'enfant comme dans celui de son agresseur.

Dans cette affaire, Véronique avait gardé le silence pendant quatre années et trois mois. Près de 2 000 jours sans pouvoir en parler ; à personne.

Les raisons de ce silence sont extrêmement fortes et, pourtant, loin d'être apparemment comprises par tout le monde. Il y a toujours encore comme un goût d'incrédulité, voire de reproche dans l'étonnement de ceux qui s'exclament : « Mais c'est quand même incroyable qu'il (ou elle) se soit tu(e) pendant tout ce temps ! » Sans parler de certains « professionnels », enquêteurs, gendarmes ou policiers, qui trouvent encore le moyen d'écrire dans quelques procédures : « Il semble impensable que l'enfant ait pu cacher de telles choses. Ses dires apparaissent en conséquence peu crédibles... »

Il est donc nécessaire de répondre en premier lieu à cette question : pourquoi ce silence des victimes ? Car appréhender les raisons de l'absence de plainte de l'enfant, c'est déjà commencer à prendre la mesure de son traumatisme. Les grandes souffrances sont du domaine de l'indicible. La honte également. Si l'enfant ne peut parler, c'est d'abord en raison de l'intensité de sa souffrance et de sa honte. Et réciproquement, si la souffrance est grande et persiste, c'est parce que la parole est impossible. Une agression sexuelle n'est pas un cambriolage. C'est l'être humain en ce qu'il a de plus intime qui se trouve atteint.

Les raisons du silence

Le 6 mai 1997 était mis en examen un ancien instituteur de la Nièvre soupçonné d'avoir violé des dizaines d'enfants de son village sur une période de plus de trente ans.

L'envoyé spécial du journal *Le Monde* commençait ainsi son compte rendu[1] : « Sortir du silence. Trouver les mots pour exprimer l'inimaginable. Regarder l'horreur en face et tenter de comprendre trente années de mutisme. Trois jours après la mise en examen de Jacky Kaisersmertz, un instituteur retraité de 58 ans, la ville de Cosne-sur-Loire semble comme prise de vertige. Parmi les douze mille habitants de cette commune, il n'en est sans doute plus un qui n'ait pris connaissance des faits reprochés à l'ancien enseignant. Des viols, attouchements et autres gestes à caractère sexuel ont été commis entre 1966 et 1997 sur plusieurs dizaines de jeunes garçons. Désormais toute la ville en parle. Mais devant le trou noir de trois décennies qu'il s'agit aujourd'hui d'affronter, chacun semble hésiter, comme tétanisé par la peur du vide. Pour n'avoir plus supporté de vivre sur cette brèche, Thierry Debain est mort le 26 janvier. Ce CRS de 24 ans a absorbé une grande quantité de barbituriques puis s'est allongé sur son lit. Lorsque ses parents ont ouvert la porte de sa chambre, ils ont trouvé son corps inanimé. Et, inscrit sur les deux portes vitrées de l'armoire, face aux palmiers du papier peint, le résumé d'une vie : *"Mon ennemi : Monsieur Kaisersmertz, violeur d'enfant."* » Des agressions pendant trente ans. Des dizaines d'enfants victimes devenus depuis pour la plupart adultes, et personne, personne n'en avait jamais parlé[2] ! Les langues ne se délièrent qu'après le suicide du jeune CRS.

« Pourquoi n'êtes-vous pas descendu chercher du secours après le viol ? », demande un avocat de la défense à une jeune adolescente de onze ans. « Parce que vous avez tellement honte que vous ne pouvez même pas bouger de votre lit ! », voilà sa réponse. Honte de ce corps devenu méprisable, honte de s'être laissé manipuler, honte de n'avoir pas su se défendre, honte de s'être tu, honte d'avoir à parler : la honte, cette honte « extrême », pour reprendre l'expression d'une victime, est la première raison du silence.

La peur en est une seconde. Le procès de l'instituteur de Cosne-sur-Loire mit en évidence les brimades et les humiliations pratiquées par Jacky Kaisersmertz pour asseoir son emprise : « Il avait mis au point une batterie de punitions. Il pouvait certes tirer les cheveux ou les oreilles, donner des gifles, des coups de règle, briser des ardoises sur les têtes et abuser de la fessée "cul nu". Mais il aimait les sanctions plus étonnantes. Le "penalty" était un shoot — avec élan — dans les fesses de l'élève ; la "course à l'échalote" était plus éprouvante puisque les shoots duraient le temps d'un tour de classe ou de la cour de l'école. Des élèves pouvaient être accrochés à un portemanteau. [...] *"J'avais sali ma page en la gommant,* raconte un témoin. *Alors, il m'a coincé la tête et obligé à manger la gomme."*[3] »

La menace en est une autre surtout chez les plus jeunes. L'agresseur peut se prêter des pouvoirs magiques : l'un terrorisait sa petite victime en lui jurant détenir « le pouvoir de la faire engloutir par le trou de la baignoire ». Et quand l'agresseur est un proche, l'enfant n'a aucun moyen, aucun lieu pour se mettre ou se croire à l'abri. « Pour quelles raisons n'en as-tu pas parlé plus tôt ? », interroge un juge d'instruction. « Parce qu'il avait dit que si je parlais, il tuerait mes grands-parents », répond cette petite fille de huit ans. Et à huit ans, une petite fille, ça croit ce qu'on lui dit, tout simplement. Pour parler de quelque chose à cet âge, encore faut-il penser en avoir le pouvoir. Et l'enfant, tout à sa crainte, n'imagine pas avoir cette liberté : « Il m'a simplement dit que c'était un secret entre lui et moi et que je n'avais pas le droit d'en parler, à personne. »

Pour les plus petits, l'ignorance peut également être un facteur de silence. Il croit l'adulte « dans son droit », pense que « tout cela est normal : nous avions eu en classe de CE1 des explications concernant les relations sexuelles, mais il ne nous avait pas été dit que cela ne pouvait avoir lieu avec des proches. Au début donc je ne m'étais pas posé de questions ».

L'agresseur, jouant sur du velours, pourra éventuellement conforter ce silence naturel en achetant pour un prix dérisoire les interrogations que peut s'autoriser l'enfant (« il était très gentil, il me faisait souvent des cadeaux, il m'achetait des bonbons et me payait des parties de flipper, c'était l'ami de mes parents avec lequel je m'entendais le mieux »). Il profitera enfin de la peur de l'enfant d'être puni. Ce dernier peut ressentir confusément, instinctivement, le caractère anormal des actes commis, cela ne l'incitera pas pour autant à s'exprimer, bien au contraire (« je n'ai rien dit à maman parce que j'avais peur qu'elle me mette une claque »). Et l'enfant, étymologiquement « celui qui ne parle pas », presque naturellement, se taira.

L'adolescent connaîtra d'autres freins : peur d'être accusé d'avoir séduit son agresseur, peur de ne pas être cru. Et comment échapper à cette angoisse lorsque soi-même on n'arrive pas à concevoir que ce type d'agression puisse arriver à d'autres (« j'ai une de mes cousines qui disait que mon grand-père l'avait touchée, violée, mais elle c'était des bobards, elle racontait ça parce qu'elle voulait partir de chez mes grands-parents qui en avaient la garde pour avoir sa liberté »), ou qu'une première tentative a tourné court (« ma haine est d'autant plus forte que j'avais révélé une première fois les faits à ma mère voici deux ans. Le service social nous avait convoqués pour une confrontation. Le monsieur avait nié. Personne ne m'avait cru ; ça m'a fait énormément de mal ») ? Peur, enfin, d'être ridicule (« un soir, j'en ai parlé à une copine. J'avais douze ans, j'étais en cinquième. Elle s'est moquée de moi et ça m'a complètement bloquée. Je n'en ai ensuite plus jamais reparlé à personne »).

Ces peurs seront d'autant plus fortes que l'adulte concerné se trouvera en position d'autorité par rapport à sa victime. L'abbé Maurel, directeur d'un collège privé dans l'Aveyron, condamné en février 2000 à dix années de réclusion criminelle par la cour d'assises de Rodez, fut accusé au cours de l'enquête d'avoir commis ses premières agressions dès 1958. Ce n'est pourtant qu'en 1997 qu'un premier élève osa déposer plainte contre lui.

« Accuser quelqu'un qui est porteur de l'autorité revient presque à accuser son père », estime le professeur Cyrille Koupernik[4] pour expliquer de tels silences. Alors, quand l'agresseur se trouve être précisément celui-là ! L'enfant ou l'adolescent sont dans ces cas sous influence permanente. Lorsqu'il s'agit du titulaire de l'autorité parentale (le père) ou familiale (le beau-père), la tyrannie imposée est constante. Cet individu qui, depuis la petite enfance, exerce son droit de correction, qui, bien souvent, fait également subir des violences conjugales à son épouse ou sa concubine, violences parfois accompagnées d'un alcoolisme conséquent, cet individu fait peur. Il peut au surplus proférer des menaces directes (« si tu parles, je te tue » ou « si tu parles, je tue ta mère »), ou pratiquer plus subtilement un chantage affectif (« j'avais parlé de cela à ma fille, lui disant que si cela se savait, j'irais en prison et que nous perdrions sûrement la maison »).

À ces craintes, peurs et menaces diverses s'ajoute un écrasant sentiment de culpabilité. La plupart des victimes d'une agression quelconque éprouvent spontanément une culpabilité plus ou moins vive par rapport à leur relative responsabilité dans son déroulement. C'est la victime d'un cambriolage qui se reprochera de ne pas avoir fermé la porte d'entrée à clef. C'est l'automobiliste qui n'est pas inattaquable sur la conduite qui était la sienne lorsqu'est survenu l'accident. C'est cet homme ivre, blessé dans une altercation de bistrot, qui se reprochera son comportement provocateur. Pour la victime d'une agression sexuelle, le raisonnement est le même : « Pourquoi moi, pourquoi pas ma sœur ou mon copain ? Pourquoi n'ai-je pas réagi plus tôt ? Pourquoi n'ai-je pas su résister ? Pourquoi ? »

Ce sentiment pourrait même se retrouver majoré chez les victimes d'abus sexuel afin de limiter les effets dévastateurs liés à leur instrumentalisation : ainsi, « se sentir coupable en se donnant un rôle actif de sujet participant dans l'acte subi serait une tentative pour redonner un sens à l'événement comme si se penser coupable était encore "être", continuer à être un sujet et éviter ainsi à ce prix douloureux la dévitalisation mortifère d'avoir été transformé en objet[5] ».

Quoi qu'il en soit, ce sentiment sera d'autant plus intense que les faits auront été commis dans le cercle familial et que leur révélation entraînera des conséquences graves telles que l'incarcération du père, voire celle de la mère, la séparation des parents, la vente de la maison, le placement éventuel des frères et sœurs. L'enfant se sent coupable en ayant parlé d'être en définitive devenu celle ou celui « par qui le malheur est arrivé ».

Accuser son père ou sa mère, c'est contrevenir à l'un des dix commandements immuables et fondateurs, c'est fouler le respect et l'honneur dus à ses ascendants. C'est nier l'amour et l'affection que l'on peut paradoxalement continuer à éprouver pour eux. L'enfant est alors pris dans un « conflit de loyauté ». Ce drame intime vécu par sa fille, ce père incestueux ne l'ignorait pas en lui lançant : « Faut pas être grand-chose tout de même pour envoyer son père en prison ! »

Accuser son beau-père, ce peut être aussi détruire la vie, le confort et la tranquillité de sa propre mère : « Je n'en ai pas parlé avant car j'avais peur de faire de la peine à maman ; je sentais bien qu'elle devrait le quitter si je parlais de tout ça. »

Dans toutes ces situations, le silence de l'enfant peut donc avoir un aspect sacrificiel (je me tais et, en me taisant, je protège ma mère, mon frère, j'évite à la cellule familiale de voler en éclats), ce que certains auteurs nomment la « transaction incestueuse[6] ».

Le sentiment de culpabilité sera enfin d'autant plus aigu et la prise de parole de la victime plus interdite qu'elle aura éprouvé un tant soi peu de « plaisir » aux agressions subies. Il peut paraître incongru et déplacé d'évoquer une telle question. Dans la plupart des cas, on s'en doute, cette dimension est totalement absente. Seule demeure une immense et froide sensation de dégoût : « Il a mis son sexe sur le mien. Il n'a pas bougé. Il était immobile. Cela a duré une demi-heure. J'en suis certaine car j'avais le réveil en face. Il est ensuite parti dans la salle de bains et il a fermé la porte. Quand il est sorti, je suis allée me laver, je n'avais rien mais j'avais l'impression d'être sale. »

Lorsque les viols ou les attouchements s'étendent dans le temps, il peut cependant en aller différemment. Les relations entre l'adulte et l'enfant évoluent alors selon un mode très complexe où la séduction comme la terreur trouvent leur place, où les instants de complicité peuvent alterner avec les longs moments de domination, où dans un jeu d'alliance trouble les composantes sadomasochistes de la personnalité peuvent s'exprimer de manière tout à fait anormale et où une certaine forme de plaisir physique peut finir par apparaître.

Séduire, du latin *seducere*, signifie étymologiquement « entraîner à l'écart » et avait pour signification première « faire tomber dans l'erreur, faire sortir du droit chemin », ce qui sous-entend une manipulation dans le but d'attirer vers soi quelqu'un qui ne devrait pas y tendre en le distrayant du sentier qui était à juste titre le sien. Dans le même temps, la séduction est une dialectique entre deux personnes au sein de laquelle la notion de désir est toujours présente. Séduit par son agresseur, l'enfant ou l'adolescent va être entraîné à l'écart : il peut alors être amené à exprimer un désir qui n'aurait pas dû naître et ressentir un plaisir qu'il n'aurait pas dû connaître dans ces circonstances-là. Admettre cela est impossible pour les victimes : leur honte en est décuplée, et le choix du silence s'en trouve renforcé. Celles ou ceux qui parviennent à en parler n'utilisent d'ailleurs pas ces mots ou de manière tout à fait exceptionnelle. On entendra plutôt des phrases du genre « malgré tout, il y a eu de la tendresse ».

Dans cette hypothèse, il sera nécessaire de permettre aux victimes d'identifier ce désir et ce plaisir pour vaincre la terrible culpabilité qui se rattache à ces sensations : en expliquant que le fait d'avoir participé dans l'initiative ou dans un apparent consentement ultérieur ne change rien à l'affaire, ces attitudes ne venant pas effacer la réalité des premières agressions.

Pour cette jeune fille qui peut ressentir du plaisir à être la femme de son père ou de son beau-père, pour ce jeune adolescent qui éprouve certains émois dans les bras de son éducateur, ces sensations seront nécessairement troubles, mal acceptées, empreintes d'anormalité. Thérapeutes et psychiatres s'accordent habituellement sur la conclusion suivante :

« Les abus sexuels auront des effets d'autant plus graves et plus durables que l'abuseur aura contraint l'enfant à éprouver un plaisir sexuel. [...] On peut considérer ce type de plaisir forcé comme un traumatisme redoublé, un second viol[7]. »

Ces différents sentiments, ressentis à des degrés divers mais sans exception par tous, ont une conséquence directe et immédiate : les enfants ne dénoncent pas les agressions sexuelles dont ils ont été victimes, ils les « avouent » !

> « — Pouvez-vous expliquer pourquoi, il y a de cela sept ans, vous aviez dix ans, lorsqu'il y a eu une première enquête qui ne devait rien donner, vous n'ayez rien dit aux gendarmes venus vous interroger ? — J'avais peur, pas de lui, mais j'avais peur. Alors j'ai tout nié. Quand j'étais petit je croyais que c'était moi le coupable. »

Les victimes ne se présentent pas comme telles : « J'ai craqué, j'ai fini par avouer », dit cette jeune fille de 19 ans agressée par son beau-père à l'âge de onze ans en se remémorant devant la cour d'assises les circonstances de ses révélations quelques années plus tôt.

Le silence peut être aussi un mécanisme de défense, une manière pour l'enfant de se protéger, de préserver son équilibre psychique, de faire « comme si » tout cela n'existait pas. Il occulte, refoule, vit les agressions comme une fatalité « à part », enfouit tout cela dans une sorte de jardin secret des supplices et tente de mener parallèlement une existence apparemment « normale » dans une double vie tragique.

L'enfant peut également éprouver des sentiments très contrastés pour son agresseur. Il peut fort bien avoir de l'affection pour lui ou du moins s'en donner l'illusion afin de rendre ainsi sa souffrance plus supportable. Les agresseurs ne sont pas tous des tyrans. Ils peuvent parfaitement développer des conduites « positives ».

> « Au début, c'était un jeu. J'avais sept ans, lui devait en avoir vingt-cinq. Je lui faisais confiance, j'avais de l'admiration pour lui. Avec mon oncle, on faisait plein de trucs, on allait en balade, au cinéma, je pouvais parler avec lui. En fait j'ai été trop naïf, je ne connaissais pas trop les choses, je me le reproche un peu. Je suis coupable

parce que j'aurais pu dire non et il aurait arrêté. S'il n'avait pas été incarcéré à la suite de plaintes d'autres enfants, je n'en aurais jamais parlé. Aujourd'hui, je l'aime encore, mais moins. »

Alors dénoncer ce parent que malgré tout on « aime bien », cet éducateur efficace et compréhensif à qui l'on doit effectivement beaucoup ? Impossible tant que la victime est encore la dupe de son agresseur et n'a pas pris conscience ou voulu prendre conscience de la manipulation dont elle est l'objet.

Et si la dénonciation survient prématurément par la bouche d'une autre victime avant que ce chemin n'ait été parcouru, celui qui jusqu'alors s'était tu en raison de son affection ou de son admiration en arrivera parfois à faire totalement sienne la cause de son agresseur. En clamant haut et fort sa propre culpabilité, il niera la souffrance qui fut la sienne, il refoulera sa honte au risque d'adhérer, dans une manifestation du syndrome de Stockholm, à la position de celui qui fut son violeur et de reproduire ultérieurement le même comportement.

Lettre de Christophe à son oncle pédophile incarcéré convaincu du viol de douze mineurs, dix garçons (dont quatre de ses neveux) et deux filles, en l'espace de 26 ans :

« Tonton, mon père est fou de rage contre toi, j'essaye de le calmer mais rien à faire. À chaque fois ça se termine par "ton oncle est un salaud, tu ne te rends pas compte" et à chaque fois, moi je baisse les yeux. Je n'arrive pas à lui faire comprendre que c'est de ma faute. Moi je le pense : tu nous as éduqués, on en redemandait, tu étais notre oncle, tu nous donnais même de l'argent de poche. Je ne trouvais pas ça dégoûtant, tu nous as appris à aimer, personne ne le comprend et ça me rend fou. Putain de vie ! »

Et son père d'écrire au président de la cour d'assises la veille du jour de l'ouverture du procès :

« Je me permets cette lettre pour vous exposer les raisons qui font que ni moi, ni mon fils ne serons devant la barre au cours du jugement. Dans un premier temps, en tant que père d'une des victimes, je me suis porté partie civile. En tant que responsable moral et légal de mon fils, cette démarche me paraissait aller de soi.

> Mon fils est désormais majeur. Il se refuse à maintenir ma constitution de partie civile. Il n'arrive pas à se débarrasser de ce sentiment de culpabilité qu'il nourrit depuis que les faits se sont passés et qui s'est renforcé depuis que son oncle a été arrêté. Il refuse d'engager tout acte qui, à ses yeux, pourrait aggraver la peine de son oncle. Pour moi, ce sentiment de culpabilité est la séquelle la plus lourde et la plus injuste que mon fils aura à supporter. »

Que la prise de parole est dure et difficile ! Au point que certaines victimes suffisamment lucides pour se décider à panser leurs plaies par le biais d'une thérapie joueront ainsi « au chat et à la souris » pendant de longues périodes avec leur thérapeute ou leur analyste lorsque des années plus tard, devenues adultes, elles ressentiront le besoin de soigner leur malêtre. Et le secret ne sera percé qu'après un long travail, car percer le secret, le mettre au jour, c'est laisser apparaître l'atteinte à l'intégrité narcissique. Et avoir extrêmement mal.

Dans ces conditions, nombreux sont ceux qui ne parleront qu'après des semaines, des mois, voire des années. Encore plus nombreux sont ceux qui ne parleront jamais et garderont le silence à perpétuité. Devenus adultes, ils demeureront mutiques : dans le meilleur des cas, ils estimeront inutile de venir remuer de vieilles et pénibles histoires dont ils sont parvenus à grand-peine à s'accommoder ; dans le pire, ils auront reproduit les sévices subis et seront à leur tour devenus des agresseurs.

Le législateur a fort bien compris l'immense difficulté qu'il y a à révéler de tels faits. Depuis le vote de la loi du 17 juin 1998[8], les mineurs ont la possibilité de dénoncer tous les crimes dont ils auraient été victimes, pendant les dix années suivant leur majorité[9]. Pour les délits, la plainte peut intervenir durant les trois années suivant la majorité[10], voire dix années dans certaines conditions, notamment en cas d'atteinte sexuelle commise sur un mineur par l'un de ses ascendants ou par une personne ayant autorité sur lui[11]. En matière civile, le délai peut atteindre vingt années en cas d'action en responsabilité engagée contre l'auteur d'une agression[12]. La loi sur la liberté de la presse a été modifiée de manière plus radicale encore puisque désormais une personne révélant avoir été victime d'une agression sexuelle durant sa minorité ne pourra plus être condamnée pour diffamation si elle parvient à prouver ses accusations et ce, quelle que soit l'époque où elle les aura formulées[13]. Étant ainsi reconnue la part de crime contre l'humanité contenue dans ces agressions puisque, précisément, seul le crime contre l'humanité bénéficie d'un délai de prescription plus important[14].

La révélation

Malgré tout, malgré les peurs et les craintes, malgré la honte, les menaces, la culpabilité, le poids du secret, certains parleront. Les révélations se font rarement « à froid » : il y aura souvent un événement, important ou dérisoire, qui fournira à l'enfant l'occasion de s'exprimer. Mais encore faudra-t-il pouvoir compter en cet instant sur la présence d'un tiers suffisamment ouvert et disponible pour accueillir cet élan de détresse. Saisir une opportunité, trouver quelqu'un à qui parler et avoir du courage...

Frédérique a quinze ans :

> « Ce mercredi, il a voulu recommencer. Je lui ai dit que j'étais malade. Il m'a dit que cela me changerait les idées, que j'étais malade parce que j'étais en manque. Il m'a de nouveau obligée à un rapport sur le canapé et j'entendais à l'étage ma mère qui prenait sa douche. Depuis que je me sentais mal, ma mère s'était inquiétée, mais nous pensions que cela venait des insecticides que j'utilisais à mon travail en apprentissage. Comme ça ne passait pas, c'est mon père lui-même qui a dit : "J'espère qu'elle n'est pas enceinte." Mercredi soir, ma mère a acheté un test de grossesse en pharmacie. Elle me l'a donné hier matin et il a été positif. Ma mère était furieuse. Elle m'a demandé avec qui j'avais fait ça, je n'ai rien répondu. Mon père m'a conduite avec ma sœur à l'arrêt des cars. En y arrivant, il a dit à ma sœur de descendre, qu'il avait à me parler. Je me suis mise à pleurer. Il m'a dit : "Ce n'est pas la peine de pleurer, ta mère va te faire avorter." Je lui ai demandé ce que j'allais dire à ma mère,

il m'a répondu : "Tu n'as qu'à dire que c'est un copain de l'école." C'est au retour à la maison que j'ai parlé à ma sœur aînée. J'étais dans la salle de bains. Je lui ai tout raconté et c'est elle qui m'a décidée à en parler à ma mère. Mon père ne le sait pas, il est parti pour plusieurs jours. Il m'avait dit que si je racontais ce qu'il me faisait, il nous tuerait tous. C'est aussi pour ça que je n'ai jamais osé parler. Je n'ai jamais fait l'amour avec un garçon. J'ai eu des petits copains, mais je ne suis jamais allée jusque-là avec eux. Il n'y a donc aucun doute pour moi : c'est bien de mon père que je suis enceinte. »

Carole en a dix-sept :

« C'est la réaction de mon petit ami la première fois que nous avons eu des relations qui m'a fait prendre conscience que mon beau-père avait tout gâché. J'avais l'impression d'être toujours avec lui. Mon ami me disait que je n'avais pas de sensibilité, que c'était comme s'il avait un fantôme dans les bras. J'ai fini par lui en parler pour qu'il puisse m'aider. »

Frédérique et Carole eurent toutes deux la chance de rencontrer un tiers attentif à leur désarroi. La plupart du temps, les circonstances sont moins évidentes, et les interlocuteurs plus fuyants.

On imagine que les parents et les membres de la famille sont les mieux placés pour recevoir de tels messages. L'expérience démontre le contraire, même lorsque l'agression a lieu loin du milieu familial :

« Je me suis revu en culottes courtes, j'avais sept ans, dans le bureau enténébré de l'abbé Poivrel, me confessant et tout déboussolé, à coup sûr rouge comme un tison ardent, parce que ce sale vieux saint homme glissait sa sale main sous mon pantalon en me demandant si je n'étais pas de ces méchants garçons qui se touchaient là. C'est affreux. Et j'avais peur, très peur. Il alla même une fois jusqu'à m'embrasser sur le bec avec sa vieille langue mouillée pour me signifier que le petit Jésus et lui-même ne m'en voulaient pas d'être un pécheur. Il ne m'arriva rien de plus, rien de pire. C'était suffisant. Suffisant pour me faire cauchemarder, pour me faire découvrir les affres de l'angoisse. Il était évidemment hors de question de raconter de telles monstruosités à qui que ce soit et surtout pas à ses parents. J'en ai parlé à un psy, longtemps, longtemps après[15]. »

Et lorsque l'agresseur est un proche, notamment le père ou le beau-père, la complicité (plus ou moins passive) de l'entourage sera souvent la règle :

> « Je vous précise que ma mère s'était rendu compte de ce qui se passait, mais jamais elle n'a essayé de me défendre, ni d'en discuter avec moi. En fait je n'avais personne à qui parler. Le sentiment que je ressens, c'est un sentiment d'abandon, j'ai été abandonnée toutes ces années par toutes ces personnes qui ne pouvaient pas ne pas savoir et qui ne m'ont pas aidée. »

Sans être complices, il y a aussi ceux qui se murent dans leur statut d'aveugles : ils entretiennent bien souvent d'excellentes relations avec l'agresseur, partagent sa vie, et se refusent à imaginer que cet époux, ce frère ou cet ami intime puissent être capables de commettre des violences pareilles. C'est un peu le cri du cœur : « Pas de ça chez moi ! » Si l'enfant fait une timide tentative en évoquant une attitude ambiguë venant d'un proche (« tu sais, maman, tonton, il m'a touché le zizi »), le premier réflexe sera de dire « mais arrête donc de raconter des bêtises » ou « ça devait être pour rire », et de passer à autre chose, ce qui suffira à anéantir pour longtemps les velléités de révélation de l'enfant, mais permettra à son interlocuteur de conserver son confort et sa tranquillité d'esprit. Cette politique de l'autruche peut aller très loin :

> « J'ai pris l'initiative d'aller trouver sa femme. Après une petite entrée en matière, je lui ai dit directement que je pensais que son mari avait des relations sexuelles avec certains des garçons présents sur la ferme. Je l'ai vue alors rougir, les veines gonflées, puis me dire : "Je vais pas mettre vingt-cinq ans de ma vie en l'air pour ça, j'ai deux filles, ce n'est pas mon problème." »

Pour les enfants suivis dans le cadre de mesures d'assistance éducative, enfants souvent plus vulnérables et plus susceptibles de se retrouver confrontés à de telles violences, le rôle du confident sera parfois tenu par les éducateurs et les assistantes sociales assumant les fonctions de référent de l'enfant. Ces professionnels feront d'ailleurs fréquemment des observations dans leurs rapports mentionnant le climat familial à caractère incestueux ou le risque de l'existence d'abus sexuel compte tenu du comportement de l'enfant (fugues, plaintes somatiques, tentatives de suicide). Si l'agresseur est un membre de sa famille, l'enfant cherchera longtemps à le protéger avant de se confier à ces étrangers que demeurent à ses yeux les travailleurs sociaux. Et s'il s'agit d'un membre de la famille d'accueil, ce sera tout aussi compliqué, car l'agresseur bénéficie aux yeux de l'enfant de la confiance des services.

Les copains et les copines seront bien souvent les plus sollicités. Mais ils resteront eux aussi fréquemment muets, la confidence leur ayant été faite sous le sceau du secret. On les verra resurgir, bien des années plus tard, comme témoins à charge lors des procès au cours desquels ils viendront confirmer l'existence de la révélation qui leur avait été faite, confortant ainsi la vérité des accusations enfin formulées. La confidence ne prendra immédiatement de l'ampleur que dans la mesure où celui qui en sera le dépositaire jugera le secret trop lourd à porter et s'en ouvrira à d'autres, et notamment à un adulte qui assurera alors en principe le relais.

Quand la mère n'écoute pas, qu'elle est aveugle, quand il n'y a pas de petit ami, que les frères et les sœurs sont absents ou complices, quand les copains et les copines ne vous ont pas cru ou ont gardé le secret pour eux, reste les enseignants et le corps médical.

Il n'est pas inutile d'évoquer ici l'attitude de certains médecins ayant une conception très personnelle du secret professionnel. On ne sait trop si la loi du 17 juin 1998 est venue ou non accomplir le travail de clarification qui paraissait s'imposer entre l'obligation d'information d'une part et le respect du secret professionnel d'autre part. Le nouvel article 434-3 du Code pénal indique en effet que « quiconque, ayant eu connaissance de privations, mauvais traitements ou atteintes sexuelles infligés à un mineur de moins de quinze ans ou à une personne n'étant pas en mesure de se protéger en raison de son état physique ou psychique, n'en informe pas les autorités judiciaires ou administratives est puni de trois années d'emprisonnement et de 45 000 euros d'amende ». Mais cet article ajoute aussitôt dans un second alinéa « sauf lorsque la loi en dispose autrement, sont exceptées des dispositions qui précèdent les personnes astreintes au secret dans les conditions prévues à l'article 226-13 », qui lui-même sanctionne d'un an d'emprisonnement et de 15 000 euros d'amende la révélation d'une information à caractère secret par une personne qui en est dépositaire en raison, notamment, de sa profession. L'article suivant, 226-14, vient fort heureusement recadrer les choses en indiquant qu'une personne dépositaire d'un secret en raison de sa profession ne peut être poursuivie pour violation de ce secret dans le cas où elle informe les autorités d'atteintes sexuelles infligées à un mineur de moins de quinze ans ou à une personne n'étant pas en mesure de se protéger. Reste que, si l'on fait la synthèse de ces trois textes, rien ne paraît imposer au médecin l'obligation de révéler les faits qui ont pu lui être dévoilés lors d'une consultation médicale par un mineur de moins de quinze ans. Il peut le faire sans courir le risque d'une sanction pour violation du secret professionnel, mais, s'il ne le fait pas, il reste à l'abri de poursuites pour non-dénonciation de crimes ou délits (ce qui n'est pas le cas des travailleurs sociaux, soumis à une obligation de révélation et tenus de transmettre toute information sur la situation des mineurs dont ils s'occupent)[16].

Toutefois, le législateur a clairement désigné ce qui à ses yeux constituait la priorité : le quantum des peines prévu pour sanctionner la non-dénonciation d'atteintes sexuelles sur un mineur de moins de quinze ans est trois fois supérieur au quantum des peines prévues pour le non-respect du secret professionnel. L'obligation d'information est érigée en principe alors que le maintien du secret en pareilles circonstances ne constitue à l'évidence qu'une tolérance.

L'article 44 du code de déontologie médicale va d'ailleurs dans le même sens en indiquant : « Lorsqu'un médecin discerne qu'un mineur est victime de sévices, il doit mettre en œuvre les moyens les plus adéquats pour le protéger en faisant preuve de prudence et de circonspection mais en n'hésitant pas si cela est nécessaire à alerter les autorités compétentes s'il s'agit d'un mineur de moins de quinze ans. »

Les enseignants ont eux aussi un rôle à jouer lorsque l'enfant vit dans un désert affectif et relationnel. Les prémices de la révélation se font parfois au détour d'une composition française comme un naufragé lance une bouteille à la mer. Un professeur de français demande à ses élèves de sixième de raconter ce qui fut le plus mauvais souvenir de leur vie. Amélie rend un devoir de quatre lignes dans lequel il est écrit : « Il est arrivé une chose affreuse dans ma vie : quand j'avais neuf ans, ma mère a épousé mon beau-père. » Ce ne sera que bien plus tard, lorsque l'enfant aura enfin pu se confier, que cette phrase finira par prendre tout son sens.

La « circulaire Ségolène Royal » du 4 septembre 1997 attire notamment l'attention sur l'article 40 du Code de procédure pénale faisant obligation à tout fonctionnaire informé de l'existence d'un crime ou d'un délit d'en aviser sans délai le procureur de la République, ce que devait s'abstenir de faire la directrice d'une école de l'Eure mise en examen au mois de février 2001 pour ne pas avoir dénoncé les agressions sexuelles commises par un instituteur de son établissement dont elle connaissait pourtant les tendances et pratiques depuis 1996 ; informée par la mère de l'une des victimes, elle s'était à l'époque contentée d'une simple réprimande, disant à son collègue : « Marcel, il faut que tu arrêtes de prendre les enfants sur tes genoux[17]... »

Un tel comportement vient rappeler de fâcheux précédents que l'on espérait pourtant d'un autre âge comme celui concernant Jacky Kaisersmertz, l'instituteur de Cosne-sur-Loire, dont les agissements ne furent dénoncés qu'en 1997 alors que l'Éducation nationale en avait connaissance depuis plus de vingt ans. « En 1976, l'une des victimes raconte à sa mère que son instituteur le garde en classe pendant les récréations et le contraint à le masturber. La maman saisit immédiatement le directeur de l'école. Une rapide enquête met en lumière trois autres victimes. L'inspecteur d'académie est prévenu. Enquête interne, Kaisersmertz est convoqué. Il reconnaît les faits. Les seules suites envisagées par l'inspecteur d'académie seront "de le faire surveiller particulièrement" par le directeur de l'école, d'interdire à l'instituteur de rester seul avec un élève dans sa classe et de démonter le rideau du castelet de marionnettes installé près de son bureau[18]. »

L'arrêt renvoyant Jacky Kaisersmertz devant la cour d'assises de Nevers au mois de juin 2001 reprenait les termes utilisés à l'époque par l'inspecteur d'académie qui avait qualifié les agissements de l'accusé d'« incartades » et s'était en conséquence contenté de le « réprimander » : « Cette inertie de l'éducation nationale, *soulignait le rédacteur de l'arrêt*, est d'autant plus étonnante que monsieur Kaisersmertz a exercé dans le même établissement pendant 27 ans et que les actes de pédophilie (touchant un total de 72 enfants) se sont répétés durant la quasi-totalité de cette période [...]. Ce silence extraordinaire a valu à monsieur Kaisersmertz une impunité totale pendant près de trente années. »

Enfin, dans certains cas tout à fait exceptionnels, la révélation peut jaillir brutalement en étant jetée publiquement et sans préavis à la face de l'agresseur. Elle peut être dans cette hypothèse l'œuvre d'une adolescente refusant soudain la violence imposée dans un contexte de prise d'indépendance à l'égard de sa famille. Elle qui, enfant, a grandi sous la menace n'en supporte plus le joug. Lors de son adolescence, son agresseur manifeste une jalousie maladive qui, pour la première fois, le place dans une position d'infériorité. La violence supplémentaire générée par cette jalousie devient subitement insupportable au moment même où la peur commence à s'estomper. La prise de parole peut apparaître alors comme un coup de tonnerre d'autant plus violent qu'il aura été tardif.

> « Le jour où ma fille a parlé, elle m'avait demandé l'autorisation d'aller dormir chez son petit ami. Elle est montée voir mon mari ; je lui ai dit qu'elle allait se faire jeter. Au bout de quelques minutes, j'ai entendu crier. Je suis montée. J'ai trouvé ma fille en pleurs, elle m'a dit que je n'allais pas la croire, que mon mari la violait et depuis longtemps. Mon mari a traité ma fille de tous les noms et a dit que c'était un prétexte pour la laisser sortir. Je ne savais plus où j'en étais. Ma fille a décidé de partir avec son copain, elle a préparé ses

affaires. Mon mari ne disait plus rien, il était blanc et tournait en rond, la tête rentrée dans les épaules, en lui lançant des regards mauvais. Puis ma fille est partie. Nous trouvant seuls dans le salon, j'ai commencé à le questionner, je lui ai fait remarquer les comportements bizarres qu'il avait avec elle. Nous avons discuté jusqu'à deux heures du matin. Je suis allée vérifier si le pistolet que nous avons était toujours à sa place. Il n'y était plus, je lui ai demandé où il avait mis cette arme et il m'a répondu qu'il l'avait rangée, sans vouloir me dire où. Il m'a lancé : "Pourquoi, tu avais l'intention de t'en servir ?" J'en ai déduit qu'il avait peur, qu'il était coupable. »

La révélation est contagieuse, et c'est une saine maladie. Elle libère non seulement celui qui parle, mais peut également provoquer une cascade de dévoilements, notamment dans les cas où l'agresseur exerçait des violences sur plusieurs victimes. Cela est principalement vrai pour les agressions commises par des pédophiles. À partir du moment où un premier enfant va donner le signal, les autres victimes vont profiter de cet appel libérateur pour lui emboîter le pas. Une révélation peut alors entraîner des dizaines de plaintes. Cela peut aussi se produire de manière indirecte. Un enfant parle, le voisinage est informé, la nouvelle circule, à l'école, dans les familles, et au bout de la chaîne un autre enfant qui ne connaît pas forcément le premier ou dont il peut être au contraire le camarade de classe trouvera alors la force de dire « moi aussi, je suis victime ».

Reste cet immense courage nécessaire à tous, quelles que soient les circonstances de la révélation, dont Fabien, âgé de six ans, est la parfaite illustration. Rassemblant toute son énergie, surmontant ses peurs, il se revêt de sa panoplie de shérif, avec l'étoile, la ceinture et le pistolet en plastique, pour venir dénoncer en compagnie de sa mère à qui il était parvenu à dire quelques mots celui qui, médecin de profession, lui imposait notamment le silence en lui faisant croire que de toute façon « il était le chef des policiers et qu'il leur commandait »...

La dénonciation

Pour que cette révélation ne demeure pas « parole morte », elle devra se transformer en dénonciation auprès des autorités policières ou judiciaires. La victime, la plupart du temps effondrée par ses « aveux », ne pourra accomplir cette démarche qu'en étant accompagnée, conseillée et soutenue. Qu'on ne s'imagine pas en effet un enfant ou même un adolescent d'une quinzaine d'années se rendre seul et directement à la première gendarmerie des environs pour y dénoncer les violences dont il est victime, cela n'existe pas.

L'enfant aura besoin du soutien de ses parents, dans la mesure naturellement où ces derniers ne sont pas concernés par l'agression commise, ou, à défaut, de celui de proches ou des services sociaux. Cet indispensable soutien familial ne sera pas toujours présent, loin s'en faut. La « culture de l'étouffement » est encore vive :

> « Après avoir parlé, la famille de ma mère a été informée de la situation. Dans un premier temps, ils m'ont conseillé de déposer plainte. Ensuite ils ont changé de position, pensant à préserver l'avenir de mon petit frère qui aurait un père en prison, me précisant que tout ça était maintenant terminé, qu'il me fallait oublier et refaire ma vie. Ma mère, de son côté, a pris contact avec une association par un numéro vert. Cette association m'a, à son tour, contactée, mais je n'ai pas donné suite. Certains membres de ma famille m'avaient dit qu'on me placerait dans un centre de droguées, de violées et qu'on me ferait un examen gynécologique public en présence de plusieurs médecins. Je ne suis pas allée au rendez-vous que nous avions fixé. Plusieurs semaines après, j'ai éprouvé le besoin de me confier. J'ai rencontré une assistante sociale au Planning familial. Je lui ai raconté toute mon histoire. Le lendemain, j'ai pris la décision de porter plainte. »

Si la révélation ne débouche pas sur une dénonciation auprès des autorités judiciaires, ce sera dramatique non seulement pour l'enfant, mais encore pour toute sa famille.

Pour l'enfant, ce sera l'occasion perdue de pouvoir bénéficier de la véritable thérapie que constitue toute procédure, quelle qu'en soit l'issue et quelles qu'en soient les scandaleuses imperfections. Lorsqu'il s'agit d'abus sexuels extérieurs à la famille, les parents, connaissant l'agresseur, ne parviennent pas toujours à se résoudre à porter plainte au nom de leur enfant sous prétexte de le protéger des auditions et des examens médicaux présentés comme des traumatismes supplémentaires. Ils tentent alors, sans en avoir les moyens, de se faire justice eux-mêmes en se contentant de menacer l'agresseur. L'enfant gardera dans ces conditions plus durablement des phobies telles que la peur d'une vengeance de la part de celui qui continue à vaquer plus ou moins tranquillement à ses occupations, en toute liberté.

Cette démarche de dénonciation est encore plus importante pour le mineur victime de ses propres parents, l'inceste mettant en cause les identifications parentales de l'enfant. La plainte, le procès lui permettront de réintroduire la notion d'interdit commune à tous et de créer une distanciation nécessaire à sa reconstruction.

Nombreux sont celles et ceux, cependant, qui reculeront devant la peur du scandale. On assiste alors à la création de l'un de ces fameux « secrets de famille » aux conséquences dévastatrices non seulement pour la victime directe et immédiate, mais encore pour les générations à venir.

LA PLAINTE

En déposant plainte, l'enfant va alerter le procureur de la République par l'intermédiaire des services de police ou de gendarmerie, l'informer de l'existence des crimes ou des délits commis sur sa personne et s'en remettre à lui pour que soient engagées des poursuites contre son agresseur. À cet instant précis, sa demande ne va pas plus loin, et son rôle s'arrête là. C'est le ministère public et lui seul qui décidera si, au vu des éléments contenus dans la plainte, il y a lieu ou non de mettre « en mouvement l'action publique » et d'exercer des poursuites. Si l'enfant se cantonne dans cette position et limite sa démarche à un strict dépôt de plainte, il sera alors considéré comme le témoin direct, immédiat et malheureux d'un trouble causé à l'ordre public qu'il convient de faire cesser et sanctionner, plutôt que véritablement comme une victime, et c'est le parquet qui exercera et soutiendra seul l'accusation. Mais si l'enfant (ou plus exactement ses représentants[19]), outre sa plainte, indique également vouloir se constituer partie civile, il va alors franchir un seuil : par cet acte supplémentaire, il marque sa volonté d'intervenir dans la procédure, d'en être acteur, de ne pas s'en remettre aveuglément au parquet, de se faire entendre et de demander réparation du préjudice qui lui a été causé. Après le dépôt de la plainte, la constitution de partie civile est donc l'étape fondatrice assurant symboliquement le premier positionnement de l'enfant dans sa place de victime et la première reconnaissance sociale de cet état.

Dans un cas comme dans l'autre, la machine judiciaire va se mettre en route de manière plus ou moins rapide et laborieuse. Il est en effet courant d'attendre plusieurs mois avant d'avoir des nouvelles de sa plainte.

Quelle que soit la nature des faits commis, ceux-ci sont toujours graves pour l'enfant. Selon les personnalités et les circonstances de l'agression, de « simples » attouchements peuvent avoir plus de retentissement traumatique chez l'un qu'un viol subi par un autre. Cependant, pour les magistrats et les policiers, c'est la nature des faits qui est prioritaire. Confrontés en permanence à ces violences et sans vouloir volontairement banaliser quelque agression que ce soit, ils privilégieront le traitement des crimes leur apparaissant comme d'une gravité extrême au regard de la loi par rapport aux simples délits dont la gravité ne leur paraîtra que « relative ». Ils seront également très sensibles à la situation familiale de l'enfant, à sa sécurité, et s'attaqueront bien évidemment en premier lieu aux agressions en cours que seule leur intervention immédiate sera susceptible de faire cesser.

Si l'enfant vit sous la dépendance directe de son agresseur (cas des violences intrafamiliales), les choses seront (plus ou moins) « rondement » menées. Si, en revanche, il n'apparaît pas « en danger » du fait de l'absence de relations de proximité avec son agresseur et du soutien familial dont il dispose, et si les faits dénoncés sont considérés par les autorités policières et judiciaires comme d'une gravité moindre ou s'ils remontent à plusieurs mois, voire plusieurs années, l'enquête ne démarrera qu'au rythme des capacités du parquet ou des services de police et de gendarmerie concernés, ce qui, compte tenu de l'encombrement de ces institutions, prendra un certain temps, c'est-à-dire sans aucun doute plusieurs mois.

Quoi qu'il en soit, de manière plus ou moins immédiate ou dans un futur indéterminé, une enquête dite « préliminaire » sera effectuée. La personne mise en cause et le proche entourage de l'enfant seront auditionnés. La victime fera éventuellement l'objet d'un examen médical. Mais si, passé ces investigations et en l'absence d'aveu, aucun élément matériel, « objectif », ne vient conforter les accusations formulées, le dossier peut être classé sans suite. Ce qui signifie que le parquet considère, pour des raisons d'opportunité, qu'il n'y a pas lieu d'engager des poursuites.

« Parole contre parole », le procureur peut être tenté de s'abstenir de toute prise de risque : il n'ignore pas que c'est à l'accusation de prouver la culpabilité et non à l'accusé de prouver son innocence. Une plainte qui ne serait efficacement soutenue par aucun autre élément que les déclarations de la victime peut lui sembler vouée à l'échec : un tel dossier déboucherait sans doute sur une décision de relaxe devant un tribunal correctionnel ou sur un verdict d'acquittement devant une cour d'assises. Le parquet peut estimer en conséquence inutile de tenter l'aventure.

C'est dire si, dès ce stade, au départ même de la procédure, dès le dépôt de plainte, les visions du parquet et de la partie civile peuvent être déjà divergentes.

Dans une telle hypothèse, le seul recours pour la victime consistera à réitérer sa plainte avec constitution de partie civile en la portant cette fois directement entre les mains du doyen des juges d'instruction, se substituant ainsi au parquet qui s'y refuse. En agissant ainsi, la victime dispose théoriquement du pouvoir de remédier à l'inertie ou à la mauvaise volonté du parquet. Submergés par bien d'autres dossiers, le procureur de la République (ou ses substituts) et le juge d'instruction ne percevront pas toujours d'un bon œil son insistance ; ils en concevront souvent (et parfois avec raison) des soupçons : tant de détermination ne dissimulerait-elle pas une volonté de vengeance ou une intention malveillante ? Pour responsabiliser la partie civile (et parfois pour la décourager), le juge d'instruction commencera par lui demander de déposer au greffe une somme d'argent plus ou moins conséquente. Cette consignation est destinée à garantir le paiement de l'amende[20] auquel la partie civile pourrait être condamnée si tout cela devait se terminer par un non-lieu et que son action soit jugée abusive, sans compter les dommages et intérêts que la personne visée dans la plainte et innocentée pourrait lui réclamer[21].

Autant dire qu'une telle démarche s'avère extrêmement périlleuse. Personne ne sera en effet très motivé : *a priori,* le parquet ne déploiera pas beaucoup d'efforts en faveur d'une plainte qu'il avait préalablement jugé bon de classer sans suite. Dans son sillage, les policiers ou les gendarmes ne se montreront guère enthousiastes. Les quelques diligences ordonnées avec plus ou moins de bonne volonté par le magistrat instructeur n'auront lieu qu'à un train de sénateur, « à temps perdu ». Bref, l'enquête se fera *a minima.* Si l'instruction ne se clôt pas par un non-lieu mais par un renvoi devant une juridiction de jugement, cela tiendra du miracle. La preuve est faite que la partie civile, ainsi isolée, n'a pas véritablement les moyens de soutenir sa plainte.

Dans les deux cas, classement sans suite ou non-lieu, et lorsque naturellement la plainte était effectivement fondée sans que cela puisse être judiciairement démontré, l'enfant ou l'adolescent ne pourront ressentir qu'un immense sentiment de frustration. Un grand pas aura, cependant, été fait : en parlant, ils auront rencontré sur leur route des gens qui nécessairement les auront soutenus et accompagnés dans leurs démarches. Ce classement sans suite ou ce non-lieu ne seront donc pas totalement négatifs, ils tiendront leur place dans le processus de reconstruction : en parlant, les victimes auront prouvé à leurs agresseurs qu'elles n'en avaient plus peur, qu'elles étaient libérées de leur emprise, agresseurs qui auront au surplus senti passer très près le vent du boulet et éviteront vraisemblablement toute rencontre avec celles ou ceux ayant eu le courage de les dénoncer.

Cette plainte apparemment vaine sera, par ailleurs, susceptible de servir de précédent, si d'aventure, et cela est loin d'être une hypothèse d'école, quelques mois ou quelques années plus tard, l'agresseur provisoirement épargné se trouve avoir de nouveau maille à partir avec la justice pour des motifs similaires. La première plainte dédaignée pourra venir au soutien de la seconde, déposée par une nouvelle victime, et constituer un élément à charge de première importance. Sans compter la possibilité qui existera alors pour la première victime de relancer sa propre affaire si la prescription n'a pas fait son œuvre.

Il faut savoir qu'en France la proportion de plaintes classées sans suite dépasse les 70 %[22]. Les raisons de ces classements multiples tiennent en premier lieu à l'absence de fondement des plaintes déposées ainsi qu'à l'impossibilité de procéder à l'identification des auteurs des infractions. Mais le manque de moyens judiciaires et policiers, et notamment l'insuffisance patente du nombre de magistrats, sont également pour beaucoup dans cette situation.

Dans un département de la taille du Vaucluse[23], comprenant deux tribunaux de grande instance (Carpentras et Avignon), on dénombre au total huit magistrats du parquet pour traiter les quelques milliers de plaintes déposées annuellement et prendre la décision d'y donner ou de ne pas y donner suite, magistrats qui doivent au surplus assurer le suivi des plaintes donnant lieu à poursuite et à procédure judiciaire...

Dans de telles conditions, il est évident que les plaintes ne disposant pas de moyens de preuves suffisants ou relatives à des faits d'apparence mineure auront peu de chances d'aboutir. Si la loi du 17 juin 1998 impose désormais aux procureurs et aux parquetiers de motiver leurs décisions de classement et de notifier par écrit cette décision aux victimes de violences sexuelles, cette motivation ne sera le plus souvent constituée que d'une ou deux lignes laconiques du type « insuffisance d'élément ». Piètre consolation.

LA QUALIFICATION

En l'absence de classement, le parquet décidera dans la quasi-totalité des cas de l'ouverture d'une instruction, obligatoire au demeurant en matière criminelle. Pour les délits, un renvoi direct de l'agresseur devant le tribunal correctionnel ne pourra être qu'exceptionnel, ces dossiers nécessitant des investigations minutieuses ne s'accommodant guère d'une « justice expéditive » (expression absurde qui ne devrait théoriquement jamais s'inscrire dans aucune réalité).

Le ministère public devra tout d'abord s'attacher à qualifier pénalement les faits. Les policiers ou gendarmes chargés de l'enquête auront donc la délicate mission de demander à la victime de décrire précisément le déroulement de ces faits et les circonstances dans lesquelles ils se sont produits : localisation des actes commis sur les régions du corps, dénombrement de la fréquence de ces actes, reconstitution du rapport de forces entre l'agresseur et l'enfant. Y a-t-il eu ou non pénétration, y a-t-il eu violence, menace, contrainte, surprise, et si oui lesquelles ? À quelle époque les faits ont-ils débuté ? L'enfant était-il à cette époque âgé de plus ou de moins de quinze ans ? L'agresseur avait-il d'une manière ou d'une autre autorité sur lui ? Les réponses à ces questions permettront de donner aux faits leur qualification adaptée. De cette qualification dépendront la nature criminelle ou délictuelle de l'infraction ainsi que le choix de la juridiction appelée à en connaître, cour d'assises ou tribunal correctionnel.

Pour le nouveau Code pénal, entré en vigueur en 1994, les agressions sexuelles[24] sont définies comme « toutes atteintes sexuelles commises avec violence, contrainte, menace ou surprise ». Elles recouvrent d'une part le viol, de nature criminelle, et d'autre part toutes les agressions autres que le viol, de nature délictuelle.

Le viol est puni d'un maximum de vingt années de réclusion lorsqu'il est commis sur un mineur de moins de quinze ans, ou, quel que soit son âge, s'il est commis par un ascendant légitime, naturel ou adoptif ou par toute autre personne ayant autorité sur lui. Il se définit comme « tout acte de pénétration sexuelle de quelque nature qu'il soit commis sur la personne d'autrui ».

Les autres agressions sexuelles, c'est-à-dire tous les actes n'ayant pas donné lieu à pénétration mais cependant commis avec violence, contrainte, menace ou surprise, sont quant à elles punies d'un maximum de sept à dix années d'emprisonnement selon que le mineur est âgé de plus ou de moins de quinze ans et que son agresseur a ou non vis-à-vis de lui un lien d'ascendance ou d'autorité.

La Cour de cassation a eu à maintes reprises l'occasion de préciser les limites de la frontière séparant le viol des « autres agressions sexuelles ». Sur certains points, sa jurisprudence est constante : ainsi, les pénétrations digitales ou d'objets ont toujours été analysées comme des viols. Sur d'autres, en revanche, elle est plus qu'hésitante : dans un arrêt du 16 décembre 1997, la chambre criminelle qualifiait ainsi de viols toutes les formes de fellation, qu'elles soient « actives ou passives », que la victime les subisse ou soit contrainte de les pratiquer. Cette appréciation a été modifiée dans un nouvel arrêt du 28 octobre 1998 revenant à une interprétation plus stricte du texte : désormais, la fellation est reconnue comme un viol dans l'hypothèse où la victime est contrainte de la pratiquer et comme un délit dans le cas où elle ne « fait que » la subir. De même, pour être clair mais malheureusement cru, parce que c'est une situation bien plus courante qu'on ne pourrait le penser, est considéré comme victime d'un viol l'enfant sodomisé, mais n'est victime que d'une agression sexuelle l'enfant contraint de sodomiser son agresseur.

Le Code pénal stigmatise également les atteintes sexuelles commises sans violence, contrainte, menace ni surprise[25]. Ce délit est passible d'un maximum de cinq années d'emprisonnement s'il a été commis sur un mineur de moins de quinze ans ou, sous cette même condition, de dix années s'il a été pratiqué par un ascendant, une personne ayant autorité ou contre rémunération, disposition visant à lutter contre la prostitution enfantine. Il est puni de deux années d'emprisonnement lorsqu'il a été commis sur un mineur de plus de quinze ans non émancipé dans la seule hypothèse d'une atteinte pratiquée par un ascendant ou une personne ayant autorité.

Le principal intérêt de cette qualification réside dans l'affirmation du fait que l'absence de violence, contrainte, menace ou surprise ne signifie pas, *a contrario*, l'existence d'un consentement. Dans les situations envisagées, la notion même d'un éventuel consentement est purement et simplement niée[26].

En pratique, tout acte commis sur un enfant de moins de treize ans est cependant qualifié d'agression sexuelle, la jurisprudence estimant que, jusqu'à cet âge, la victime ne peut avoir conscience de ce qui lui est demandé et qu'elle a, par conséquent, nécessairement été surprise ou contrainte, quelles que soient les apparences[27].

Par ailleurs, lorsqu'il y a lien d'ascendance ou d'autorité, les juges considèrent généralement qu'il y a eu, au minimum, contrainte morale et retiennent donc également la qualification d'agression. Par suite, le recours à la qualification d'atteinte sexuelle commise sans violence, menace, contrainte ni surprise est relativement peu fréquent. Il doit en outre être manié avec précaution, à peine, dans certaines situations, de servir à sanctionner des relations qui ne le mériteraient sans doute pas[28].

Il existe une différence importante entre les deux qualifications en ce qui concerne l'âge de l'agresseur. En cas d'agression sexuelle, celui-ci pourra être un mineur. En cas d'atteinte sexuelle sans violence, contrainte, menace ni surprise, il devra en revanche impérativement être majeur, cela étant justifié au motif qu'il est « parfaitement légitime que des mineurs entretiennent entre eux, quel que soit leur âge, des rapports hétéro- ou homosexuels[29] ». Ce qui peut cependant poser une difficulté lorsque l'un des mineurs a, par exemple, près de dix-huit ans et l'autre moins de dix.

En définitive et pour résumer, toutes les relations sexuelles entre un adulte et un mineur peuvent en l'état des textes faire l'objet de poursuites judiciaires. Seules y échappent les relations consentantes entretenues par un mineur de plus de quinze ans avec un partenaire n'ayant à son égard ni la position d'ascendant, ni une position d'autorité. C'est dire si, en théorie, l'intégrité des mineurs est pénalement bien protégée.

On pourra certes toujours discuter du bien-fondé de cette « majorité sexuelle » légale, fixée en France à l'âge de quinze ans. Dans d'autres pays d'Europe, elle est moindre, treize ans dans plusieurs d'entre eux. En France, ce seuil a d'ailleurs varié selon les époques[30]. Aucune limite ne sera de toute façon jamais la bonne. En fonction des personnalités, quinze ans sera peut-être trop et treize ans pas assez, ou l'inverse. Peu importe, les magistrats sont en principe là pour « apprécier », pondérer, mesurer et juger.

L'INSTRUCTION

Cette qualification effectuée, va ensuite s'ouvrir le temps de l'instruction proprement dite, également nommée « information ». En dévoilant ce qu'il a subi, l'enfant a déclenché une mécanique qui ne le ménagera pas : interrogatoire, confrontation, expertise psychologique et psychiatrique, le cas échéant contre-expertise, examen médical, autant de moments pénibles qui viendront réactiver le souvenir des souffrances vécues et entretenir le sentiment d'angoisse. C'est notamment le cas lors des confrontations directes qui ne devraient jamais être organisées à la va-vite au stade des enquêtes préliminaires, c'est-à-dire avant la saisine d'un juge d'instruction, sans garantie procédurale pour personne, ni pour la personne soupçonnée ni pour sa victime prétendue, sans préparation aucune et qui peuvent s'avérer particulièrement traumatisantes.

Les confrontations (qui reposent sur l'aberrant postulat selon lequel, en cas de face-à-face, celui qui ment serait censé « craquer » le premier alors que c'est bien évidemment l'enfant qui, dans cette situation, est le plus faible et le plus vulnérable) doivent se dérouler dans le bureau du juge d'instruction en présence des avocats de chacune des parties, en prenant soin de disposer les lieux de telle sorte que l'enfant n'ait pas à supporter la puissance du regard de son agresseur dont on ne doit jamais sous-estimer l'impact sur une victime n'étant pas encore totalement parvenue à se libérer de son emprise.

Ces divers moments sont d'autant plus pesants et lourds qu'ils se répètent et durent longtemps. Difficile de faire comprendre à un enfant pourquoi il est sans cesse nécessaire pour lui de répéter les mêmes choses aux gendarmes, au juge, au psychologue. Encore plus difficile de lui faire comprendre pourquoi il s'écoule des mois, parfois même des années entre deux interrogatoires. La loi du 17 juin 1998 est sur ce plan à l'origine de deux progrès notables : l'enregistrement audiovisuel des auditions de l'enfant (susceptible de réduire le nombre de ses interrogatoires et d'éviter certaines confrontations) et la présence possible à ses côtés d'un psychologue, d'un médecin ou d'un membre de sa famille.

Reste la complexité du système judiciaire : comment s'y retrouver dans ce monde aux intervenants multiples ? Qui sont-ils, que font-ils, à quoi servent-ils, ces procureurs, ces juges, d'instruction ou du siège, magistrats de la chambre de l'instruction ex-chambre d'accusation, du tribunal correctionnel, de la cour d'assises, ou de la Cour de cassation ? Comment justifier cette lenteur et faire prendre patience à l'enfant qui réagit comme un malade à qui l'on viendrait dire que, certes, il faut l'opérer, mais que, malgré l'urgence et la gravité de son cas, l'opération ne pourra avoir lieu que dans deux ou trois ans... ?

Sans forcer exagérément le trait, on pourrait malheureusement trop souvent décrire ainsi le temps de l'instruction : un juge, qui met parfois des mois avant de rencontrer et d'entendre pour la première fois la victime[31], lance un ballet de commissions rogatoires partant dans toutes les directions pour entendre les dépositions de multiples témoins éparpillés aux quatre coins du pays ayant éventuellement quelque chose à dire sur la personnalité des uns et des autres ou sur certains faits susceptibles de venir conforter les versions de l'accusation ou de la défense, qui désigne généralement un ou deux experts chargés de faire un examen psychiatrique et médico-psychologique du mis en examen et de la victime, et puis qui attend...

le retour des commissions rogatoires, le dépôt des rapports d'expertise. Les semaines passent.

L'analyse de ces pièces enfin rassemblées pourra générer à son tour de nouvelles auditions, de nouveaux examens pour préciser certains points ou éclaircir certaines contradictions. Entre-temps, le juge aura peut-être quitté son poste (mutation, promotion, congé — maternité, sabbatique, formation, maladie) ou sera tout simplement surchargé car les dossiers s'empilent, et chaque jour apporte son lot de nouvelles saisines. Pour peu qu'une affaire touchant au grand banditisme vienne envahir son cabinet, le voilà effectivement noyé. Les mois passent, voire les années. Audition de la victime au printemps, confrontation avec son agresseur à l'automne, notification d'un rapport d'expertise durant l'hiver, voici déjà venu l'été et le temps des vacances judiciaires.

L'agresseur, s'il est incarcéré, trouve lui aussi le temps long. Il dépose des demandes de mise en liberté à répétition. Le juge les rejette. Le mis en examen interjette appel de ces décisions devant la chambre de l'instruction, ce qui retarde d'autant le règlement du dossier qui se promène entre le cabinet du juge, celui du procureur et le greffe de la cour d'appel.

Voici enfin la procédure « bouclée ». Le dossier est transmis au procureur qui va dresser son « acte d'accusation » par voie de réquisitions écrites, puis est restitué au juge pour être renvoyé devant le tribunal correctionnel s'il s'agit d'un délit ou devant la cour d'assises s'il s'agit d'un crime. Dans les deux cas, attente d'une date d'audience qui n'interviendra bien souvent qu'après plusieurs mois[32]. Voilà, approximativement, à quoi sont utilisées les longues années qui précèdent l'ouverture du procès. Nombre de victimes se lassent.

Au total, selon les juridictions et la complexité des dossiers, deux à quatre années pour voir un dossier criminel toucher la barre d'une cour d'assises ; un à trois ans pour un dossier correctionnel. Sans oublier désormais[33] l'appel toujours possible devant une juridiction supérieure avec, dans cette hypothèse, des pointes à cinq, six années, voire davantage pour en arriver à l'épilogue judiciaire. Voilà qui est long, très long, trop long. Un enfant révèle des faits à l'âge de onze ans, il en a dix-huit lorsque justice lui est enfin rendue. De qui se moque-t-on ?

Si, durant ce temps, l'agresseur est resté en détention, tout cela est encore supportable, mais que dire de la situation où l'agresseur n'est soumis qu'à un simple contrôle judiciaire (assorti tout de même d'une interdiction de rencontrer sa victime, ce qui n'exclut jamais cependant le risque d'une rencontre fortuite au détour d'un rayon de grand magasin surtout lorsqu'on habite la même ville et que la ville est petite) et se trouve en liberté ? Certaines victimes sont persuadées d'avoir vu leur agresseur à la sortie du collège ou d'avoir été suivies par lui dans la rue alors que celui-ci se trouve bel et bien en prison. On imagine sans mal l'angoisse permanente dans laquelle elles vivent lorsqu'il est libre.

Comme il n'est évidemment pas question de revenir sur la « présomption d'innocence » et que certaines affaires justifient effectivement pleinement le maintien en liberté de la personne mise en examen, il n'y a qu'une seule solution : marcher de manière soutenue pour que l'affaire puisse être jugée sans le moindre retard. Or, lorsque le prévenu ou l'accusé sont libres, c'est précisément l'inverse qui se produit ! La personne mise en examen n'étant pas détenue, le dossier ne présente plus la moindre urgence ni pour le juge d'instruction ni pour le parquet tenus de donner priorité au traitement des affaires dans lesquelles se trouvent des personnes incarcérées. La boucle est bouclée, et ces dossiers constituent alors chacun autant de scandales permanents.

LE TEMPS DES PRESSIONS

On comprend mieux dans ces conditions l'importance de l'entourage : l'enfant doit être sécurisé, il doit comprendre ce qui se passe. La présence d'un avocat à ses côtés est alors incontournable pour expliquer, rassurer, accompagner, expliquer, rassurer. Sa famille, ses proches doivent éviter de le faire vivre en permanence sous la pression de l'instruction en cours et du procès à venir. La vie doit continuer. L'enfant doit pouvoir retrouver l'insouciance et les rêves de son âge. C'est également le moment où une psychothérapie pourra débuter. L'enfant revit et attend « son » procès dans la sérénité... Scénario bien sûr idéal, version éditions Arlequin... La réalité est moins angélique.

La révélation est un choc pour tous. Certains y croient, d'autres non. Inimaginable, impensable : les voisins, les amis, les proches, la famille, tout ce monde est en ébullition. Certains vont faire bloc autour de la victime sans faillir. D'autres auront une réaction plus mitigée et évolutive ; après une période de compassion, certains reproches pourront voir le jour, expression d'un ressentiment plus ou moins inconscient : « quelque part », la parole de l'enfant est mise en doute, « quelque part », on ne le croit pas complètement. Comment lui faire comprendre, à cet adulte qui a oublié les peurs de son enfance, qu'on n'a pas pu lutter, qu'on n'a pas trouvé les moyens de résister, ni d'autres solutions que de se « laisser faire », qu'on n'a pas pu en parler plus tôt, et que dans le même temps on ne consentait à rien ? D'autres, enfin, se rangeront dans le camp de l'agresseur pour des raisons plus ou moins avouables. Ces champs d'attitudes diverses vont de certaines mères plus soucieuses de leur réputation que de l'avenir de leur enfant ou confrontées à des situations matérielles difficiles du fait de l'incarcération de leur époux, aux comités de soutien créés pour éviter, à tort ou à raison, une nouvelle affaire Dreyfus.

Depuis la maison d'arrêt où il est incarcéré, l'agresseur reste rarement inactif : il reçoit des visites, envoie des courriers. Il « recadre » les faits, établit son système de défense. Des alliances se nouent, des compromis s'établissent. S'il a reconnu les faits ou certains d'entre eux, il entreprend une politique d'explication et de relativisation, met en avant ses difficultés ou les manœuvres de séduction dont il a, jure-t-il, été victime. S'il ne les a pas reconnus, il crie à l'erreur judiciaire, au complot[34].

Certains accueilleront ces propos avec bienveillance et prendront parfois même violemment le parti de la personne mise en cause. Ainsi cette femme assumant les fonctions de mère de famille d'accueil, dont l'époux était incarcéré pour avoir commis des attouchements sur la personne d'une petite fille de onze ans confiée par les services sociaux et que l'on aurait d'ailleurs parfaitement pu poursuivre en raison de la complaisance qui avait été la sienne.

Interrogée par le juge d'instruction, elle exprimait ainsi son opinion :

> « Mon mari est très joueur et Cécile très sournoise. Un jour je suis montée à l'étage, j'ai vu qu'il jouait avec elle, je lui ai demandé ce qui se passait, il m'a répondu : "Rien, j'ai juste pincé les fesses de Cécile." J'en ai aussi parlé avec elle et je lui ai posé la question, si mon mari lui avait caressé les seins, car elle a des seins développés qui peuvent être sujets à convoitise ; j'ai sermonné mon époux sur le geste commis et j'ai pensé que c'était elle qui devait le chercher. »

Son mari, à propos de la même scène, déclarait de son côté :

> « Un jour, j'étais dans la chambre de Cécile, je lui ai touché le bas du ventre, à ce moment-là ma femme est montée et m'a vu. Le lendemain, elle m'a demandé des explications et m'a dit : "Mais qu'est-ce que tu t'amuses à tripoter cette gamine ?" »

Cela n'empêchait pas son épouse de lui écrire en prison :

> « Il faut que tu te battes, que tu cries haut et fort ton innocence. Tu ne vas pas te laisser écraser par cette petite merdeuse qui n'est qu'une menteuse. Secoue-toi ! Ta petite femme qui t'aime tendrement. »

Et d'orchestrer dans son village une véritable campagne d'intoxication et de désinformation. En prenant ainsi bec et ongles la défense de son mari, en le sommant de se « battre » pour faire reconnaître une innocence qu'il ne revendiquait d'ailleurs pas, cette femme défendait en réalité sa position sociale, son emploi, sa maison, le confort de ses habitudes et de son quotidien, sa réputation. Mais elle donnera naissance dans le même temps à des rumeurs, des bruits, qui, revenant aux oreilles de l'enfant, ne seront jamais neutres.

Longtemps, du côté de Saint-Pierre de Mur-de-Barrez, se souviendra-t-on du climat délétère ayant entouré pendant quatre longues années la procédure conduite contre l'abbé Maurel : le village s'était retrouvé coupé en deux, avec les « pro » et les « anti » Maurel. Un vent de rumeurs s'était abattu sur les victimes et leurs familles avec coups de téléphone, lettres anonymes, insultes, comportements vexatoires, quatre années d'un « calvaire inimaginable », pour reprendre l'expression du père de l'une des parties civiles.

Les pressions peuvent être plus ou moins subtiles, plus ou moins directes, émaner de l'agresseur lui-même ou être relayées par des proches. La plupart du temps, ces intermédiaires seront d'ailleurs totalement de bonne foi dans leurs interventions, confondant fidélité et cécité.

Le mis en examen, y compris dans le cas où il a reconnu les faits totalement ou partiellement, ne réitérera jamais ses aveux devant les membres de sa famille ou les amis qui peuvent lui rendre visite à la maison d'arrêt et qui, n'ayant pas accès au dossier, en ignorent tout. Apparaître comme la victime d'une justice faisant preuve d'une rigueur injustifiée à son égard s'avérera dans ces conditions une tâche relativement aisée. Avec ses visiteurs, il parlera peu des faits. Ses interlocuteurs, sur un sujet les mettant de toute façon mal à l'aise, ne seront d'ailleurs nullement curieux de savoir ce qui s'est réellement passé. Et, s'il en parle, ce sera de manière très générale, en minimisant à outrance les faits commis. Les attouchements deviendront des chatouilles maladroites mais surtout mal interprétées par la victime, les viols seront niés, ou du moins le terme ne sera pas utilisé, le consentement ou le comportement provocateur de l'enfant sera mis en avant, le tout étant recouvert de mots sans force ni vigueur tels que « bêtise », éventuellement « grosse bêtise » ou « erreur » dont on se repent amèrement, mais dans un instant de folie la chair ne peut-elle avoir ses faiblesses ? Il s'étendra, en revanche, complaisamment sur la situation qui est la sienne à la maison d'arrêt, mélangé aux « pointeurs », les vrais, ceux qui ont effectivement commis des viols, des vrais, en butte aux insultes, voire aux agressions des autres détenus qui n'ont effectivement que mépris pour cette catégorie de la population carcérale, privé éventuellement pour cette raison de promenade, entassé avec trois ou quatre autres codétenus dans une cellule vétuste d'une dizaine de mètres carrés. En décrivant une réalité carcérale effectivement indigne d'un pays moderne, il n'aura guère de difficulté à inspirer à son interlocuteur un sentiment de pitié et de compassion.

> « Je paye cher, cela va faire un mois... Quel enfer, je suis en enfer... j'ai été mis en isolement. Je suis dans une pièce glaciale. Ici, je ne suis plus rien. Vendredi on a "oublié" de m'apporter le bol d'eau chaude teintée au goût café, eh bien voilà, c'est tout, on apprend aussi à être "oublié". On dit merci lorsqu'on vous renferme dans la cellule. On évite de demander quelque chose. On ne demande plus rien. On attend. Je vis un supplice. Qui ne l'a pas vécu ne pourra jamais savoir ni comprendre ce que représentent trente jours ici. »

Bien sûr, cette situation n'a rien d'enviable, et il n'y a pas à moquer de tels propos. Mais, dans le même temps, l'image de la prison transmise par le détenu du fond de sa cellule constituera pour lui une arme et un moyen de pression incontestable sur sa victime et sur ses proches. Certains n'hésiteront donc pas à en rajouter et à dresser un tableau apocalyptique de leurs conditions de détention.

Et cet interlocuteur, visiteur ou correspondant, qui ne sait quasiment rien du dossier, qui n'a été témoin de rien, n'a rien vu, rien entendu, jamais rien soupçonné, après lecture d'une lettre envoyée par le prisonnier depuis sa cellule ou retour d'une visite à la maison d'arrêt, ne gardera en mémoire que ce qu'aura bien voulu lui dire ou lui écrire la personne mise en examen et ne retiendra que cette version. Ces proches, qui connaissent l'agresseur depuis de longues années, qui ont partagé sa vie, cultivent avec lui de multiples souvenirs, voient celui qui fut leur époux, leur ami, souffrir. La victime, ne peuvent-ils s'empêcher de penser, doit certainement porter une part de responsabilité dans ce qui s'est passé. Il faut agir, intervenir auprès du juge ou même, si les contacts sont possibles, directement auprès de l'enfant, lui faire comprendre qu'il ne doit pas l'enfoncer, qu'il faut savoir faire la part des choses.

Les pressions seront d'autant plus fortes et plus directes que l'interlocuteur sera lui-même à un degré ou à un autre impliqué dans la commission des faits. Cela est particulièrement vrai dans les cas d'incestes où la mère a fait preuve d'aveuglement. La plupart des mères ne sont pas inquiétées suite aux viols commis par leurs compagnons. Soit qu'elles n'aient effectivement rien vu ni ressenti (« j'avais une totale confiance en mon mari et je n'avais aucune raison de le surveiller. Tant que l'on n'aura pas compris cela, on ne me comprendra pas »), soit que la preuve de leur connaissance des faits reste impossible pénalement à démontrer (ce qui est quasiment toujours le cas quand il n'a pu être établi que l'intéressée aurait au moins une fois assisté directement à une agression), soit, enfin, que, malgré leur connaissance évidente de la situation, les autorités judiciaires considèrent qu'en raison du climat de violence conjugale existant au domicile familial ou de l'emprise psychologique du mari l'épouse n'avait pas la capacité effective de dévoiler les faits. Bien souvent, l'autorité judiciaire préférera fermer pudiquement les yeux. La présence d'autres enfants au domicile plaide en faveur de cette attitude pour éviter leur placement, quasiment inévitable dans l'hypothèse d'une incarcération.

Les poursuites ne sont engagées qu'en cas de complaisance caractérisée, et la détention provisoire ordonnée seulement pour les mères dont la conduite relève d'une gravité exceptionnelle. La plupart du temps, la victime, à défaut de placement dans un foyer ou chez un tiers digne de confiance, restera donc tout au long de la durée de la procédure quotidiennement au contact de cette mère innocente, aveugle, complaisante ou complice. Et même dans l'hypothèse d'un placement provisoire, les relations seront maintenues lorsque l'enfant retournera dans sa famille pour les week-ends ou durant les vacances scolaires. Dans de telles conditions, comment résister aux pressions de certaines mères s'adressant en ces termes au juge d'instruction :

« Monsieur le Juge, je me trouve dans une situation désespérée. Sous le coup de la colère, j'ai porté plainte. J'ai cinq enfants et nous lui avons tous pardonné. Les enfants sont malheureux car malgré son geste il a toujours été travailleur et un bon père. J'ai des problèmes de santé et sans lui, je serai obligée de vendre notre nouvelle maison. Ma fille m'a avoué qu'elle cherchait son père. Cette situation ne peut plus durer. Qu'il revienne près de nous ! Mon mari a raison malgré son geste en disant que notre fille a ses torts. J'ai un gros crédit immobilier sur le dos et des enfants qui réclament sans cesse leur Papa et qui sont privés de toute vie familiale normale. J'ai pardonné à tous les deux. On peut redémarrer à zéro et revivre normalement. Ma fille ne supporte pas l'absence de son père. Je souhaiterais qu'elle ait un permis de visite. »

Ou encore :

« Madame le Juge, cela va faire bientôt un an que mon mari est en prison. Je fais chaque semaine, souvent deux ou même trois fois, le trajet avec mes enfants pour aller le voir. Ils souffrent beaucoup de cette séparation. Je tiens à vous dire que lors de son arrestation, les gendarmes m'ont convoquée. Ils m'ont fait lire la déposition de Corinne et, sous le choc, j'ai cru bon de confirmer certains faits. Par la suite, j'ai pu discuter avec ma fille et apprendre que rien ne s'était passé entre elle et lui avant le mois d'août (uniquement quelques caresses), ensuite il y a eu juste quelques rapports amoureux d'octobre à début janvier. J'ai su aussi qu'elle était consentante. Elle n'est pas traumatisée. Je connais bien mon mari. Son objectif principal est l'éducation des enfants, la famille a toujours passé avant ses propres satisfactions, c'est un homme très sensible et sentimental, généreux et sérieux. Malgré ce faux pas, je tiens de plus en plus à lui. Je sais que cela ne se reproduira plus. Notre seul espoir est de le voir revenir parmi nous le plus tôt possible. »

Un véritable chantage peut être parfois exercé depuis la prison sur la mère pour obtenir son appui et son intervention, soit verbalement lors de visites au parloir, soit par le biais de courriers échappant à la vigilance des maisons d'arrêt qui, de ce point de vue, sont, il faut bien le dire, de véritables passoires.

Lettre de Roger, incarcéré pour le viol de sa fille, à son épouse :

> « Mon minou adoré, je t'écris ce petit mot pour te dire qu'il faut que tu essayes de raisonner Annick car je ne voudrais pas qu'elle m'enfonce. J'ai vu le dossier. Il y a mon nom et le tien, car tu es dans le lot. Si ta fille raconte des bêtises, tu risques d'aller en prison. Là tu prends cinq à dix ans, ce serait la catastrophe, au placard tous les deux [...]. Je t'en supplie, tente de redresser la situation. Si elle revient sur ses déclarations, je sortirai à la confrontation et je te promets que tout cela ne se reproduira plus jamais [...]. Je voudrais pas que tu m'abandonnes, cela me ferait beaucoup de peine, je pense à tous les bons moments que nous avons passés ensemble, puis aussi pour trouver une femme sérieuse à l'heure actuelle, c'est très difficile. Je suis un homme traumatisé, l'ambiance ici est lamentable. Sur ma tombe, je ferai marquer pourquoi je suis là et à cause de qui. Je le ferai, au moins elle s'en voudra toute sa vie. Fais un effort mon minou adoré. Je t'embrasse très fort. »

L'agresseur peut également s'adresser directement à sa victime pour tenter de développer son sentiment de culpabilité. Ainsi cette lettre écrite par un père à sa fille depuis la maison d'arrêt :

> « Ma grande fille adorée, [...] ici, c'est l'enfer [...], je te fais savoir que je vais divorcer avec ta mère. Tout ça pour tes mensonges et plus tard tu seras surprise car tes sœurs vont t'en vouloir d'avoir fait divorcer tes parents et de leur avoir enlevé l'amour parental. Toute la famille va être désunie, à partir de maintenant tu ne verras plus ton père et ta mère ensemble et cela sera ma deuxième punition contre l'injustice. Bon parlons d'autre chose, si tu veux venir me voir, tu peux. »

Tout y est : la triste vision de sa situation actuelle (l'enfer de la prison) pour générer un sentiment de pitié, la séparation des parents et la destruction de « l'amour parental » pour la culpabilité, la menace voilée (le ressentiment des sœurs, la référence à la punition) pour la peur, le pardon (tu peux venir me voir, tu sais, je ne t'en veux pas et tout peut encore rentrer dans « l'ordre ») pour tenter de la faire faiblir.

De même, cette missive d'une grand-mère maternelle à ses petites-filles dont la mère était incarcérée pour non-dénonciation de crime :

> « Je viens d'aller voir votre mère ou du moins ce qu'il en reste, c'est un squelette, je sais vous n'en avez rien à faire, mais je dois vous dire que si vous avez menti, ça se saura, n'ayez crainte mais dites-le alors avant d'aller porter des fleurs à votre mère au cimetière et dites-vous bien que vous l'aurez poussée dans la tombe avec toute cette souffrance que vous lui faites endurer. Ne prononcez plus le mot maman, il sortirait des serpents de votre bouche. »

Lettre suivie quelques jours après d'un courrier adressé par la mère incarcérée directement à l'une de ses filles :

> « Ici c'est l'horreur, tu ne peux imaginer ce qu'est la prison, les films sont des paradis par rapport à ce que je vis ici, ce que je sais c'est que je ne m'en remettrai certainement pas. Ce que tu me fais, c'est pire qu'un coup de poignard, j'en meurs tous les jours qui passent. Tu devrais lire le livre de Béatrice Saubin *Vingt Ans en prison*, je viens de le finir et tu comprendras où j'en suis et ce que je vis. »

Entre la situation des geôles malaises où fut détenue Béatrice Saubin et celle d'une maison d'arrêt de l'Hexagone, quelles que soient les évidentes améliorations à apporter aux prisons françaises, sales, vétustes, surpeuplées, « *humiliantes pour la République* », « *indignes de la patrie des droits de l'homme* »[35], il y a tout de même un monde, un gouffre abyssal que le prisonnier n'hésitera pas à franchir pour exercer une pression sur son interlocuteur.

Autre type d'interventions, celles qui s'adressent aux juges sous forme de courriers, voire de pétitions émanant de « comités de soutien ». Ainsi ce comité venant au secours d'un pédophile ultérieurement condamné à une peine de quinze années de réclusion criminelle avec peine de sûreté des deux tiers, composé de personnes certainement sincères, qui ne connaissaient du dossier que les courriers délirants, maculés de quelques gouttes de sang, envoyés par cet homme depuis sa prison dans lesquels il protestait de son innocence, de la pureté de ses intentions et des conditions infernales de sa détention :

> « Je suis à bout. L'enquêteur m'a trahi. J'ai voulu préserver les enfants. J'ai avoué sous la dictée. L'inspecteur calquait sa version sur celle des enfants, il fallait que ça cadre pour lui, moi je pensais à la honte qu'ils allaient subir par des examens médicaux, j'ai voulu éviter ça. C'est vraiment dégoûtant ce qu'il m'a fait dire. Je suis tombé dans un piège infernal. Je sais ce que j'ai fait. Cette lourde accusation n'a pas de sens. Mon esprit me quitte, des bribes me reviennent, gardez-moi intact. J'ai été battu de toutes parts, m'enfonçant dans un néant vaporeux. J'ai reçu des coups, je perds l'équilibre, je vomis la nuit, je saigne du nez ; les examens n'ont rien décelé, mais mon état mental se fêle. Pour me déplacer dans la prison, ils m'ont donné un garde. Je stresse trop, je tremble de tous mes membres, claque des dents, vis dans l'angoisse de la mort. Je ne pouvais pas m'expliquer dans un tel état. Je crains le pire. Je ne tiendrai pas très longtemps. Je réclame des soins. Viendront-ils ? Suite aux agressions subies, j'ai en plusieurs endroits de la face des fractures. Je perds la mobilité de l'œil gauche, un bout de l'os orbital cassé lors des agressions s'est ressoudé de travers et frotte constamment à l'intérieur de l'orbite. Je suis dans une détresse sans nom, devenant un être désarticulé. Regardant mon sang me fuir, je me tourne vers vous, ma famille, mes amis proches. Ma vie n'a plus de sens, plus de raison, j'ai peur, mon sang, je sombre. »

Tout le système de défense de cet homme transparaissait dans cette lettre : appel à la compassion, mise en situation de victime, présentation de sa garde à vue comme un interrogatoire digne de la Gestapo, négation de ses aveux en voulant laisser croire qu'ils avaient été fournis pour préserver les enfants... Et tous ces signaux ne sont pas vains, ils font leur petit bonhomme de chemin, finissent par créer un climat, des « images », qui pèseront lourd sur les victimes et l'entourage : « Cela fait de la peine à ma mère que son frère soit en prison, elle me lit ses lettres, par rapport à la souffrance qui est la sienne en prison, je me sens coupable, je voudrais qu'il sorte », écrivait Frédéric au juge d'instruction, ému par les courriers de son oncle que sa mère ne pouvait s'empêcher de lui faire lire.

Quant au porte-parole dudit comité, il exprimait ainsi sa position :

> « Monsieur le juge, la lecture, la relecture des lettres de notre ami incarcéré me pousse encore une fois à prendre contact avec vous. Pour être tout à fait franc, je vous avouerai confidentiellement que ma confiance en son avocate est relative. Elle me paraît ambitieuse, carriériste, et pour aller au fond de ma pensée, vénale. [...] Lorsqu'on est tennisman, on rêve de Roland-Garros, lorsqu'on est pilote automobile, on rêve de grand prix, quoi de plus normal lorsqu'on est avocat de priser particulièrement les cours d'assises. Après réflexion, je suis convaincu qu'elle n'a pas utilisé toutes les cartes pour la correctionnalisation de son affaire. Je m'explique. »

Et de s'expliquer sur quatre pages, lui qui ne connaissait rien du dossier, mis à part ce qu'avait bien voulu lui en dire « la victime de l'erreur judiciaire » qu'il entendait dénoncer...

> « J'avoue ne pas comprendre... Ne trouvez-vous pas cela troublant ? L'article 222-23 du Code pénal parle de menaces... contraintes... surprises... Est-ce bien le cas dans cette affaire ? N'y a-t-il pas confusion entre le subjectif et le réel ?... Je ne vous ferai pas l'injure de vous rappeler l'article premier de la Déclaration des droits de l'homme et du citoyen. Je vous invite très humblement à le méditer en cet instant. Nous avons conscience que nous vous demandons un dépassement. Un dépassement en courage. Un dépassement en hauteur... »

Si les magistrats restent habituellement de marbre et si ces lettres n'ont en pratique aucun effet sur le cours de la justice, elles méritent cependant d'être citées, car elles sont révélatrices de l'état d'esprit de nombreux proches.

Comme ce courrier d'une grand-mère adressé au juge à propos de son époux de soixante-sept ans, incarcéré pour viols et agressions sexuelles commis sur la personne de sa petite-fille âgée de cinq ans :

> « Monsieur le juge, je viens plaider en faveur de mon mari, car au commissariat je lui en voulais tellement que je n'ai pas dit du bien de lui. Je vais le voir à la prison car je réalise que je ne peux m'en passer, il était si gentil, faisait toutes mes volontés à la seconde. C'est un bricoleur hors pair et je me retrouve toute seule dans cette maison avec mon chien, son chien qui ne cesse de l'attendre, on

devient fous tous les deux ! Ma colère est tombée et je passe mon temps à pleurer et à essayer de comprendre comment des caresses d'amour (il adorait sa petite-fille) ont pu se transformer en caresses sexuelles. Une seconde de folie qui lui est passée par la tête qu'il va payer très cher. Il ne faut pas le juger trop sévèrement, car jamais il n'a eu un mot ou un geste déplacé envers les femmes que l'on connaît, tout le monde est stupéfait. C'est déjà très cher payé que d'être emprisonné avec des violeurs. Il est anéanti, il ne comprend pas, il attend. Pour lui, pour moi, soyez indulgent. »

Pas un mot sur la petite-fille, mais une pensée pour le chien, apitoiement sur sa propre condition, minimisation totale des faits et parfaite intégration du discours de l'agresseur sur la nature de ces faits (« une seconde de folie »), confusion complète des générations en mettant sur le même plan la petite-fille âgée de cinq ans à l'époque des faits et les relations féminines adultes fréquentées par le couple, refus de considérer l'époux pour ce qu'il est effectivement, un violeur, incompréhension, et absence totale de prise de conscience de la gravité des faits.

Comment s'étonner que, dans un tel environnement, certaines victimes ne bénéficiant pas du soutien nécessaire craquent et se rétractent ?

Les rétractations peuvent être totales, mais cela est rare, car les accusations formulées au départ sont trop précises et trop marquées au sceau de la sincérité pour que l'on puisse attacher foi à des déclarations complètement contradictoires, et ce, *a fortiori*, dans les cas où l'agresseur a reconnu tout ou partie des faits. Il est, par ailleurs, rappelé que la rétractation et même le retrait de la plainte n'empêchent pas les poursuites de continuer. L'action publique conduite par le procureur de la République se poursuit quelle que soit la position prise par la victime, à partir du moment où le procureur a été informé des faits et a jugé opportun d'engager des poursuites. Les rétractations ne seront donc le plus souvent que partielles, la victime épousant le système de défense de son agresseur.

« Ce n'était pas un viol, c'était un inceste, *déclare ainsi Caroline, quinze ans, après plusieurs mois d'instruction, au sujet des faits commis par son père.* Il n'a jamais été violent, il ne m'a jamais frappée. La première fois je n'étais pas d'accord, je le lui ai dit, il n'en a pas tenu compte, mais je ne l'ai pas repoussé. Si je l'avais repoussé, je pense qu'il ne l'aurait pas fait. Je ne veux plus déposer plainte contre mon père. C'est vrai qu'il a fait une bêtise, mais moi j'en ai fait une aussi et puis on a besoin de lui à la maison. »

Se cumulant avec l'immense sentiment de culpabilité qui est le sien, les pressions maternelles ont eu raison de la volonté de l'adolescente. Face à une mère prête à entendre toutes les bonnes excuses du père, Caroline finit par partager ce discours. Après tout, ce n'était pas si grave. Cela restait en famille. Et puis, il y a le crédit. L'enfant fait le sacrifice de sa propre souffrance sur l'autel de la réconciliation et de la solidarité familiale.

Chapitre 2

LE COMBAT JUDICIAIRE

La révélation des faits, leur dénonciation auprès des autorités judiciaires, le parcours du combattant constitué par la phase d'instruction ne visent qu'à autoriser l'avènement du procès qui viendra donner un sens à cette débauche d'énergie et de courage. Ses fonctions et ses enjeux seront multiples : le procès est tout à la fois instrument de régulation sociale, lieu de prise de conscience collective, moment du rappel de la loi, moyen pour organiser symboliquement la réparation des torts subis. Il a enfin pour ses acteurs directs une importante fonction cathartique : en organisant la prise de parole des uns et des autres, il permettra à chacun d'évacuer par ce moyen ses affects et son trop-plein de (res)sentiments.

Pour l'enfant ou l'adolescent, le premier enjeu du procès sera la reconnaissance sociale de son état de victime et la validation de sa parole accusatrice. Mais aussi la compréhension des mécanismes qui ont permis l'agression et la réappropriation de son histoire personnelle. Il doit sortir de la salle d'audience soulagé, après avoir réfuté lui-même ou entendu réfuter tous les arguments, moyens de défense, fausses excuses et explications diverses de son agresseur et avoir ainsi compris ce qui lui était arrivé, pourquoi il avait été contraint de se laisser faire et comment l'agresseur était parvenu à ses fins. Alors seulement sa honte et sa culpabilité pourront vraiment commencer à s'évanouir.

Le procès doit être l'occasion d'un recadrage tous azimuts de l'environnement de la victime : sa place par rapport aux adultes, le bien, le mal, les interdits. Par sa symbolique, son aspect solennel, sa capacité à démonter les mécanismes de l'agression, les explications fournies par les uns et par les autres, experts, avocats, procureur, le procès a aussi pour l'enfant une fonction pédagogique.

Une seule limite à cela : le respect du droit. Comme le rappelait maître Alain Molla[1], « le droit est notre repère majeur et avant de penser à un procès pédagogique, de réfléchir à la fragilité de l'enfant, il doit être notre boussole grâce à la présomption d'innocence, à la charge de la preuve à l'accusation, à la loyauté organisée par le Code de procédure pénale. L'objectif du procès pénal, c'est juger un homme. Si ça devient "ne pas faire de mal à un enfant", car "ne pas le croire serait pire pour lui", alors la justice pénale est en danger[2] ».

Sous cette réserve fondamentale, Marie, à l'issue de l'audience, doit avoir obtenu les réponses aux questions qu'elle posait au psychologue chargé de son expertise :

> « Marie parle des faits avec froideur, distance, sans émotion, semble presque indifférente, ponctuant ses propos par "c'est pas normal, non ?". Bien qu'elle dise, attendant confirmation de son interlocuteur, "ils ont pas le droit avec des mineurs, on est des enfants", elle n'a aucune notion du bien, du mal, de ce qui est permis, de ce qui ne l'est pas. Elle vit la réalité de sa plainte sans en comprendre vraiment le sens. Elle tente d'adhérer au discours social mais ne peut le comprendre, n'ayant pas intégré la notion d'interdit. »

Et Céline, adoptée à l'âge de quatre ans par celui qui deviendra son agresseur, doit découvrir le vrai visage de celui qu'elle considérait comme son père :

> « Céline n'a aucune critique, aucun reproche vis-à-vis de quiconque. Comme il était "gentil" et l'a accueillie, elle ne peut se plaindre de lui. "C'est mon père", dit-elle, et c'est effectivement magique pour elle d'en avoir un. L'inhibition de son agressivité lui joue des mauvais tours, notamment au niveau de son aptitude à la critique. Elle

se met en cause : “Peut-être que je le taquinais trop… Peut-être que j’aurais pu garder tout ça pour moi.” »

Pour l’accusé ou le prévenu, l’enjeu variera selon la position adoptée vis-à-vis des faits qui lui sont reprochés. Si ceux-ci sont niés dans leur intégralité, il luttera pour voir proclamer son innocence. S’ils sont, au contraire, reconnus totalement ou partiellement, le procès lui fournira l’occasion d’exprimer et de mettre en avant toutes les circonstances de nature à les justifier, les expliquer, les rendre compréhensibles, voire admissibles.

En présence de positions contraires, le procès devrait constituer le moment privilégié où, l’ensemble des protagonistes étant rassemblés (agresseur, victime(s), témoins, proches), tout pourrait être enfin dit et débattu contradictoirement et où toutes les conditions seraient remplies pour que se manifeste au plus près la vérité. Mais, pour ce faire, le procès devrait en toutes circonstances être un « vrai procès » et non un simulacre. Claude Lévi-Strauss raconte dans *Tristes Tropiques* sa visite d’un tribunal lors d’un passage en Martinique dans les années 1940 : « On jugeait un paysan qui, au cours d’une querelle, avait emporté d’un coup de dent un morceau d’oreille de son adversaire. Accusé, plaignant et témoins s’exprimaient dans un créole volubile dont en un tel lieu la cristalline fraîcheur offrait quelque chose de surnaturel. On traduisit à trois juges qui supportaient mal, sous la chaleur, des toges rouges et des fourrures à quoi l’humidité ambiante avait enlevé leur apprêt. Ces défroques pendaient autour de leur corps comme des pansements ensanglantés. En cinq minutes exactement, l’irascible Noir s’entendit condamner à huit ans de prison. La justice était et reste toujours associée dans ma pensée au doute, au scrupule, au respect. Qu’on puisse avec cette désinvolture, disposer en un temps si bref d’un être humain me frappa de stupeur. Je ne pouvais admettre que je venais d’assister à un événement réel. Aujourd’hui encore, nul rêve, si fantastique ou grotesque qu’il puisse être, ne parvient à me pénétrer d’un tel sentiment d’incrédulité. »

Lévi-Strauss pourrait hélas continuer à faire d'aussi tristes constats sous d'autres cieux que ceux des tropiques, s'il lui arrivait de fréquenter de nos jours certaines salles d'audience de nos tribunaux correctionnels. Seules les cours d'assises prennent aujourd'hui le temps de consacrer une ou plusieurs journées à l'examen des dossiers qui leur sont soumis. Seules les cours d'assises prennent la peine d'entendre tous les témoins qu'auront bien voulu faire citer l'accusation, la partie civile ou la défense ainsi que les experts, médecins, psychologues ou psychiatres étant intervenus au cours de l'instruction.

Même si rien ne l'interdit, il n'est pas d'usage de procéder de manière similaire devant les tribunaux correctionnels. Comment d'ailleurs cela serait-il possible alors que ces juridictions audiencent la plupart du temps le même jour plusieurs affaires différentes ? Si les avocats avaient l'esprit quelque peu syndicaliste et voulaient paralyser totalement le fonctionnement des tribunaux correctionnels, il leur suffirait de procéder de la sorte : convoquer, pour la défense comme pour la partie civile, les experts et les témoins de la même façon que cela se pratique devant les cours d'assises. Il s'ensuivrait une indescriptible pagaille qui apporterait la preuve par l'absurde que les tribunaux correctionnels sont à ce jour totalement incapables, sauf cas exceptionnels, de juger un dossier autrement qu'à la va-vite.

Pourtant, si la justice ne prend pas son temps, elle ne peut remplir convenablement sa fonction de régulation sociale. Le retour au calme ne saurait, pour s'obtenir, se contenter du prononcé d'une sanction expéditive ou d'une prompte relaxe. La paix sociale ne sera restaurée, le « trouble à l'ordre public » ne sera apaisé que dans la mesure où, en cas de condamnation, la victime quittera la salle d'audience dans la sérénité et où l'agresseur partira vers son lieu de détention en ayant au minimum avancé dans sa réflexion sur les raisons de sa condamnation. Et où, en cas de relaxe, la victime aura au moins eu le sentiment d'avoir été écoutée, à défaut d'avoir été entendue. Pour atteindre ces objectifs, le temps nécessaire à l'expression de chacun et à l'écoute de tous doit être respecté.

Un procès bien conduit, bien préparé, se déroulant devant la juridiction adéquate, dans un délai « raisonnable », ne devrait rien avoir d'exceptionnel. Il pourrait être la règle si la société voulait bien s'en donner les moyens. Victimes et prévenus méritent bien, de la part de la justice, quelques instants d'attention. Pour la victime, un procès digne de ce nom vaudra toutes les analyses et, pour l'accusé, il constituera une garantie contre le risque d'une éventuelle erreur judiciaire.

Circonstances atténuantes ?

La reconnaissance ou la non-reconnaissance des faits, en d'autres termes l'aveu, constituera la ligne de partage des eaux délimitant les deux versants, totalement différents, sur le fond desquels le procès sera appelé à se dérouler. Quoi qu'on en dise, l'aveu demeure en effet « la reine des preuves » et facilite bien des choses. Lorsque tel est le cas, jurés de cour d'assises ou juges du tribunal correctionnel se trouveront confrontés à toute une série d'arguments présentés par la défense, qu'ils auront à apprécier sans pour autant devoir s'interroger sur le principe d'une culpabilité d'ores et déjà acquise[3]. L'ensemble de ces arguments devront pouvoir être exprimés avant d'être, un par un, récusés. C'est à ce prix que chacun, agresseur et victime, pourra prendre la mesure de leur vacuité.

LE VIEUX REFRAIN DU CONSENTEMENT

Tous les accusés reconnaissant peu ou prou les faits vont se réfugier à un moment ou à un autre de manière plus ou moins ferme derrière le consentement, voire la provocation de leur « prétendue » victime. Ils tenteront de démontrer que les victimes (du malentendu ou du complot), ce sont eux.

Qui parle de consentement présuppose l'existence d'une liberté de choix. Ce qui suffit déjà à régler la question et à balayer l'argument : ni les enfants ni les jeunes adolescents n'ont dans cette matière une quelconque liberté de choix.

Persister à évoquer l'éventuel consentement des victimes en le présumant à partir du vieil adage « qui ne dit mot consent » est un non-sens. Se défendre de telles accusations en s'exclamant : « Mais il aurait pu me le dire qu'il n'était pas d'accord, je ne pouvais pas le deviner ! » est une ineptie.

Face à l'adulte qui le terrorisera ou qui, au contraire, dédaignant les violences physiques, entreprendra de le séduire, usera de tous les moyens de persuasion, le corrompra au besoin et finira par le menacer si nécessaire, l'enfant est totalement désarmé et manipulé. Il ne faut jamais oublier en abordant cette question son état de dépendance totale vis-à-vis des adultes en général et de ses parents (ou de ceux qui ont autorité sur lui) en particulier. L'enfant a tendance à leur attribuer tous les pouvoirs, à se les représenter comme des espèces de dieux tout-puissants qui organisent, contrôlent et décident (un témoin : « Elle vénérait son père, pour elle, c'était le bon dieu, elle l'adorait » ; un expert : « Pour eux, il présentait l'image d'un père idéal et invulnérable »).

La tâche de l'agresseur sera d'autant plus aisée que, de manière naturelle et spontanée, l'enfant voudra toujours faire plaisir à son interlocuteur adulte, sera au départ sensible à l'intérêt qu'on lui porte, intérêt d'autant plus apparent que l'agresseur se montrera souvent disponible à son égard, apte à l'écouter et nouera avec lui une véritable relation. Et quand, sidéré, tétanisé, paralysé, incapable de résister, déboussolé, perdu, il sera contraint de participer à des activités sexuelles qu'il n'est pas en mesure de comprendre, inappropriées à son âge et à son développement, il ne protestera pas, ne réagira pas, ce qui ne signifiera naturellement jamais un quelconque acquiescement de sa part : « Sur le coup, je n'étais même pas réticente, je ne savais pas ce que c'était, je croyais que c'était normal. »

Le déséquilibre physique et mental entre l'agresseur et sa victime exclut toute idée de consentement. Pour contracter valablement, échanger des consentements, encore faut-il constater une certaine égalité entre les cocontractants. D'un côté, un adulte, instinctivement respecté par l'enfant, ayant dans la plupart des cas autorité naturelle, voire juridique sur lui par sa position de père, grand-père, oncle, beau-père, éducateur, professeur ou ami de la famille, grand, un véritable géant, immense par sa taille, énorme par son poids, sa voix mâture, important par sa position sociale, ses connaissances, son savoir, ses capacités d'expression ; de l'autre, un enfant, haut comme trois pommes, léger comme une plume, avec une voix fluette et son petit cartable d'écolier, comment parler d'égalité ?

Gael, sept ans :

> « Je l'appelais tonton parce que pour moi c'était comme s'il était de la famille. J'avais confiance en lui. Je me souviens qu'il a mis son zizi dans mes fesses et que j'ai eu très mal. Je lui disais “j'ai mal, arrête”, mais lui disait “non, on continue”. Il m'a demandé aussi de lui sucer son zizi. Il était tout dur et avait un mauvais goût. Comme c'était mon tonton qui me le demandait, je me sentais obligé de le faire, à cause de la façon dont il me parle. J'avais l'habitude de lui obéir. C'est difficile de refuser quelque chose à une grande personne. »

Ce qui est vrai pour les petits enfants l'est tout autant pour les jeunes adolescents envoûtés, béats d'admiration, par un discours séducteur. La fascination sera peut-être même encore plus grande : à un âge où l'on cherche la reconnaissance des adultes, où l'on aspire à être considéré comme un « grand » et à exister comme tel, la manipulation sera d'autant plus facile. Les quelques années supplémentaires ne changeront rien à l'affaire, la méthode sera différente, plus élaborée, mais le résultat identique.

Mathieu, quinze ans :

> « Il avait l'art et la manière de parler. Je n'ai pas le souvenir d'avoir eu à choisir. Il m'épatait parce qu'il était très intelligent. C'est vraisemblablement la raison pour laquelle je crois n'avoir eu d'autre choix que me soumettre à ses désirs. Je l'admirais. »

Quelles que soient les variations de ce scénario type, on y trouve régulièrement au moins l'un des quatre éléments nécessaires et suffisants pour que soit retenue la qualification d'agression sexuelle, ou même les quatre simultanément ou répartis successivement dans le temps : violence physique et régime de terreur dans les agressions les plus primitives ; violence morale sous forme de chantage et de menace lorsque l'enfant grandit ; surprise et contrainte mentale lorsque la manipulation est achevée par la capture des pensées mêmes de la victime, la soumission de son intelligence et l'aliénation de sa liberté.

Ce scénario peut parfois être simplifié à l'extrême : c'est notamment le cas pour les crimes de viols incestueux commis par des pères exerçant les fonctions de « tyran familial ». Il peut, à l'inverse, revêtir des aspects très sophistiqués lorsque l'on a affaire à un beau-père rejouant Pygmalion ou à un pédophile s'avançant déguisé en gourou.

Si l'on considère que l'essentiel est acquis dès lors qu'intervient une déclaration de culpabilité, le débat sur le consentement n'a, en droit, qu'un intérêt relatif. Le prétendu consentement est en effet inopérant dans la situation, très largement majoritaire, où la victime a moins de quinze ans ou, si elle en a davantage, se plaint d'une personne de son entourage disposant d'un lien d'ascendance ou d'autorité. Établir que les faits ont été commis sans violence, contrainte, menace ni surprise ne suffira pas pour faire la preuve d'un consentement dont la loi ne reconnaît pas l'éventualité dans ces circonstances-là. Cela n'empêchera pas le tribunal d'entrer en voie de condamnation. Cette condamnation sera certes prononcée sous une qualification autre que celle d'agression sexuelle, et la peine prononcée pourra être moindre. Mais la culpabilité de l'auteur n'en sera pas moins retenue[4].

Cependant, établir dans les faits qu'il n'y a pas eu consentement et matérialiser cela en faisant reconnaître l'existence d'actes de violence, contrainte, menace ou surprise reste pour les victimes un enjeu majeur. Pour elles, entendre leurs agresseurs justifier leurs « dérapages » par les sollicitations dont ils auraient été l'objet n'est pas acceptable :

> « Je ne savais plus comment faire face, *croit pouvoir dire l'un*. Ces enfants m'avaient complètement troublé. J'ai commencé à les

caresser à leur demande, ils forçaient ma porte. J'étais devenu leur papa. Ils se disputaient mon exclusivité. C'était un calvaire, c'était à celui qui viendrait le plus vite dormir chez tonton et je devais par force les accueillir chez moi. En résumé, je voudrais dire que ce sont eux qui me cherchaient, mais je ne voudrais tout de même pas les accabler. »

D'autres vont même jusqu'à parler de provocation :

« C'est uniquement son comportement qui a occasionné ces choses. C'est une épicurienne. C'est elle qui a commencé à m'attirer vers elle. Je n'ai pas réagi. J'ai pensé que cela s'arrêterait tout seul, j'ai eu peur de la braquer. Je ne pouvais pas résister, à chaque fois je lui disais d'arrêter. Mais elle était trop provocante, on aurait dit qu'elle le faisait exprès. »

D'une manière générale, ils sont encore nombreux, faisant écho à Liliana Cavani, réalisatrice du film *Portier de nuit*[5], ceux pour lesquels « les victimes ne sont jamais tout à fait innocentes ».

On peut toujours soutenir qu'un riche nabab porte une part de responsabilité dans le vol dont il est victime en raison de la grande fortune qui est la sienne, qu'un truand assassiné porte sa part de responsabilité dans le règlement de comptes qui le concerne et même que cette femme adulte ou cette jeune fille à l'adolescence déjà mâture, n'ayant jamais eu à subir le phénomène de l'emprise, ont pu se montrer imprudentes et en partie responsables de l'agression sexuelle unique et isolée qu'elles ont pu connaître au hasard d'une mauvaise rencontre. Mais pas pour un petit garçon de six ans. Pas pour une petite fille de dix ou onze ans. Pas pour une gamine de quatorze ou quinze ans conditionnée par son père ou son beau-père depuis des années. Les uns et les autres ne demandaient rien. Ces victimes-là sont totalement innocentes. Elles sont en âge de jouer encore aux billes, et c'est leur droit.

Même dans l'hypothèse extrême d'une jeune adolescente de douze ou treize ans souhaitant que l'on fasse attention à elle, qu'on la remarque, et adoptant pour cela des tenues légèrement provocantes, voire extravagantes, l'adulte pourra sans aucune difficulté lui en faire compliment, mais ne pourra jamais sérieusement soutenir en avoir été dupe et n'être en conséquence que la victime de la jeune « séductrice ». Dans cette hypothèse, l'agresseur vient profiter et abuser du jeu de l'enfant, transformant le jeu en le pervertissant, mais c'est toujours lui, l'adulte, qui détournera et pervertira le jeu, et non l'inverse. Vladimir Nabokov expliquait dans une interview[6] (au cas où cela aurait été nécessaire) la nature véritable des sentiments de sa « Lolita » : « Ce n'est pas une jeune fille perverse, c'est une pauvre enfant que l'on débauche et dont les sens ne s'éveillent jamais sous les caresses de l'immonde monsieur Humbert, à qui elle demande une fois : “Est-ce qu'on va vivre toujours comme ça, en faisant des choses dégoûtantes dans des lits d'auberge ?” »

L'agresseur peut bien tenter d'entraîner ses interlocuteurs sur le terrain de l'ambiguïté pouvant exister dans certains cas de viols d'adultes, où en l'absence de traces de violences physiques externes caractérisées (ecchymoses, traces de strangulation) trop d'oreilles complaisantes[7] sont prêtes à entendre que la victime l'avait en définitive « bien cherché » (elle qui faisait du stop, qui traînait ce soir-là en un lieu où jamais elle n'aurait dû se trouver), gommant totalement la spécificité des violences commises sur des enfants ou adolescents qui ne sont précisément pas des adultes. Cet exercice est vain, en droit comme en fait.

La question du consentement éventuel ne peut juridiquement se poser que pour les mineurs en âge et en capacité d'en formuler un à l'époque où l'agression a débuté qui, s'ils ont plus de quinze ans et s'ils ne sont victimes ni d'un ascendant ni d'une personne ayant autorité sur eux, pourraient, pour cette raison, voir leur agresseur relaxé ou acquitté du délit ou du crime qui lui serait reproché. Dans la pratique, de telles discussions sont rares, faute de plaignants. Car, si le consentement est bien réel, personne n'estimera devoir saisir la justice.

Une histoire d'amour véritable entre un adulte et un adolescent, cela peut exister. On se souvient de Gabrielle Russier, agrégée de lettres, enseignante au lycée Thiers de Marseille, tombée amoureuse de l'un de ses élèves âgé de dix-sept ans (la majorité légale était alors fixée à vingt et un ans). Elle devait être écrouée dans le cadre de la détention provisoire à deux reprises pour une durée totale d'environ huit semaines, puis condamnée le 12 juillet 1969 à douze mois de prison avec sursis et 500 francs d'amende, le parquet allant jusqu'à interjeter appel de cette décision qu'il considérait comme insuffisante car amnistiable. Le 1er septembre 1969, Gabrielle Russier se suicidait. Qui songerait aujourd'hui à placer de telles passions sur le terrain judiciaire[8] ? Ces quelques relations authentiques et exceptionnelles entre deux êtres humains ne peuvent servir d'alibis à personne. Si la justice est saisie, c'est que quelqu'un se plaint. Et si ce quelqu'un est l'adolescent, c'est, très probablement, parce qu'il n'était pas consentant ou a pris ultérieurement conscience de la manipulation dont il avait été victime. Autrement, pourquoi se plaindrait-il ?

LA RELATION D'EMPRISE

Maurice G., chauffeur routier d'une quarantaine d'années, marié, père de trois enfants, deux filles, un garçon, raconte le déroulement de sa première agression :

> « Cela s'est passé en novembre. J'allais livrer des fruits en Espagne. C'est dans la cabine du camion que ça s'est passé. C'était le matin très tôt sur un parking du marché de Barcelone. Avec ma fille, nous avions parlé et après, malencontreusement, nous avons fait cette chose. C'était une erreur. C'était la bêtise humaine. Nous avons parlé du fait que j'avais des problèmes avec ma femme. Dans ma fille, je revoyais ma femme jeune, j'ai voulu essayer de refaire quelque chose de mieux avec ma fille. Je me souviens de lui avoir dit qu'elle aurait un chappy neuf si elle était gentille. Elle n'a pas tenté de fuir. Je ne l'ai pas malmenée. Elle était inerte. Elle n'a pas saigné. Elle n'a prononcé aucun mot, ni pendant, ni après. Il est certain qu'elle pouvait difficilement se soustraire à ma demande. Elle était dans un endroit qu'elle ne connaissait pas, ne parlait pas l'espagnol et n'avait aucun moyen de se débrouiller sans moi. Je me suis rendu compte qu'elle était contrainte de se laisser faire, surtout qu'elle me

craignait, bien que je ne l'aie jamais frappée. Je mesure un mètre quatre-vingt-dix pour cent trente kilos. Je regrettais mon geste, mais c'était fait. Je craignais qu'elle n'en parle à ma femme ou à l'une de ses amies. Comme elle n'a rien fait ni raconté, la semaine suivante, je lui ai proposé de m'accompagner pour ramener le camion chez mon employeur. Juste à l'entrée du village, j'ai garé le camion sur le parking du bord de la route. J'ai fermé les rideaux. Je lui ai proposé de recommencer. Elle n'a dit ni oui ni non. [...] Elle aimait rester avec moi le soir. Ma femme et les autres enfants étaient couchés. Je lui proposais "la bagatelle". Elle le faisait. Elle a peut-être rechigné une fois. On n'en a jamais parlé. Elle n'a jamais exprimé ce qu'elle pensait. Je pensais qu'elle aimait ça. Parfois je prétextais sortir pour aller voir un copain. En réalité, je l'emmenais dans un chemin, sur la droite, juste avant la papeterie, le long de la rivière. Aussitôt fini, nous rentrions à la maison. J'avais d'autres rapports à la maison, dans le salon, le mercredi matin. C'est le seul jour où elle se lève seule. Elle prend une douche tous les matins, car il lui arrive encore d'uriner au lit et j'en profitais. Ensuite je la conduisais au car pour son travail. Ayant des rapports complets, je me doutais que, sans précaution, elle serait un jour ou l'autre enceinte. Mais j'avais pris l'habitude, je ne savais pas m'en passer. Ayant pensé à cette éventualité, je savais que je pouvais provoquer un avortement dans le pire des cas. Je ne la connais pas plus que ça. Je n'ai jamais de conversation avec elle. Elle est très renfermée. Je n'arrive pas à approuver mes actes. Mais elle est quand même un peu fautive. »

Sa fille, Sandrine :

« Il ne m'avait jamais touchée avant ce voyage en Espagne. J'avais quinze ans et deux mois. J'étais en vacances. Mon père m'avait demandé de l'accompagner, car il voulait de la compagnie pour éviter la fatigue. Le soir, nous nous sommes arrêtés sur une station d'autoroute. Nous avons mangé dans la cabine et ensuite nous nous sommes préparés pour dormir. Il y avait deux couchettes dans le camion : une en haut et une en bas. J'ai voulu me mettre sur celle du haut, mais il m'a dit de prendre celle du bas. Il est venu à côté de moi. Il a commencé à me caresser la poitrine. Il m'a dit : "Si tu me fais plaisir, je te ferai plaisir aussi, je te paierai ton chappy." Je n'osais pas le regarder. Je n'ai pas osé me défendre. Mon père est très grand et très fort. Moi je mesure un mètre soixante-cinq et je pèse cinquante-quatre kilos. C'était sur un parking d'autoroute, très loin de chez moi, et si je m'étais sauvée je n'aurais pas su où aller. Il ne s'est pas retiré. Il n'avait pas de préservatif. Je n'avais jamais eu de rapport sexuel avant. En plus, j'étais indisposée. C'était la fin de mes règles. »

Lorsqu'elle dure dans le temps, l'agression se déroule dans l'immense majorité des cas de manière très progressive. On se trouve en présence d'une véritable procédure de captation soumettant peu à peu l'enfant ou l'adolescent à son agresseur.

Le phénomène d'emprise peut se résumer ainsi : une relation inégalitaire faite d'abus de pouvoir et de domination, de mensonge et d'imposture, semant la confusion et aliénant tout esprit critique. Cette relation aboutit à l'instrumentalisation de la victime transformée en objet de satisfaction pour le plaisir de son agresseur dans un rapport de dépendance, et des liens d'une force telle que l'enfant lui-même peut en arriver à ne pas avoir conscience de l'état de contrainte et du contexte de violence dans lesquels il se trouve.

L'agresseur commence par établir un contact « privilégié » en profitant souvent de la faiblesse, de la démission ou de l'absence de ceux qui devraient lui faire barrage : les personnes ayant naturellement autorité sur l'enfant sont progressivement mises à l'écart. Ce sera cette mère dépressive ou totalement dépassée par la personnalité d'une fille qu'elle ne comprend pas et dont elle ne mesurera jamais la détresse, qui abdiquera devant la difficulté de sa tâche éducative, laissant à son époux, père ou beau-père de l'enfant, toute latitude pour s'en occuper. Ce seront ces parents trop occupés, sans contacts suffisants avec leurs enfants ou déstabilisés par un événement douloureux (séparation, veuvage) qui jugeront providentielle l'intervention éducative de ce tiers rempli d'attentions. Ou encore ces familles monoparentales au sein desquelles « parrains » ou « tontons » n'auront guère de mal à détourner la quête affective d'enfants sans père ni repères. Ou plus simplement ces parents qui n'hésiteront pas à confier leur enfant pour les besoins de sa scolarité ou durant ses vacances à tel éducateur présenté comme « exceptionnel » ou à tel ami proposant une activité valorisante.

Dans tous les cas, l'agresseur va devenir dans un premier temps l'un des interlocuteurs principaux de l'enfant, puis, très vite, le seul et l'unique. Il obtient ce statut par son autorité personnelle en usant de moyens divers selon sa position sociale et familiale.

S'il s'agit du *pater familias*, il peut s'imposer à l'enfant par sa violence verbale et physique permanente depuis la toute petite enfance, les punitions corporelles qu'il inflige depuis toujours, ses cris et ses crises d'autorité : dans cette hypothèse, l'enfant vivra dans la terreur avant même d'avoir été agressé et demeurera sous ce régime pendant des années.

De manière totalement différente, il pourra acquérir ce statut à force de douceur et de gentillesse : « tonton gâteau », « papa poule » ou « éducateur hors pair », toujours à l'écoute, maniant le verbe avec brio, jamais avare de discours, il s'imposera par la séduction. Ces deux manières d'agir sont d'ailleurs parfaitement cumulables et employées souvent simultanément : souffler le chaud et le froid, manier la carotte et le bâton sont d'excellents moyens pour faire perdre à l'enfant ses repères et le fragiliser psychologiquement.

Puis vient le moment des premières effractions dans l'intimité de l'enfant : l'agresseur commence à pénétrer son territoire, son espace, sa chambre, son lit. Lui qui terrorise l'enfant le jour, le maltraite, l'insulte, le gifle ou qui l'ignore en ne lui prêtant aucune attention, va prendre la peine le soir de venir discuter avec lui. Et s'asseoir sur son lit. Ou lui, dont la gentillesse ne se dément pas, va tout naturellement suivre le même chemin pour raconter des histoires, faire un bisou, et rire, et jouer, et pourquoi pas dans le noir ? C'est dans ce cadre, apparemment bénin, habituellement recommandable, généralement innocent, que vont se mettre en place progressivement des attouchements de plus en plus précis et fréquents, au départ simples gestes de tendresse, caresses, voire soins « éducatifs » (toilette) visant à banaliser toutes ces attitudes et habituant l'enfant au contact corporel, au « toucher » :

> « Il m'est arrivé de l'épiler, je lui ai mis un tampax une fois pour lui rendre service, je lui mettais aussi ses suppositoires quand elle était malade, je lui prenais sa température, mais c'était tout à fait normal, c'était pour l'aider, sans aucune arrière-pensée. »

La vigilance naturelle de l'enfant est endormie. Il est pris dans la toile d'araignée de la relation tricotée par son agresseur.

Enfin, c'est le passage progressif à des actes sexuels enrobés d'un discours de séduction (« c'est normal, c'est une preuve d'amour, il faut te laisser faire pour que ça aille bien entre nous, c'est comme ça qu'on fait quand on s'aime », etc.). Parfois, il y a orchestration d'une mise en scène perverse avec l'établissement d'un rituel : le regard, le changement dans les attitudes, la modification du son de la voix qui annoncent le passage à l'acte, paralysent, captent leur proie, brouillent la frontière entre la tendresse, l'affection, l'amour et le désir sexuel, imprimant comme un message dans la mémoire de l'enfant. Celui-ci est conditionné, programmé. Il accepte sans pour autant consentir. Auteurs et victimes partageant le même silence, la situation ne peut évoluer, et les agressions auront alors tendance à s'installer dans la durée.

Éducateur, juge, maître à penser, l'agresseur tient l'enfant sous son influence tout au long de sa croissance, le discours verbal et la contrainte mentale prenant au fil du temps de plus en plus de place. Il veille à la destruction du tissu relationnel et à l'isolement du jeune adolescent emmuré dans le secret qui lui est imposé. Il dénigre les copains éventuels, entendant bien demeurer par tous les moyens maître du jeu, préserver son statut pour conserver en son pouvoir et à sa disposition celui ou celle qu'il considère comme sa propriété :

> « Pendant trois ou quatre mois, nos ébats se sont calmés car elle sortait avec un petit voisin de l'immeuble. Ce jeune ne me plaisait pas du tout. Il ne voulait pas travailler. Il devait avoir vingt ans. Finalement, à force de lui dire que c'était un fainéant, elle a rompu. »

La victime vit les agressions comme une fatalité, se sent marginalisée. Les périodes d'abattement et de renoncement alternent avec des moments de révolte. L'emprise est maintenue avec des évolutions au fil du temps et des moyens en rapport avec le développement de l'enfant : l'agresseur use alternativement de la confiance et des menaces, il convoque, discute, fait du chantage, punit. La mère ou les parents ne voient rien, ne comprennent rien, se refusent à interpréter comme ils le devraient certains signes, attribuent à une cystite des saignements, mettent sur le compte de la croissance le caractère agressif ou fuyant de l'enfant, s'interrogent sur l'incohérence apparente de son comportement sans parvenir à trouver la bonne explication, ou n'ont tout simplement aucun regard réellement attentif sur leur fils ou leur fille. Au fur et à mesure que l'enfant grandit, il peut y avoir une évolution vers la conclusion d'un pacte de non-révélation basé sur les menaces, les représailles, le sens des responsabilités de l'enfant dont le silence protège toute la famille, voire la complicité si l'agresseur est parvenu à l'apogée de sa manipulation : faire partager sa cause et sa déviance à sa victime ; faire d'adolescents immatures subjugués par son charisme et son aura ses premiers défenseurs si les faits sont découverts indépendamment de leur volonté en un instant de leur développement où ils se trouvent encore « sous le charme ».

L'enfant, l'adolescent peuvent connaître des périodes de connivence avec leur agresseur et même entretenir avec lui par moments une complicité plus ou moins active. Ils n'en restent pas moins sous la dépendance et l'empire de la manipulation. L'agresseur, qui tenterait de s'en prévaloir pour se dédouaner en mettant en avant un pseudo-consentement, se retrouverait dans la position d'un dealer qui viendrait soutenir, pour sa défense, après avoir, de force, injecté le contenu des premières seringues, ne porter aucune responsabilité dans la consommation ultérieure de sa victime devenue héroïnomane, sous prétexte qu'au bout d'un certain temps c'est elle qui serait venue le solliciter.

AUTRES TENTATIVES D'EXPLICATIONS

La théorie du consentement épuisée, d'autres excuses seront présentées, d'autres moyens de défense seront mis en avant.

Et tout d'abord, l'intention de l'agresseur, les « sentiments d'amour et de tendresse » qui ont pu l'animer :

> « À la fin, je suis tombé vraiment amoureux de ma fille ; je faisais tout avec elle comme si elle était ma femme, la cuisine, le ménage, les courses, les sorties le soir dans les bars, les spectacles. Nous étions devenus de vrais amants. Par moments, elle ne voulait plus, alors lorsque je lui proposais, on s'arrangeait, et je lui achetais des chaussures ou un pantalon ou je lui donnais de l'argent de poche. Parfois, quand on faisait des courses, il lui arrivait de me demander de lui acheter un gâteau ou des bonbons, elle me disait qu'elle me rembourserait et ensuite quand elle voyait qu'elle n'y arrivait pas, elle me disait "si tu veux, on le fera pour ça". Comme ça, elle ne me devait rien. Moi, je lui disais non. Je ne voulais pas qu'on fasse ça pour l'argent. »

Ni l'amour ni la tendresse n'ont bien sûr leur place dans de semblables comportements. On ne viole personne par amour. Le viol est la négation de l'autre. L'agresseur n'a jamais éprouvé la moindre « affection » pour sa victime, comme le constate l'expert chargé de l'examen de ce père incestueux :

> « S'il parle d'amour et de complicité avec sa fille, la disant consentante et même partie prenante, "demandeuse", il cache soigneusement le caractère pervers de sa personnalité et notamment le décor, la mise en scène de ses passages à l'acte, à savoir projection préalable de cassettes vidéo pornographiques, imposition du port de sous-vêtements "excitants", présence fréquente de sa propre épouse derrière la porte vitrée. Cette utilisation de l'autre, nié en tant que sujet, comme simple objet de jouissance, joint au besoin de faire souffrir, d'être regardé, révèle une personnalité perverse avec une forte composante sadique. Sa fille n'existe pas pour lui. Contrairement à ce qu'il en dit, il n'y a rien de maternel dans son comportement, tout

est phallique, mais sous une forme très déguisée sous prétexte de combler sa fille. Sa relation à la femme est toujours dans l'horreur la plus totale, sans tendresse ni affection. La femme est déshumanisée au possible, niée. Sa fille n'est qu'un trou, un trou à boucher, fonctionnement typiquement pervers. S'il exprime des regrets, c'est sans aucune conscience morale et sans éprouver aucun sentiment de culpabilité. »

L'éducation constitue un autre thème de défense classique :

« Il m'a dit qu'il faisait cela pour me montrer comment cela se passait entre un homme et une femme. »

« Je voulais lui apprendre ce que c'était l'amour car je m'étais rendu compte que beaucoup de filles se faisaient couillonner par les garçons, je voulais la mettre en garde. Nous avions tous les deux vu à la télévision les informations concernant l'affaire Dutroux, cela nous avait choqués, on avait trouvé ça dégoûtant, Dutroux était en fait un meurtrier, il ne faisait pas ça pour apprendre comme moi la sexualité. »

« Je lui ai appris comment on fabriquait les petits, je me suis mis en mouvement et je lui ai dit qu'une seule goutte suffisait. »

« Pendant quatre années, j'ai initié trois gamines avec lesquelles je vivais au domicile de leurs parents. L'aînée avait onze ans au début, la seconde dix ans, la plus petite huit. Moi, j'en avais trente-sept. Je reconnais que lors de promenades il est arrivé que la conversation dévie sur l'éducation sexuelle et que, vu l'état d'esprit libéral de nos relations, des attouchements ont existé. Elles me posaient des questions. Je voulais tout leur expliquer de manière à ce qu'elles n'aient pas de blocages. J'ai agi par amour, dans le but de leur apprendre les choses de la vie, pour qu'elles puissent se défendre, les alerter sur le sida. J'ai procédé de bonne foi à une initiation sexuelle de type éducatif (comment mettre un préservatif par exemple) afin de leur épargner d'avoir à se retrouver ultérieurement enceintes de leurs copains. Tout s'est passé en douceur, sans rien de vicieux, sans agression. [...] Cela s'est fait dans une sorte de complicité. Pour moi, c'était quelque chose de beau. Je suis sidéré par l'emploi du mot viol à mon sujet. Il ne faut pas toucher aux enfants. Si quelqu'un fait devant moi du mal à un enfant, je suis capable de le frapper. Je ne pense pas avoir besoin de soins particuliers ni d'un suivi psychologique quelconque. »

Dans le prolongement de ces explications « éducatives », il est fréquent de rencontrer, principalement chez les pédophiles, un discours plus ou moins élaboré par lequel ils cherchent à convaincre de la normalité de leur comportement, de leur absence de déviance et du caractère non criminel de leurs actes. Pour cela, ils font appel à des éléments d'ordre culturel et philosophique susceptibles d'étayer leur argumentation, allant même pour certains jusqu'à revendiquer le « droit au plaisir de l'enfant ».

« Je lui ai dit qu'il n'avait pas le droit de faire ce qu'il avait fait à mes enfants. Il a alors remis en cause ce qu'il appelle la norme et a engagé une discussion sur ce sujet. »
« Qu'est-ce que le bien, qu'est-ce que le mal ? Où se situe la limite ? Je m'interroge au plus haut point. Le bien et le mal sont comme des fils tressés, fil noir, fil blanc, il est impossible de les séparer. Mais le monde est figé dans une certaine norme. Il a perdu tout contact avec les sens, les émotions, le naturel et pour se protéger il pourchasse toujours ceux qui veulent s'écarter du chemin. »

Preuve cependant que ceux qui les tiennent ne sont pas dupes de leurs propres discours, fussent-ils brillants, les actes commis ne sont pas revendiqués, ils sont banalisés : la possibilité d'une « erreur pédagogique » est admise, peut être y a-t-il eu en effet un léger dérapage éducatif, une mauvaise appréciation des règles sociales et morales, mais en toutes hypothèses rien de bien grave, rien de nature à mériter tant de bruit et de fureur.

« C'est venu comme un jeu, c'était de temps en temps, on se touchait et puis voilà... C'était volontaire des deux côtés. Je n'en tirais aucun plaisir, aucune satisfaction. C'était rien de grave, des bêtises, anodin. »
« J'ai simplement grattouillé le sexe de la petite, ça ne vaut pas le coup d'en faire une telle histoire. En plus je ne me suis servi que d'un seul doigt, je n'ai même pas insisté, il n'y avait pas de violence, la petite n'a même pas bougé ! »

« C'était faire sans mal, sans chercher à aller plus loin que ça. Un simple tripotage. La plainte est exagérée. J'avais presque cinquante ans quand tout cela est arrivé ! »

« Il est faux de dire que j'ai commencé à toucher ma fille à partir de huit ans, je n'ai commencé que lorsqu'elle en avait dix. Dans ce qu'elle dit, il y a des trucs qui ne sont pas vrais. Il y a de l'abus. Je suis son père quand même, il faut y penser monsieur le juge ! »

« Je précise que Cécile est capable de mentir avec aplomb. C'est une sournoise, têtue, pas douce, pas franche, un peu débile, très limitée intellectuellement, en retard pour tout et maladroite. [...] On chahutait, on se faisait des chatouilles et dans le feu de l'action, j'ai dérapé, j'ai eu quelques gestes déplacés. [...] Il a pu arriver qu'en certaines occasions ma main glisse et peut-être qu'il est arrivé que mon doigt involontairement ait pu entrer partiellement dans son sexe. [...] Ce genre de scènes a pu arriver quelques fois, mais pas souvent et pas volontairement, j'ai simplement profité un peu de la situation. [...] Elle était plantureuse, au collège on la surnommait Miss Gros Nichons, elle était mal dans son corps, j'ai voulu la valoriser, parfois je lui donnais une tape sur les fesses en lui disant "tu as de belles fesses" ou alors je lui embrassais la poitrine lorsqu'elle prenait son bain en lui disant "ils sont superbes tes seins", mais c'était pareil qu'un bisou sur la joue. Je lui disais qu'il y avait des tas d'actrices qui se faisaient faire des injections de silicone pour avoir de beaux seins et qu'elle, elle n'en avait pas besoin, c'était pour la valoriser, la rassurer, si bien que j'en suis arrivé à lui prendre les seins dans les mains et à les embrasser à travers les vêtements, mais il n'y avait rien de sexuel, rien de vicieux, c'était pour son moral. [...] Je n'ai jamais éprouvé de plaisir, c'était de la rigolade, un jeu à la bonne franquette, c'était banal, je lui chatouillais le pubis comme je lui chatouillais le pied. On rigolait. [...] Je suis baba devant les enfants, je leur passe tout, je suis McGyver pour eux, le bon, le gentil, le sauveur ! Les enfants, c'est ma cour ! »

Tous les actes sont minimisés, on tente de glisser avec virtuosité vers « l'affectivement correct » de manière à rendre l'agression présentable tant à ses propres yeux qu'à ceux des différents interlocuteurs, juges ou proches :

« Cela durait l'espace d'une seconde, c'était un peu comme une gestuelle ludique : c'était plus des caresses ludiques que des caresses érotiques. C'était un petit rituel. Je n'ai pas voulu en parler à mon épouse parce que j'ai eu peur qu'elle ne la gronde et que la gamine ne se braque. Il existe un monde entre les faits reprochés et le pourquoi je suis en prison. Je suis puni pour quelque chose qui ne le vaut pas. Pour avoir voulu jouer avec elle, je paie la facture cher, ce n'est pas logique, ce n'est pas juste. »

« Il m'arrivait souvent de lui dire, ce que l'on fait, ce n'est pas bien, il ne faut pas le faire. Nous avons tout de même continué, mais j'y allais chaque fois à reculons. Je voulais en fait compenser l'attitude autoritaire que j'avais avec elle durant la journée. J'ai le sentiment d'avoir fait cela pour me racheter de l'autoritarisme excessif que j'avais à son égard. »

Comme le notait l'avocat général lors du procès en s'adressant à ce beau-père incestueux qui s'était trouvé dans l'« obligation » de commettre tous ces viols « à reculons » :

« Le pauvre, ça a dû être terrible : non seulement il fallait faire des bisous, la caresser, mais encore la pénétrer. Que je vous plains ! Heureusement qu'Amélie a parlé et vous a enfin délivré de tout cela... »

Tout sera bon pour évacuer sa propre responsabilité, tous les arguments seront utilisés, tout sera tenté : ainsi du récurrent thème du complot fomenté par les services sociaux qui n'auraient trouvé que ce moyen pour accaparer un enfant dont on se demande vraiment pour quelles tortueuses et obscures raisons ils auraient souhaité s'encombrer s'il n'était effectivement en danger :

« Cette histoire est montée par les éducateurs. Ils ont monté la tête à ma fille. Elle croit tout ce qu'on lui dit. [...] C'est vrai que j'ai dormi dans le lit de mon aînée, mais c'était pour lui donner de l'amour parental. Elle s'endormait sur mon épaule. Je suis un papa poule. C'est une honte. [...] Seul Dieu sait la vérité. Tout est la faute de la DDASS. Si quelqu'un touche à ma fille, ou il la marie, ou je le tue. »

Ou encore la thèse du traquenard élaborée par une mère prétendument perverse utilisant ses enfants pour parvenir à ses fins :

> « Ce qui m'amène ici, c'est d'avoir été poursuivi par cette femme. Elle s'est servie de ses enfants comme d'une clé. Elle les lâchait sur moi comme des chiots. »

Et si les vrais responsables ne sont ni la mère, ni la fille, ni les services sociaux, ce sera, fonction des capacités intellectuelles de l'individu, l'alcool :

> « J'avais bu plus que d'habitude, c'est pour ça que j'ai fait cette bêtise. J'étais involontaire en fin de compte parce que je ne savais pas ce que je faisais. C'est un truc que je ne ferai jamais plus, c'est même plus que certain car j'ai juré de ne plus boire »,

ou encore la drogue ou une vie sexuelle insatisfaisante :

> « Il y avait une mauvaise entente dans mon couple. Je n'avais quasiment plus aucun rapport avec ma femme et nous nous disputions fréquemment. En plus ma femme s'était mise à dormir avec un chat, et ça je ne le supportais pas. J'en suis venu à me consoler avec ma fille. Pour assouvir mes besoins, j'allais dans sa chambre. Quand ma fille était en vacances, je devais lorsque je n'en pouvais plus me satisfaire de ma femme ; mais c'était comme si j'avais des rapports avec une planche, elle ne bougeait pas. »

Restent les seules circonstances effectivement atténuantes, les seules raisons « valables » pouvant permettre d'expliquer et de comprendre les agressions commises sans jamais cependant les justifier ni les excuser, que sont la misère intellectuelle, sexuelle et morale d'un individu, le mal et la souffrance qu'il porte en lui, par sa nature ou en raison des agressions dont il a pu lui-même être victime étant enfant, sans avoir pu les dénoncer :

> « Je me suis retrouvé avec mes problèmes sans avoir pu en parler. Ce que j'avais en moi, je le mettais sur mes toiles. Je me suis réfugié dans la peinture. Ma déviance, je la peignais et j'essayais ainsi d'alerter ma famille et mes amis, mais dans l'ensemble ils se

contentaient de trouver ça drôle. J'ai même donné un tableau représentant un homme qui se branlait entouré de deux enfants, mais cela n'a servi à rien. [...] Je me considère comme un malade. C'est difficile d'aller voir quelqu'un et lui dire : j'ai des problèmes de pédophilie. C'est quelque chose qu'on cache, on se sent souillé, on n'est pas fier d'être comme ça. C'est une chose très profonde, comme enterrée dans l'âme et le corps, ça ne surgit pas tout le temps, et l'enfant, sans dire qu'il est vicieux, est demandeur. Normalement un adulte sait remettre l'enfant à sa place et gérer cette demande. C'est de cela que j'aurais aimé parler. J'ai eu mille occasions pour avouer, mais je n'ai pas su trouver le chemin des mots. À qui avouer et quoi ? Alors je peignais, je peignais mon malaise interne. Ce qui était fou d'ailleurs, c'est que c'était mon malaise que les gens achetaient. »

Détresse réelle, mais qui ne peut s'empêcher de s'exprimer sur un mode ambigu où la responsabilité des autres reste sous-jacente et palpable entre les lignes du discours : si mes proches n'avaient pas été aussi bornés... s'ils avaient été capables d'entendre mon message et mes appels au secours... si j'avais su à qui m'adresser... s'il y avait eu quelqu'un à qui je puisse m'adresser... négligeant ainsi le fait que des personnes et des structures existent pour cela et qu'après tout il n'était pas impossible d'y avoir recours. Il est exceptionnel de voir un adulte attiré par les enfants, un père ou un beau-père incestueux, nécessairement conscients de l'anormalité de leurs actes (ou au minimum de la condamnation sociale de ces actes), venir spontanément trouver un psychologue, un psychiatre, un analyste ou un ami pour évoquer leurs difficultés et tenter ainsi de prévenir ou de faire cesser le pire.

À la recherche d'une intime conviction

Ces pauvres raisonnements — consentement ou provocation de l'enfant, souci éducatif, banalisation et minimisation des agressions commises, complot, responsabilité de tous et de n'importe qui, faute de tout et de n'importe quoi — ont au moins le mérite de clarifier le débat : ils constituent autant de formes d'aveux qui évitent à la victime d'avoir à vivre le procès dans l'angoisse de ne pas être crue. Mais qui ne la dispensent pas d'avoir à se défendre en présence d'arguments qui tous, d'une manière ou d'une autre, la visent et la touchent en voulant démontrer qu'elle porte une part de responsabilité dans ce qui est arrivé et qu'elle aussi, d'une certaine façon, est coupable. Même dans l'hypothèse où tout est reconnu, il est impossible à la partie civile de rester muette et de ne pas réagir pour sortir de la confusion, remettre les choses en ordre et chacun à sa véritable place[9].

Tout autre est la situation lorsque la personne mise en examen nie. Ce déni (laissant pour le moment de côté le cas des innocents, victimes de fausses allégations) peut prendre plusieurs formes. Il y a ceux, nombreux, qui se battent sur le terrain de la qualification des faits, conscients des peines substantiellement différentes attachées par le Code pénal à ces différentes agressions. Dans cette hypothèse, l'essentiel sera certes acquis, mais il faudra néanmoins s'expliquer, établir qu'il s'agit bien d'un viol quand l'autre prétend qu'il ne s'agit que d'attouchements, qu'il y a bien eu agression sexuelle et non simplement atteinte commise sans violence, etc. Et puis ceux, tout aussi nombreux, qui nient catégoriquement, farouchement, ne reconnaissent rien, enfermés dans la stratégie du « pas vu, pas pris », espérant profiter du doute créé par l'affrontement sans témoins de deux paroles contradictoires. La défense est libre, les moyens de cette défense également, et c'est son droit. Ce positionnement tactique peut parfaitement fonctionner et donner des résultats, notamment dans les cas de révélations concernant des agressions anciennes, ou lorsque l'on a affaire à des accusations formulées par des enfants très jeunes n'ayant pas la capacité de verbaliser convenablement ce dont ils ont été victimes. À l'adage selon lequel « la vérité sort de la bouche des enfants », ils objectent donc que « les enfants peuvent avoir beaucoup d'imagination ». Pour celles et ceux qui auront à s'y confronter, ces attitudes sont particulièrement odieuses. Comme le disait le père de l'une des victimes de l'abbé Maurel, « cet homme qui nous a fait vieillir avant l'heure, s'il a quelque chose dans le creux de son cœur, s'il ne peut pas dire ce qu'il a fait, qu'il cesse au moins de dire que les enfants sont des menteurs ».

En l'absence d'aveu, on se trouve dans le cas de figure où, la parole de l'un neutralisant la parole de l'autre, il faut aller chercher ailleurs les éléments susceptibles de nourrir une « intime conviction ». Vis-à-vis de ces agresseurs dont le mutisme sera bien souvent la plus grande force, il faudra lutter, il faudra se défendre et pour cela prouver, nécessairement intervenir pour soutenir l'accusation en mettant en évidence un « faisceau de présomptions », faisceau d'indices susceptible de pallier l'absence de preuve évidente et indiscutable. Il faudra alors convaincre les juges pour qu'ils parviennent à surmonter cette difficulté intellectuelle majeure : concevoir que cet accusé, qui bien souvent leur ressemble, a la même vie qu'eux, si respectable parfois en apparence, si courtois, si cultivé, puisse avoir néanmoins commis de telles violences.

Histoire de Carole

Le beau-père : « Je nie toutes ces accusations en bloc. J'ai été élevé dans la plus pure tradition familiale, mon père était autoritaire mais juste, nous avions intérêt à marcher droit ; nous étions gâtés, on ne manquait de rien, mais si une correction ou une punition s'imposait, nous l'avions. Mon père n'hésitait pas à nous donner des coups sur les jambes avec sa ceinture et ça n'a jamais traumatisé personne. Un enfant doit obéir. [...] Lorsque j'allais dans sa chambre, la porte n'était jamais fermée à clef. Je n'y allais que lorsqu'il y avait une divergence de vues sur un problème entre mon épouse et sa fille, j'essayais d'arrondir les angles, estimant qu'il était normal qu'elle puisse trouver quelqu'un à qui parler. C'était toujours sur des sujets sans importance, des problèmes avec ses copines d'école, un problème sentimental, des choses comme ça ou pour des mises au point concernant son attitude vis-à-vis de nous. Elle ne pouvait pas parler avec sa mère, c'est donc moi qui m'y collais. C'est à moi qu'elle a parlé pour la première fois de la pilule qu'elle voulait prendre. Cela prouve bien qu'elle avait de meilleures relations avec moi qu'avec sa mère. Personnellement je n'avais rien contre le fait qu'elle prenne la pilule. Il y avait une grande tension entre la mère et la fille à ce sujet-là et je suis intervenu pour faire comprendre à mon épouse qu'elle ne devait pas avoir une attitude trop rétrograde. J'estime avoir consacré beaucoup de temps pour être à son écoute. Je ne cherchais pas à avoir de l'emprise sur elle, je cherchais seulement à avoir de l'autorité, ce que n'avait pas sa mère. Pendant des années, j'ai essayé de compenser l'absence du père. J'ai beaucoup de mal à me défendre contre toutes ces calomnies. Tout cela est dégueulasse et faux. Je suis innocent. »

Carole : « Je n'ai jamais accepté mon beau-père. Il m'a toujours fait peur. À chaque fois que j'avais des mauvaises notes, il me tapait, me punissait. Ce n'était pas systématique, mais je me souviens qu'un jour, j'étais au CM2, il m'avait frappée avec sa ceinture suite à un mauvais bulletin. J'en avais fait par terre. [...] J'ai eu mes premiers problèmes avec lui à l'âge de dix ans. Cela a coïncidé avec la période où ma mère ne pouvait avoir de rapports avec lui du fait qu'elle était enceinte. Il disait que ses caresses étaient normales, que l'on faisait cela lorsqu'on s'aimait. [...] Quand il s'entendait mal avec ma mère, il était gentil avec moi et inversement. Tant qu'il n'arrivait pas à ses fins, il me punissait et je restais punie jusqu'à ce qu'il y arrive. Les punitions consistaient à me priver de sorties. Parfois, il s'y prenait autrement et me proposait, si j'acceptais, de m'offrir de l'argent et même d'acheter une maison avec une piscine. Il me promettait la lune, disait qu'il était le seul à m'aimer, que je pouvais tout lui confier. [...] Lorsque j'ai eu mes premières règles, j'avais quatorze ans, il m'a dit : “Tu sais, tu es presque une femme, tu vas pouvoir commencer à prendre des moyens de contraception.” Après, à table, il a déclaré à ma mère que je voulais prendre la pilule. D'une certaine manière, il m'a rendu service, mais je crois surtout qu'il était intéressé à ce que je la prenne, car habituellement il était très strict. »

La mère : « Je me suis séparée d'avec le père de ma fille lorsqu'elle avait quatre ans. J'ai vite remarqué que mon nouveau mari était dur avec elle, mais il m'a toujours mis dans la tête que, vu son caractère, il fallait être dur pour arriver à quelque chose. Je me souviens qu'une fois il l'avait frappée avec une laisse de chien, genre nerf de bœuf, sur les jambes, et ça m'avait rendue malade de le voir la traiter ainsi. [...] Je ne connaissais pas ma fille, il la connaissait mieux que moi, il la tenait sous son emprise, il y avait entre eux comme une complicité. [...] Je lui faisais confiance pour s'occuper de son éducation. Il l'a complètement déglinguée. Je ne comprends pas comment j'ai pu vivre tant d'années auprès de quelqu'un qui a pu dissimuler si longtemps et me faire croire que c'était ma fille qui était perturbée. »

Juges et jurés, en présence de versions totalement contradictoires, devront alors se forger une intime conviction dans les conditions gravement et solennellement définies par le Code de procédure pénale : « La loi ne demande pas compte aux juges des moyens par lesquels ils se sont convaincus, elle ne leur prescrit pas de règles desquelles ils doivent faire dépendre la plénitude et la suffisance d'une preuve. Elle leur prescrit de s'interroger eux-mêmes dans le silence et le recueillement et de chercher dans la sincérité de leur conscience quelles impressions ont faites sur leur raison les preuves rapportées contre l'accusé et les moyens de sa défense. La loi ne leur fait que cette seule question qui renferme toute la mesure de leur devoir : avez-vous une intime conviction ? »

LE RÉCIT DE L'ENFANT

L'enfant dit-il la vérité ou raconte-t-il des histoires ?

Pour répondre à cette question, enquêteurs et juges ont naturellement tendance à passer son récit au crible, à le placer au centre du combat pour la preuve et à attendre parfois de lui plus qu'il ne conviendrait. « Ce n'est pas parce qu'on n'a rien vu qu'il n'est rien arrivé. On ne peut pas être victime et observer ce qui vous arrive », note un psychologue[10] faisant écho à cette jeune fille incapable de décrire autre chose du déroulement des agressions que le motif du papier peint qu'elle apercevait depuis son lit lorsqu'elle était violentée par son beau-père.

Les témoins d'un incident quelconque, pourtant étrangers à cet événement, ont déjà beaucoup de mal à décrire précisément ce qu'ils ont pu voir ou entendre en cette occasion, et chacun sait que cette description est encore plus difficile pour la personne directement concernée, victime de cet incident. On imagine alors la difficulté de la tâche pour un enfant victime non pas d'un incident mineur, mais d'un événement hautement chargé ayant eu pour scène son propre corps.

Selon l'âge, la personnalité, l'état de choc, les capacités d'expression, le récit sera plus ou moins détaillé. Certains parviennent à être relativement précis. D'autres, au contraire, éprouvent beaucoup de difficultés, font par exemple une fixation sur des points annexes ou présentent un « oubli » d'une partie de l'agression (« et puis je me suis endormi »), ou s'avèrent incapables de donner le moindre détail (« je ne me souviens pas des faits eux-mêmes. Cela s'est effacé complètement. J'ai juste des images. Lui sur le canapé ; moi à côté, il me touche »).

Cette imprécision, cette absence de détails, ne remettent pas en cause l'authenticité du récit dans la mesure, toutefois, où celui-ci est dépourvu d'ambiguïté : en effet, si l'enfant cantonne son discours à des généralités en se basant plus sur des interprétations d'intention (« il m'a fait des manières ») que sur des faits précis, il conviendra de ne pas s'en contenter.

Jusqu'à l'âge de cinq ou six ans, l'enfant ne dispose pas des outils nécessaires pour développer une attitude mythomaniaque. Le mensonge s'apparente à cet âge à la fabulation : il ne cherche pas à tromper qui que ce soit, il ne sait pas mentir, mais cela ne signifie pas pour autant qu'il dise la vérité. Son discours peut très bien, en effet, associer le réel et l'imaginaire pour aller, par exemple, à la rencontre du désir d'un autre, notamment d'un adulte « inquiet[11] ».

À partir de six ou sept ans, le mensonge disparaît sous cette forme et peut alors apparaître sous celle de la mythomanie. Si tel est le cas, les experts psychiatres et psychologues ont en principe les outils nécessaires pour le démasquer. Raconter une histoire pareille sans se contredire sur des points essentiels au cours d'interrogatoires successifs, distants les uns des autres de plusieurs mois, voire plusieurs années, nécessite en effet un « vécu » de l'agression, de ses circonstances et de son environnement. Pour inventer de tels faits et bâtir une histoire plausible couvrant la plupart du temps une longue période, il faut une richesse inventive que peu d'enfants possèdent. Le cas échéant, cette capacité les trahit, car ils sont incapables d'en faire un bon usage et un bon dosage. Émanant d'enfants dotés de bonnes capacités d'expression, les accusations mensongères sont vite détectables. Un enfant qui a « l'habitude de raconter des histoires » sait aussi en changer fréquemment et passer de l'une à l'autre avec aisance. L'enfant menteur en rajoute, laisse libre cours à son imagination, propose des situations complexes, multiplie le nombre d'agressions, accentue leur caractère de gravité, dramatise sur un mode théâtral et n'est jamais avare de détails ni de descriptions en réponse aux questions qui lui sont posées. Il se coupera sur des points importants. Non pas sur la couleur du tee-shirt porté ce jour-là ou sur le fait que ce tee-shirt devienne un pyjama lors d'une audition suivante ou encore sur telle ou telle date. Dans chaque dossier, on trouve toutes les variations possibles dans la bouche des victimes qui naturellement ne tenaient pas un agenda et avaient d'autres préoccupations que de noter leur tenue vestimentaire. Ces variations sont d'ailleurs le plus souvent induites et accentuées par les enquêteurs eux-mêmes. Si l'enfant se souvient en effet de l'acte dont il a été victime, de sa souffrance, pour le reste, c'est bien souvent la confusion. Juges ou policiers souhaitent de leur côté obtenir une chronologie ou un descriptif que l'enfant est, en réalité, bien incapable de leur fournir et ce parfois pour une raison très simple : il ne sait pas ce qu'on lui a fait précisément subir. Il se souvient que ça lui faisait mal, ou que ça sentait mauvais, ou que le lit était mouillé, mais, sur le déroulement précis des agressions, il n'a rien à dire. Par ailleurs, dans les cas d'abus sexuels répétés, il se rappelle généralement un « scénario » au sein duquel les diverses agressions sont entremêlées sans pouvoir les isoler en « séquences » chronologiques. Ce scénario se construit à partir des violences subies à répétition qui fusionnent dans la mémoire. Les enfants sont alors incapables de se souvenir de détails propres ou de caractères spécifiques à chaque agression. Ils sont cependant invités avec insistance par leurs interlocuteurs à apporter une réponse à de multiples questions. Et ils ont beaucoup de mal à refuser de rentrer dans ce jeu, à dire tout simplement « je ne sais pas, je ne me souviens pas, je ne me rappelle plus », car ils ont l'impression de fournir ainsi des arguments à ceux qui les traitent de menteurs et de se décrédibiliser. Si celui qui procède à l'audition n'y prend garde, l'enfant peut alors fournir des réponses un peu « au petit bonheur » en accumulant une série parfois impressionnante de contradictions sur des points de détail qui ne prêtent pas à conséquence et ne sont pas l'expression d'un mensonge ou d'une personnalité mythomaniaque. Simplement, l'enfant « réaménage » les faits dans leur présentation au fur et à mesure des questions qui lui sont posées, il « bouche les trous » en fournissant des réponses qui ne doivent nullement impressionner ses auditeurs ni faire ombrage à la crédibilité globale de ses propos. Autrement dit, les critères habituellement retenus pour analyser la crédibilité du témoignage d'un adulte (clarté, cohérence, précision, reproductibilité d'un interrogatoire sur l'autre) ne sont souvent d'aucune utilité pour les enfants. Ce qui compte chez eux, c'est la charpente, la structure de l'agression prise dans sa globalité. Dans ce type de dossiers, si l'on jugeait en fonction des inévitables rajouts, variations mineures, inexactitudes diverses et si l'on qualifiait tout cela de mensonges, alors tous les enfants seraient des menteurs, et aucun agresseur ne serait jamais reconnu coupable. Les enfants ignorent Descartes.

En revanche, si l'enfant fournit spontanément des détails sans qu'aucune question ne lui ait été posée et si au fil du temps les versions varient, alors conviendra-t-il de s'interroger sur sa crédibilité. De même s'il se contredit sur des points majeurs comme l'événement qui lui permet de situer approximativement l'époque des agressions (un anniversaire, une naissance, le film qui passait ce soir-là, l'apparition des premières règles) ou le lieu où elles ont été commises (dans une chambre, dans une voiture, devant la télévision, etc.).

L'enfant qui dit la vérité n'en rajoute pas : si l'agression a été unique, il n'en majore pas la fréquence. Il reste modéré dans ses propos. Les baisers imposés sur la poitrine peuvent être qualifiés de « petits bisous sur les seins », il trouve parfois des mots en faveur de son agresseur (« pourtant, il était gentil, je l'aimais bien, il avait des cochons d'Inde »), et n'hésite pas à mentionner des points à mettre à son crédit (« quand j'ai commencé à m'intéresser aux garçons et que j'ai compris que ce n'était pas bien, je l'ai repoussé et il n'a pas insisté »). Il a même tendance à minimiser la gravité des faits pour éviter d'être submergé par des affects de culpabilité ou de mésestime de soi.

Et s'il y a néanmoins possibilité de mensonge, il faudra bien y trouver un mobile. La vengeance ? On pourra alors s'interroger sur les raisons d'une telle haine qui n'aura pas manqué de revêtir d'autres formes auparavant. Attirer l'attention sur soi ? Faible motivation pour porter une accusation si lourde.

Histoire de Carole (suite)

Carole : « J'ai fini par en parler à mon ami Laurent ; on s'engueulait beaucoup trop et je sentais qu'il voulait se séparer de moi. J'ai décidé de lui dire pour qu'il puisse m'aider. [...] Parfois je me demande si cela s'est réellement passé ; s'il avouait, cela prouverait la réalité des faits. J'aimerais qu'il avoue, j'aimerais entendre de sa bouche qu'il reconnaît ce qu'il m'a fait. [...] Quand je parlais de lui, je l'appelais le gros porc parce qu'il me répugnait. J'éprouvais pour lui du dégoût. Je n'ai rien inventé. Je ne serais pas allée jusque-là. »

Laurent : « Je suis sorti avec elle environ un an avant qu'elle ne me parle des viols que lui faisait subir son beau-père. J'ai appris qu'elle avait été violée par son beau-père dans une lettre qu'elle m'a remise, car je devais rompre avec elle. Dans cette lettre elle me disait que cela avait commencé quand elle était toute petite, qu'elle était menacée et que ça continuait toujours aujourd'hui. »

La mère de Laurent : « Je me suis aperçue qu'il y avait quelque chose qui perturbait mon fils. Je lui ai demandé ce qu'il y avait et il m'a fait lire une lettre qu'elle lui avait envoyée. Elle disait qu'il allait être dégoûté d'elle, qu'il ne voudrait plus la revoir et avouait avoir des relations avec son beau-père depuis l'âge de dix ans. Qu'elle n'avait rien dit jusqu'à présent pour ne pas porter préjudice à sa mère. Après avoir lu cette lettre, j'ai demandé à mon fils d'aller la chercher. Je l'ai rencontrée seule. Elle était gênée. Visiblement, elle ne pensait pas que mon fils m'en parlerait. Elle m'a confirmé ce qui était écrit. Je lui ai dit que cette situation ne pouvait pas durer, qu'il fallait qu'elle en parle à sa mère, à une assistante sociale. C'est deux ou trois jours plus tard que tout s'est déclenché et qu'elle a accusé son beau-père. »

La mère : « Je sentais que quelque chose n'allait pas, je pensais à une crise d'adolescence, je la trouvais très angoissée, très nerveuse, je ne comprenais pas son agressivité, elle pleurait beaucoup, elle disait qu'elle m'aimait, mais qu'à dix-huit ans elle partirait, qu'elle n'était pas bien à la maison, qu'elle étouffait. Elle parlait toujours avec haine de mon mari, elle ne pouvait plus le voir et me demandait comment je faisais pour le supporter. Moi je pensais qu'elle lui en voulait parce qu'il ne la laissait pas sortir, qu'il la contrôlait et se montrait sévère. »

On ne pouvait dans un tel cas écarter d'emblée l'hypothèse d'un mensonge volontaire qui aurait trouvé sa source dans les difficultés sentimentales existant entre cette jeune fille de dix-sept ans et son petit ami à l'époque des révélations. Leurs relations sur un plan sexuel n'étaient pas satisfaisantes, et il lui avait d'ailleurs indiqué en ces instants avoir l'impression de « tenir un fantôme dans ses bras ». Il avait également décidé de rompre. C'est précisément à ce moment-là qu'allait être écrite la lettre dans laquelle Carole formulait pour la première fois ses accusations contre son beau-père. Accusations fournissant une explication à son attitude lors de leurs rapports amoureux et répondant ainsi à la critique émise. Accusations qui pouvaient peut-être permettre d'éviter la rupture annoncée et de se débarrasser d'un beau-père autoritaire et encombrant. Si mensonge il y avait, faute de penser à ses conséquences terribles, cette adolescente pouvait effectivement s'en retrouver prisonnière. Difficile, en effet, de reculer et de se rétracter, à peine de perdre irrévocablement son amoureux.

Lequel, considérant à juste titre impossible d'en rester là, voulait aller porter plainte immédiatement, la sommait de quitter le domicile de son beau-père et en informait sa propre mère, ce que Carole n'avait apparemment pas envisagé. Dès lors, la machine ne pouvait que s'emballer, les esprits s'échauffer, les « cela ne peut pas durer » faisant écho aux « il faut aller jusqu'au bout ». L'éventualité pour cette adolescente de se retrouver engagée dans un engrenage à partir d'un mensonge au mobile intellectuellement plausible ne pouvait donc être exclue. Les juges se devaient de mettre en évidence d'autres éléments pour se forger une intime conviction et reconnaître éventuellement la culpabilité du beau-père[12].

Pour limiter les risques, il importe à chaque instant de ménager à l'enfant une porte de sortie. Lui rappeler par l'intermédiaire de son entourage, de son avocat, des juges, en toutes circonstances, qu'il n'a qu'une seule obligation : dire la vérité.

Si l'enfant ou l'adolescent ne saisit pas les perches qui lui sont tendues en ce sens au cours des trois ou quatre années de procédure, s'il persiste dans sa démarche, va au bout du parcours judiciaire, difficile de penser que tel ne soit pas le cas. Car il faudrait une ténacité incroyable sous-tendue par une haine inimaginable à l'égard du prétendu agresseur pour résister au véritable parcours du combattant que génère inévitablement un dossier complexe.

Ainsi, Pauline, dénonçant à l'âge de onze ans des agressions sexuelles vigoureusement contestées, parviendrait à supporter deux années d'enquête, huit interrogatoires dont certains rudement conduits par des gendarmes ne craignant pas de bousculer cette gamine qu'ils ne parviennent que difficilement à croire, quatre confrontations avec ses deux agresseurs, six expertises psychologiques conduites par six experts différents, trois expertises gynécologiques, un procès d'une durée de cinq jours et trois années de psychothérapie à raison d'une ou deux séances par semaine, pour persister dans ce qui ne serait qu'un mensonge, une invention de gamine ? Alors qu'il lui suffirait de dire « bon, allez, j'ai raconté des histoires » pour que tout s'arrête et qu'elle retourne jouer avec les copains et copines de son âge ? On ne peut jamais exclure une telle hypothèse, mais alors quelle constance ! Et elle parviendrait en plus à jouer une comédie parfaite en reproduisant les symptômes rencontrés habituellement chez les victimes d'abus sexuel, sans rien, au demeurant, connaître du sujet ? Un enfant, confronté par la dénonciation qu'il a faite à tout cela, peut-il persister dans ce qui ne serait qu'un mensonge ?

La fausse allégation chez les enfants en âge de s'exprimer est plus qu'exceptionnelle : le mensonge « actif » est très rare. Quand un enfant ment, c'est en général un mensonge de « défense » destiné par exemple à éviter une punition. C'est en principe pour se sortir d'un pétrin dans lequel il s'est mis, non pour s'y précipiter.

LES EXPERTISES

Les conclusions de l'expertise médicale pratiquée sur la victime constituent naturellement la première des présomptions lorsque l'accusé nie et que les faits allégués constituent des viols.

Cet examen est le premier des éléments « objectifs » susceptibles de venir corroborer des accusations. Il est souvent moins déterminant qu'on peut le penser : la dénonciation n'intervient en effet dans la quasi-totalité des cas que plusieurs semaines, mois ou années après le début des agressions, voire plusieurs mois ou années après leur fin. Dans ces hypothèses, il est impossible d'espérer procéder à des prélèvements et à des expertises génétiques permettant de confondre l'auteur des agressions alléguées. De même, une défloration n'étant pas datable d'un point de vue médico-légal au-delà de quinze jours, l'expertise ne peut, la plupart du temps, préciser la date exacte à laquelle cette défloration est intervenue et, par voie de conséquence, l'âge de la victime à l'époque. L'examen dira néanmoins si les accusations formulées sont compatibles avec les constatations effectuées : le premier coït est habituellement responsable de la défloration en déchirant l'hymen, la constatation de cette déchirure ayant en médecine légale une grande importance.

Mais même ces constatations médicales ne sauraient être considérées comme absolument déterminantes, ni au bénéfice de l'accusé, ni au bénéfice de la victime. Une jeune fille non déflorée peut parfaitement avoir été victime de viols ; une jeune fille déflorée n'en a pas été nécessairement victime. Lors d'un premier coït ou même parfois de coïts répétés, un hymen de type « tolérant » peut s'être dilaté sans se déchirer. En matière d'abus sexuel, l'initiation à laquelle l'agresseur peut se livrer pendant des semaines et des mois avant une première pénétration conduit très souvent à accroître la tolérance naturelle de l'hymen et à anéantir ainsi toute trace potentielle de défloration même en cas de viols nombreux et répétés. Il est par ailleurs admis qu'un viol « traumatique » est impossible avant l'âge de six ans et que, de six à dix ans, l'introduction d'une verge nécessite une violence certaine qui provoque des déchirures très graves. Les enfants prépubères victimes de viols le sont donc quasiment toujours après avoir subi une longue initiation ou sont victimes d'actes de pénétration digitale ou de « coïts vulvaires » sans pénétration vaginale proprement dite. À l'inverse, l'hymen peut être rompu par autre chose qu'un organe viril, soit à la suite d'une exploration gynécologique maladroite ou de certaines interventions chirurgicales, soit après un traumatisme accidentel ou une pratique d'onanisme habituelle. Sans parler de la destruction de l'hymen au moins partielle provoquée par une lésion inflammatoire de la région vulvo-vaginale. Ces cas ont beau être rares, ils n'en existent pas moins. Difficile dans ces conditions de considérer la présence ou l'absence d'hymen comme une « frontière pénale » intangible et infaillible, son éventuelle intégrité comme un « sceau de virginité » absolu.

Cet examen, venant au soutien des accusations de l'enfant, constituera en toutes hypothèses une très lourde présomption s'il permet de constater une défloration ou des fissures anales sur un enfant n'ayant pas connu ou n'étant pas en âge de connaître des relations sexuelles. Si tel n'est pas le cas, on ne saurait, en revanche, s'en prévaloir pour conclure hâtivement à l'absence d'agression.

Enfin, si les examens médicaux pratiqués sur la personne de la victime dans les cas d'allégations de viols peuvent permettre de disposer d'un élément probant, il en va tout autrement dans les cas de viols par fellation ou d'agressions se limitant à des attouchements qui, par définition, ne laissent pas de traces.

Autres éléments de grande importance : les expertises psychiatriques et médico-psychologiques de l'enfant et de son agresseur présumé.

Examinant la victime, le rôle de l'expert consiste à recueillir à nouveau ses propos afin de les accréditer, les « authentifier ». Il évalue l'importance du traumatisme et des souffrances et donne, sur le tout, son avis résumé généralement en trois lignes en fin de rapport : « Elle n'est ni psychotique, ni débile. Elle n'est pas non plus mythomane ni habitée d'un désir de vengeance quelconque. De ce fait, elle est crédible au sens pénal du terme. »

Autant le dire immédiatement, dans les cas complexes, il ne faut pas attendre de l'expert plus qu'il ne peut donner. Sachant que crédibilité n'est pas synonyme de vérité et que la victime jugée crédible peut parfaitement être capable de mentir ou d'aménager, inutile dans de tels cas d'espérer trouver dans l'expertise la solution au problème posé. Le travail expertal ne peut fournir qu'un éclairage, il n'a d'ailleurs pas à fournir plus, telle n'est pas sa fonction, l'expert n'est pas là pour dire où se trouve la vérité pénale qui n'appartient qu'aux juges et aux jurés. Mais cet éclairage est généralement suffisant pour faire apparaître la problématique de l'infraction commise et pour mettre en lumière la souffrance authentique de la victime et, par voie de conséquence, sa sincérité.

Reste qu'il n'y a pas là science exacte, que les approches méthodologiques des experts sont extrêmement variées, qu'elles ne font l'objet d'aucun consensus et que les querelles, nées des courants, écoles ou chapelles dont ils sont issus ne sont pas de nature à venir simplifier les choses. De ce point de vue, « la pratique des prétoires donne parfois le vertige quand par exemple un expert soutient que la constance et la précision de l'enfant sont un indice de sa fiabilité, là où un autre avancera que les variations ne sont que des aménagements qui signent l'existence des abus sexuels, sans parler de celui qui affirmera que les rétractations de l'enfant sont plus suspectes encore que le maintien de ses accusations. On a alors l'inconfortable sensation qu'avec le savoir des experts, rien n'est la preuve de rien, et une furieuse envie de se réfugier dans le confort des principes du droit de la preuve et de la technique juridique[13] ».

Histoire de Carole (suite)

Première expertise : « Les éléments dont nous disposons ne permettent pas d'assurer de sa parfaite crédibilité en matière de nature, dates, circonstances, chronologie, de la totalité des faits reprochés, mais d'avancer que sa personnalité est perturbée. Elle a une personnalité marquée par un envahissement de l'imaginaire ("je me fais un film", dit-elle) avec dramatisation, jalousie, rupture et fondamentalement quête de la mère. Aux tests, elle se présente comme un vilain petit canard qui s'efforce d'attirer l'attention d'une mère qui la délaisse. Il n'y a pas travestissement délibéré, conscient ni prémédité de la réalité, mais construction d'une réalité à sa façon, la dernière version restant la bonne, à laquelle elle s'accroche, sa conviction se fondant sur ce qu'elle vient d'énoncer. La possibilité qui est la sienne de construire après coup une histoire à partir d'un fait réel est préoccupante. Elle a des comptes à régler avec ses parents qu'elle perçoit comme indifférents et égoïstes. Elle n'a confiance en personne et exaspère les situations dans lesquelles elle se trouve impliquée. Sa sincérité paraît entière lorsqu'elle évoque les faits, mais il est impossible d'affirmer qu'ils soient pour autant réels. Il est habituel d'être réservé vis-à-vis d'accusations même sincères formulées par des personnes présentant des troubles de nature hystérique. Ces troubles sont-ils dus à une organisation psychique à relier aux événements de l'enfance (et notamment la séparation violente de ses parents) ou la conséquence de réels abus sexuels, il est impossible de répondre avec certitude à une telle question. Les éléments recueillis ne permettent donc pas de discréditer ses affirmations, lesquelles doivent cependant être corroborées au mieux par des éléments objectifs. »

Contre-expertise : « Il est difficile d'imaginer que cette jeune fille d'intelligence très moyenne ait été capable de monter un scénario aussi complet, précis et cohérent, dans le seul but de nuire à son beau-père. Les hésitations de la jeune fille sur les dates et les faits corroborent la sincérité du récit, car si elle avait monté de manière aussi magistrale un tel scénario, il est évident qu'elle aurait eu le plus grand soin à le consolider par un déroulement chronologique sans faille. L'émotion intense, les pleurs, les silences, les balbutiements de cette adolescente sont par ailleurs autant d'autres gages de sa sincérité. »

Concernant les agresseurs, s'ils reconnaissent les faits, même partiellement, ou si leurs dénégations se heurtent à l'évidence, la tâche de l'expert sera relativement confortable. Dans ces cas de figure, selon que « le sujet nie avec rigidité ou se confesse dans la culpabilité douloureuse, voue un attachement immature à l'enfant qui le conduit à se positionner lui-même comme son semblable ou milite en faveur de la pratique incestueuse ou pédophilique avec plus ou moins de prosélytisme, ou se présente victime de la perversité provocatrice de l'enfant[14] », l'expert pourra qualifier avec plus ou moins de conviction la personnalité du sujet examiné de « perverse », « immature », ou « névrotique » et délivrer un pronostic plus ou moins catégorique sans trop vivre dans l'angoisse de se tromper. En prenant soin, toutefois, d'utiliser à l'attention des juges et notamment des jurés d'assises un langage accessible et de prendre la peine de définir les termes choisis. À cette double condition seulement, l'expertise participera effectivement à l'œuvre de justice à laquelle elle est censée collaborer. À défaut, « le jargon des experts est parfois à ce point inaccessible qu'il en devient inutile, quand il ne dénature pas : par exemple, lorsque certains se gargarisent du mot "pervers" sans réaliser qu'il diabolise et que, sans explication, il est synonyme de "salaud"[15] ».

Mais si, en revanche, l'expert se trouve en présence de dénégations plausibles, il ne pourra alors que demeurer dans une prudente expectative, se bornant par exemple à constater que :

« L'examen psychiatrique du sujet ne permet pas de mettre en évidence de manière certaine des traits pervers ou des conduites perverses chez un homme intelligent et capable de ne pas trop se livrer en ce domaine. C'est plus son attitude lorsqu'il évoque les éléments de sa vie sexuelle ou fantasmatique, sa façon de ne pas répondre ou de se défendre par avance qui apportent quelques renseignements cliniques. En conclusion, il n'y a pas d'incompatibilité psychologique entre les faits reprochés et le profil psychologique du sujet. »

Jusque-là, serait-on tenté de dire, tout va bien : l'expert reste dans une neutralité qui n'avantage ni ne nuit à aucune des parties. Les choses se gâtent, et le risque judiciaire survient si le juge d'instruction décide de désigner le même expert pour examiner celui ou celle qui se prétend victime et celle ou celui qui se prétend innocent. Si un même expert peut sans difficultés examiner la victime et l'agresseur lorsque les faits sont reconnus, le charger de cette mission commune lorsque les faits sont contestés revient à le mettre dans une situation délicate et à l'inciter à sortir de son rôle s'il n'y prend garde. S'il juge la victime « crédible », il aura du mal à considérer l'agresseur présumé comme innocent. Inversement, s'il ne note aucun élément clinique défavorable lors de l'expertise de celui-ci, il aura bien du mal à ne pas s'interroger à haute voix sur la crédibilité de la victime. Dans un cas comme dans l'autre, il pourra être amené à endosser une fonction qui n'est pas la sienne, celle de juge. Qui ment, qui dit la vérité, ce n'est pas à l'expert de le dire.

Lorsque la question de la culpabilité est acquise, l'examen de la victime s'avère généralement simple, l'expert n'ayant à se prononcer en définitive que sur deux seules questions : celle de la crédibilité et celle des souffrances ressenties. Les réponses, la plupart du temps, coulent de source tant la sincérité et le traumatisme de l'enfant sont flagrants (sans avoir, en outre, à trancher quoi que ce soit pour l'avenir, les séquelles éventuelles ne pouvant se mesurer).

Pour l'agresseur, les choses s'avèrent toujours beaucoup plus complexes. Il est, en effet, demandé à l'expert de donner non seulement un avis sur sa personnalité, mais aussi sur son degré de responsabilité, c'est-à-dire sur l'éventuelle existence d'une pathologie mentale (« était-il atteint au moment des faits d'un trouble psychique ou neuropsychique ayant pu abolir son discernement ou le contrôle de ses actes ? »), sur son caractère éventuellement pervers (appréciation délicate s'il en est), sur sa dangerosité potentielle et les risques de récidive ainsi que sur l'opportunité de procéder à une injonction de soins dans le cadre d'un suivi « socio-judiciaire » (si un traitement thérapeutique apparaît possible). Tous ces avis sont plus lourds de conséquences les uns que les autres en raison de leur influence sur la durée de la peine qui sera prononcée ainsi que sur les conditions de la détention et du suivi judiciaire après la libération. Pourtant, ils seront portés dans l'immense majorité des cas après l'examen du sujet à raison d'une seule[16] — et souvent brève[17]— rencontre (la plupart des experts sont mandatés simultanément pour plusieurs expertises et exercent parallèlement d'autres activités prenantes au sein de centres hospitaliers ou dans un cadre libéral). Dans ces conditions, guère le temps ni la possibilité même pour le meilleur d'entre eux de fournir un diagnostic précis. On comprend alors encore mieux les raisons de leur prudence. S'ensuivent quelques rapports d'un laconisme extrême, aux conclusions floues et incertaines qui ne s'avèrent pas d'un grand secours et laissent parfois plus que perplexe, pour ne pas dire rêveur :

> « Il justifie son comportement par sa relation amoureuse avec sa fille... Il n'est que partiellement curable ou réadaptable ; cependant il ne sera pas envisageable de lui confier des enfants mineurs au domicile... »
>
> « Il s'agit d'une défaillance psychologique temporaire, il n'est pas un pédophile affirmé. Ne parlons donc pas de pervers sexuel, mais de pulsions perverses. »
>
> « L'étude des conduites de M. G., actuellement en liberté sous contrôle judiciaire, permet la découverte très aisée de conduites d'ordre pervers. Il déclare n'avoir eu en aucun cas conscience du caractère anormal ou pathologique de ses actes. La présente expertise montre qu'il n'apparaît actuellement pas susceptible d'interrompre de manière réelle ses conduites envers ses filles aînées. Il y a toujours risque de passage à l'acte. Dans l'immédiat, il n'apparaît néanmoins pas dangereux vis-à-vis de sa plus jeune enfant, mais il conviendra de contrôler les conditions dans lesquelles il pourra exercer un droit de visite et sans doute d'hébergement dans un second temps. »

À faire parfois douter de la compétence de certains et à s'interroger sur les conditions permettant d'accéder à cette fonction. À se demander même si le commentaire ironique du grand avocat marseillais Émile Pollack au sujet de quelques-uns n'est pas encore de temps à autre d'actualité : « C'est triste à dire et c'est pourtant vrai : les médecins psychiatres, personne n'y croit plus en cour d'assises. On voit et on revoit toujours les mêmes, sinon toujours le même ! Pourquoi ? Mais parce qu'ils sont disponibles ! La clientèle les laisse en repos[18]. »

Enfin, dernier point, aucune règle commune ne régit la conduite des expertises. Certains lisent le dossier avant leur examen ou après ; d'autres ne souhaitent en prendre connaissance ni avant ni après pour, prétendent-ils, ne pas être influencés vis-à-vis de la personne qu'ils sont chargés d'examiner. Dans les expertises des premiers, les faits prendront une place considérable (quelques-uns vont même jusqu'à recopier l'intégralité de certains procès-verbaux dans leur rapport) ; dans celles des seconds, ils seront inexistants — ce qui, dans le premier cas, conduira à les « surdimensionner » et, dans le second, à les sous-estimer.

Sur ce sujet, la politique de l'autruche n'étant décidément jamais la bonne, avoir une bonne connaissance du dossier donnera toujours à l'expert la possibilité de pousser plus loin son analyse.

Histoire de Carole (suite)

Le beau-père : « Elle se promenait en petite tenue dans la maison. Je trouvais cela curieux et en avais parlé à ma femme en lui disant qu'elle ne devait pas se promener comme ça. Je suis personnellement assez pudique. Chez moi on ne se baladait pas comme ça. Je ne me balade pas en slip devant ma mère. [...] Le seul incident que j'ai en mémoire s'est produit voici deux ans. C'était le matin entre huit et neuf heures, j'étais encore endormi ou plus exactement en train de me réveiller. J'ai senti que l'on me caressait le sexe. J'ai pensé que c'était ma femme. Je me suis complètement réveillé et j'ai pris conscience qu'il s'agissait d'elle. Je l'ai fermement sermonnée. Je lui ai dit qu'on ne faisait pas de choses comme ça, qu'il ne fallait pas que cela se reproduise. Elle est partie et nous n'en avons plus reparlé par la suite. Je n'en ai pas parlé à mon épouse car dans sa propre famille il y avait eu des accusations portées à l'encontre de son père et je ne voulais pas que cela la perturbe. Je ne voulais pas créer de malaise dans mon ménage. C'est la réaction que j'ai eue à ce moment-là, ce n'était pas obligatoirement la meilleure. Je pense que dans toute famille il y a des secrets, bons ou mauvais. Il n'y a pas à mon sens toujours lieu de les dévoiler, afin de préserver l'unité familiale. »

Carole : « Un jour, il y a plusieurs années, je devais avoir onze ans, il m'a fait mettre toute nue et m'a fait prendre des poses pour me photographier. Il a conservé ces photos dans sa mallette où ma mère les a découvertes par hasard. Elle lui a demandé des explications, il a indiqué que ces photos avaient été prises par une de mes camarades de classe, et, avant que ma mère ne puisse me voir, il m'a dit de dire comme lui sans quoi ça irait très mal pour moi. »

Le beau-père : « En ce qui concerne l'histoire des photos, je les ai trouvées sur le bureau de ma belle-fille. Ce soir-là, je travaillais et je pense que j'avais dû aller dans sa chambre pour chercher un objet de papeterie quelconque. J'ai fouillé un peu dans ses affaires, ce qui me paraît normal, pour voir s'il n'y avait pas de courriers bizarres ou de la drogue et je suis tombé sur deux photographies. Sur le coup, il m'a paru évident de prendre ces photos et de les mettre de côté. Je les ai mises dans ma mallette, car ça me semblait quelque chose d'important ; il était tard, ma femme dormait, ma belle-fille était en vacances. Le lendemain, je suis parti pour deux jours pour des raisons professionnelles et je comptais, à mon retour, en parler à mon épouse, qui les a donc découvertes en mon absence. »

La mère : « J'avais trouvé des photos dans la mallette de mon mari. C'étaient des photos de ma fille nue. Cela m'avait choquée, surtout une où on la voyait couchée sur son lit, un peu en travers, les jambes légèrement écartées. Il y en avait une autre où elle était debout en culotte, on voyait sa poitrine, elle était déjà un peu formée. On ne voyait pas sa tête. Mon mari m'a dit qu'il les avait trouvées dans un tiroir du bureau de ma fille, qu'elles avaient été prises par une de ses camarades de classe. »

Expertise du beau-père : « Il nie les faits en organisant sa défense autour de deux thèmes : un, je suis un honnête homme, comme le confirment d'ailleurs mon entourage et notamment ma propre famille. Je n'ai rien à avouer n'ayant rien à me reprocher. Deux, je suis victime d'une machination organisée pour me nuire par une belle-fille fort délurée et sa mère qui, pour des raisons notamment financières, a décidé de me quitter dans les conditions les plus avantageuses pour elle. Il prétend que sa conduite vis-à-vis de l'enfant, puis de l'adolescente, aurait toujours été dictée par le souci de pallier la défaillance maternelle et de maintenir contre vents et marées le dialogue avec une belle-fille à la personnalité et au caractère difficiles, de telle façon à toujours pouvoir tenir son épouse informée et servir en quelque sorte d'intermédiaire dans une relation mère-fille inexistante. C'est ainsi qu'il justifie notamment les heures passées à "discuter" avec sa belle-fille dans la chambre de cette dernière, porte close. Mais en réalité, chaque fois qu'il aurait effectivement dû informer son épouse, il ne l'a pas fait au prétendu motif qu'il était nécessaire de la ménager et qu'il ne fallait pas troubler sa tranquillité. C'est pour cette raison qu'il n'aurait notamment pas parlé de la tentative pour le moins audacieuse de sa belle-fille venant un beau jour au petit matin effleurer son sexe dans son lit à sa stupéfaction. Il y a là une apparente contradiction entre ses réactions habituellement violentes vis-à-vis des fautes de conduite de l'enfant et le fait de s'être contenté d'une simple et légère réprimande en cette occasion. Il en va de même pour les photos qui méritaient bien une intervention du style "punitif". Or le voilà étonnamment mesuré, ne poussant pas l'enquête jusqu'au bout et, aidé en cela par l'attitude d'autruche de la mère, classant l'affaire à la "va-vite". De même se contente-t-il d'une discrète remarque sur la tenue plus que légère de sa belle-fille lorsqu'elle se promène dans la maison alors que, selon lui, sa pudeur naturelle est en ces occasions soumise à rude épreuve, laissant curieusement en ces circonstances son intransigeance et son autoritarisme au vestiaire. Il est pourtant très à cheval sur son autorité en famille. Il n'accepte pas que son avis ne fasse pas force de loi et, en cas d'échec, il exige en criant. Ses explications sur les faits laissent apparaître des contradictions et des incertitudes qui méritent que l'on s'y arrête. »

Comme la langue décrite par Ésope, les rapports d'expertise peuvent constituer le meilleur et la pire des choses. Dans la situation actuelle, défense, partie civile et ministère public (pour une fois situés au même niveau) sont soumis au hasard de la désignation des experts. Que ces derniers soient consciencieux, méthodiques et compétents, et le meilleur est à espérer. Que ce ne soit pas le cas, et le pire est à craindre. Aucune des parties ne peut continuer à se satisfaire d'une telle improvisation pour ce qui constitue l'un des moments clés de la procédure[19].

OBSERVATIONS CLINIQUES ET COMPORTEMENTALES

L'analyse de certains faits mettant en évidence des comportements très révélateurs de la part des agresseurs et des victimes viendra compléter la réflexion des juges et des jurés.

Significatives sont, on vient de le voir, ces réactions surprenantes de la part d'êtres autoritaires, à la personnalité rigide, hommes de principes, décrits par leur entourage comme attachés à certaines valeurs morales, amoureux de l'ordre et de la légalité qui, en présence d'attitudes équivoques de l'enfant (selon leurs dires), feront curieusement preuve de faiblesse et de tolérance, ne sanctionnant pas la conduite apparemment provocatrice qui leur est opposée.

Significatives également les conduites de ceux qui brandissent comme bouclier et preuve de leur innocence le fait d'avoir pris en main l'éducation de leur enfant dans les moindres détails :

> « Je l'accompagnais chez le docteur, chez le coiffeur, je l'accompagnais pour lui trouver des chaussures, pour l'habiller, j'étais un vrai papa poule ! »

Significatifs toujours, le récit par un témoin d'un incident ayant pu apparaître sur l'instant mineur, voire anodin :

> « J'ai retenu qu'il avait un discours bizarre sur les femmes. Je me souviens une fois que j'étais allée me baigner chez eux dans leur piscine. Je ne pouvais me baigner, car j'avais mes règles. Il a sou-

> tenu que je devais mettre un tampax, il m'a même expliqué comment l'utiliser, l'appliquer, que c'était très simple et que cela ne faisait pas mal. Ce discours ne m'avait pas plu du tout »,

ou la description de détails analogues sur la sexualité de l'agresseur :

> « J'ai appris qu'ils avaient des rapports très courts, très brefs, ce qui correspondait avec ce que je vivais avec lui de mon côté. Le point commun que j'ai avec ma fille, c'est la connaissance de l'éjaculation précoce de mon époux. »

Révélateur, enfin, est le comportement de l'agresseur à l'égard de sa victime, sauf à retenir les bonnes raisons qu'il invoque.

> Histoire de Carole (suite)
>
> Le beau-père : « Elle nous en a fait voir. Elle faisait toujours ce qu'elle voulait. On ne discutait même plus quand elle disait qu'elle rentrerait à quatre heures du matin, cela ne l'empêchait pas de ne pas respecter l'heure qu'elle avait elle-même fixée. J'ai attendu ainsi des nuits entières qu'elle rentre pendant que sa mère dormait. [...] Une fois, je suis allé la chercher dans un dancing. Je trouve tout à fait normal d'avoir contrôlé ses heures de sortie. [...] Si je l'accompagnais et si j'allais souvent la chercher sur son lieu de travail, ce n'était pas pour la surveiller. C'était parce que son travail se trouvait à deux cents mètres du mien, et j'y allais à la demande de sa mère. »
>
> Laurent, ami de Carole : « Son beau-père téléphonait souvent à la maison parce qu'elle dépassait l'heure pour rentrer chez elle. Une fois, il est venu la chercher devant tout le monde à une heure du matin dans une discothèque où nous étions allés. Il était comme fou. J'étais choqué qu'il la surveille à ce point. Cela me travaillait tellement qu'un jour je lui ai demandé s'il lui arrivait de la toucher, s'il lui mettait la main aux fesses ou des choses comme ça pour l'embêter. Elle m'avait répondu : "Non mais, où tu vas chercher tout ça ?" »

De son côté, la victime souffre, l'enfant somatise et peut exprimer cela par de multiples moyens autres que le langage :

énurésie ou encoprésie chez les enfants prépubères, difficultés à participer aux jeux de leurs condisciples ou jeux inappropriés à leur âge avec reproduction de comportements sexuels inadaptés, fugues chez les adolescents, arrêt des règles, troubles du sommeil, douleurs abdominales et irritations vulvaires ou anales à répétition, agressivité, provocations, comportements alimentaires extrêmes, échec scolaire, signes dépressifs, etc.

Quelques semaines avant la révélation des faits, un travailleur social adresse un rapport à la direction de la Vie sociale au sujet d'une enfant de douze ans vivant encore sous l'empire du silence et du secret, mais présentant un comportement tel que les éducateurs qui en avaient la charge ne pouvaient que nourrir d'importants soupçons sur les violences dont elle était effectivement victime :

> « Régression complète de M…, troubles psy importants (agressivité, violence, encoprésie diurne et énurésie nocturne), comportement de refus (par rapport à l'école, sa toilette), attitude ambiguë sur le plan sexuel. Elle donne sans raison des claques aux autres. À table, elle se traite de pute, parle de ses règles, se fiche de tout parce qu'elle a "un bébé dans le ventre". Elle est souvent l'objet de plaintes de la part des autres enfants : elle les oblige à l'embrasser sur les lèvres, elle leur touche les seins, elle se roule par terre. »

À tout ou partie de cela peut s'ajouter une pseudo-maturité, l'enfant assumant un rôle d'adulte (par exemple celui de la mère ou de l'épouse) générant des attitudes séductrices le mettant d'ailleurs en situation de danger permanent. Il peut également adopter des comportements hygiéniques excessifs caractéristiques d'abus, allant des lavages répétés, façon pour lui de se nettoyer de la souillure qui lui est imposée, à un état de saleté repoussant destiné à tenir son agresseur à l'écart.

Il est bien évident que nombre de ces symptômes se retrouvent chez des enfants et adolescents confrontés à d'autres difficultés que des abus sexuels. Le cumul d'indices est toutefois important et n'a pour fonction que de venir en appui aux déclarations de la victime.

LE PROCÈS, MOMENT DE VÉRITÉ

La déposition de l'enfant le jour de l'audience, en chair et en os, et non au travers des P-V d'auditions ou de confrontations, peut peser formidablement lourd.

Lorsque les faits sont niés, totalement ou partiellement, le face-à-face avec celui que l'enfant accuse constitue toujours un moment terrible. En cet instant l'émotion est très forte, c'est le moment de vérité, celui où il devient difficile, très difficile de tricher. Ce peut être parfois le tournant du procès. Pour les juges, c'est le moment d'être attentif au fond des choses et de regarder au-delà des apparences : il n'y a pas à juger sur la mine, les victimes ne sont pas toutes des petites filles adorables venant en quelques mots arracher des larmes aux cœurs les plus endurcis. Certaines victimes ne sont ni mignonnes ni même sympathiques, voire carrément désagréables (« ce que vous allez juger, je m'en moque, si vous ne me croyez pas, je m'en fous, moi je sais ce qu'il m'a fait »). Leur souffrance intérieure n'en est bien souvent que plus intense.

Il faut connaître ce moment où, à l'issue de deux ou trois journées d'audience, après avoir entendu tous les témoins venus solennellement prêter serment à la barre, avoir bien souvent revécu au travers de leurs témoignages toute une histoire familiale, avec ses secrets, ses haines, ses antipathies, ses rancœurs, mais aussi ses moments de tendresse et ses messages d'amour, dans la concentration du huis clos, alors qu'en dépit de la présence de douze jurés, de l'accusé, de l'escorte, de l'huissier, du greffier, de l'avocat général, des avocats de la défense et de la partie civile, du parent, de l'ami ou de l'éducateur venu le soutenir dans l'épreuve, le silence est de cathédrale, l'enfant, avec toute sa douleur, tous ses chagrins, toute sa colère, tout son mépris, s'avance pour faire sa déposition. Alors, chacun retient son souffle, car le moment est pathétique. C'est le moment où tout bascule. Où la honte change de camp. Où l'on sent que l'enfant a remporté sa victoire sur lui-même, qu'il a vaincu sa peur et pourra sans doute à nouveau penser à autre chose. Où il a enfin le dernier mot (« — Tu devrais avoir honte, tu es dégoûtant ! — Je suis en désaccord avec ce qui vient d'être dit ! — Que veux-tu de plus, des photos, un bébé peut-être ? »). Où il parvient à regarder son agresseur en face et, considérant ce géant désormais misérable entouré de quatre ou cinq gendarmes, laisse sa peur s'envoler. Au lendemain du procès, il pourra commencer à tourner la page. L'histoire sordide et tragique entre dans le passé au moment même où l'enfant se redécouvre un avenir.

Même dans l'hypothèse où les faits sont totalement reconnus, l'enfant doit venir à l'audience. Une polémique a vu le jour au mois d'octobre 1999 en raison de la présence (brève) du petit « Johnny », sept ans, durant le procès de cinq membres de sa famille (dont sa mère) qui lui avaient fait subir depuis sa naissance de multiples brimades, le faisant dormir dans un placard, le sous-alimentant, le frappant, le traitant comme un animal. Les réactions de certains pédopsychiatres furent extrêmement négatives. Le professeur Lebovici déclara que « les personnes ayant pris la décision de faire entrer Johnny dans la salle d'audience ont placé cet enfant dans une situation intolérable. Le spectacle de sa famille dans le box des accusés demeure isolé des sévices qu'il a endurés et n'a aucune valeur thérapeutique ». Le professeur Golse ajouta : « C'est un non-sens total. Je ne suis pas sûr qu'au-delà des vertus thérapeutiques supposées qui ont été avancées pour justifier cette décision il n'y ait pas eu de la part de certains avocats le désir de produire un moment émotionnel fort au cours du procès. À sept ans, l'enfant n'est pas encore dans une logique rationnelle. Ne risque-t-on pas que, dans son imaginaire, dans ses fantasmes, cet enfant se sente responsable de la condamnation qui va s'abattre sur ses parents et les membres de sa famille qui lui ont infligé des sévices ? Le sentiment de culpabilité est fréquent chez les enfants maltraités, mais cette confrontation présente le danger de le renforcer. » Et le psychanalyste Serge Lesourd de confirmer que « les vertus thérapeutiques de la présence de Johnny durant quelques minutes restent contestables. Cela risque de cristalliser la perception par l'enfant de ses parents comme victimes et non comme coupables[20] ».

Dans des circonstances tout à fait exceptionnelles, sans doute réunies dans ce dossier où l'enfant était effectivement très jeune, présentait d'importants retards et de grandes difficultés de compréhension, de telles craintes peuvent être fondées. Mais, en règle générale, le fait d'assister au procès de son agresseur, que ce dernier soit ou non un parent, permet à l'enfant de se déculpabiliser puisque la justice va précisément désigner, nommer le véritable coupable, le seul et l'unique. Comme l'indique Thierry Baranger, juge des enfants et directeur de la revue *Mélampous*[21], « pour l'enfant, entendre que la violence est un interdit social et que ses parents ont transgressé cet interdit ne peut pas générer de traumatisme. Il est cependant nécessaire d'entourer sa venue de précautions, d'un travail thérapeutique, de le préparer en lui expliquant ce qu'est un procès, à quoi ça sert. Les enfants comprennent parfaitement ce qui se passe. Un procès est un événement très ritualisé, avec une mise en scène précise, pendant la durée duquel les choses se transforment entre le début et la fin. Cela permet aux enfants de se réapproprier ce qui s'est passé, d'évacuer leurs fantasmes, de s'inscrire dans la réalité ».

Au lendemain du verdict, Valérie écrit à sa mère après la condamnation de son agresseur à dix années d'emprisonnement : « Salut, je suis très contente, maintenant j'ai quinze ans, j'ai l'âge d'avoir un fiancé », en d'autres termes, « j'existe, je suis libre, je ne lui appartiens plus, je ne suis plus sa chose, je n'ai plus peur ». Libre, enfin.

Malheureusement, on s'en doute, ces conditions ne sont pas toujours réunies, et on imagine inversement les dégâts provoqués par un acquittement ou une relaxe : la parole de l'enfant non reconnue, la victime désavouée, et le verdict accueilli comme une dernière blessure.

À ce stade, on se rappelle également toutes ces procédures non menées à leur terme : non-lieux, classements sans suite. On se souvient de ces confidences qui ne sortiront pas du cercle intime, le linge sale devant se laver en famille. On pense enfin à toutes celles et à tous ceux qui n'ont jamais pu parler.

Les défendre, tous !

On l'aura compris, tout cela est extraordinairement difficile et complexe. Des premières agressions à la condamnation définitive de l'agresseur, il se sera écoulé plusieurs années. Parvenir à surmonter toutes les barrières préalables, puis réussir à aller au bout du parcours judiciaire relève incontestablement de l'exploit, et l'on mesure en cet instant le nombre nécessairement important d'affaires qui ne connaissent pas d'épilogues satisfaisants.

Du côté de la défense, certains voudraient toutefois, malgré ces efforts, cette constance et cette volonté, que la victime, ayant réussi à figurer comme partie civile au procès, se contente d'une fonction subalterne et d'une place accessoire. D'autres, du côté de l'accusation, souhaiteraient que les victimes restent à l'écart, pleurent en silence et se bornent à venir exprimer de manière pathétique leur souffrance au moment opportun avant de regagner discrètement la place qu'on aura bien voulu leur réserver. Et que, concernant notamment la reconnaissance de la culpabilité de celui qui nie, elles s'en remettent à un procureur de la République ou à un avocat général[22] qu'elles n'ont la plupart du temps jamais eu l'occasion de rencontrer, dont elles ne feront la connaissance que le jour de l'ouverture du procès et dans lesquels elles n'ont *a priori* aucune raison de placer une confiance aveugle. Le parquet ne peut avoir la même vision du dossier que la victime. Son approche sera nécessairement plus neutre, plus froide, plus technique. En sa qualité de représentant de la société, il n'a pas à vivre le procès où il intervient avec passion. Ce n'est pour lui qu'un procès parmi de nombreux autres. Il exposera donc avec mesure les raisons pour lesquelles la culpabilité du prévenu ou de l'accusé ne fait à ses yeux aucun doute, analysera les circonstances atténuantes dont cet individu pourrait selon lui se prévaloir, indiquera le quantum de la peine qu'il serait à son sens légitime d'infliger et pourra même dans certains cas exceptionnels, selon la tournure prise par les débats et s'il l'estime juste, renoncer à son accusation et voler au secours de la défense[23]. Le parquet est libre et n'est inféodé à aucune des parties.

Il est impossible pour la victime de se laisser ainsi déposséder de son histoire et de ce procès qui est aussi d'une certaine manière le sien, qu'on le veuille ou non. Si l'accusé nie, quoi de plus naturel pour elle que de vouloir combattre ces dénégations, prouver qu'elle dit vrai et se défendre à son tour des accusations de mensonge dont elle est l'objet ? Si l'agresseur reconnaît les faits, il lui faudra néanmoins faire litière de toutes les fausses excuses qui pourront être avancées et qui la mettent directement en cause. Tout cela pourrait paraître évident mais ne l'est pourtant pas, et la discussion est vive au sein de la profession d'avocat sur la manière dont les uns et les autres, avocats de la défense et avocats de la partie civile, doivent exercer leurs fonctions respectives. Comme le soulignait Alain Molla à l'adresse de ses confrères, « ce contentieux nous met à l'épreuve du respect de notre serment et de l'unité de notre profession[24] ».

Défendre, c'est l'honneur du barreau. Défendre tout le monde, le voleur de poule comme le plus ignoble des grands criminels, c'est la fierté de cette profession. Dans le même temps, défendre une victime qui se fait traiter de menteuse ou qu'on insulte en la présentant comme consentante, ce serait, à en croire certains, malvenu, voire indigne. L'avocat défendrait avec noblesse en toutes circonstances celui qui est accusé, mais ne saurait sans déroger défendre celui qui accuse[25]. Sa fonction se limiterait dans ce cas à évoquer la souffrance de la victime, son traumatisme, son cheminement durant ces années d'attente, les séquelles qui peuvent subsister. Soutenir l'accusation en participant à la recherche des preuves et des présomptions de nature à fonder la culpabilité ou à éliminer l'hypothèse d'un quelconque partage de responsabilité serait incongru. Si les victimes et leurs avocats se mêlaient de ce qui ne les regarde effectivement pas et notamment des intérêts de la société en entrant par exemple dans la discussion sur le quantum de la peine à infliger à l'accusé[26], ce reproche se comprendrait. Mais, en revanche, concernant la culpabilité de l'accusé, il est dans leur rôle de la démontrer sans se faire pour autant accuser de jouer les procureurs. Nombreux sont donc les avocats des parties civiles à refuser de se laisser enfermer dans la place où défense et ministère public souhaiteraient les voir se cantonner, et à affirmer « qu'être avocat de l'enfant, ce n'est pas seulement évoquer sa souffrance, ses traumatismes, ses peurs et ses cauchemars, c'est également utiliser tous les moyens de procédure pour établir la culpabilité de l'auteur[27] ».

Beaucoup d'avocats se refusent par ailleurs à assurer aujourd'hui la défense d'un enfant et demain celle d'un agresseur. Par choix personnel, conviction ou militantisme, par souci de crédibilité, car il peut être effectivement difficile de soutenir « tout » la veille et « son contraire » le lendemain devant des juges identiques, ou encore par obligation, car les associations ou les institutions ayant en charge la défense des enfants ont parfois du mal à comprendre que l'avocat qu'elles choisissent puisse défendre tantôt un camp et tantôt l'autre. Chacun se spécialisant dans son domaine, le fossé se creuse encore un peu plus entre les avocats de la défense et ceux de la partie civile. Dans certains cas extrêmes, les seconds pourront se laisser aller à jeter la suspicion sur la morale personnelle des premiers qui, en réponse, ne manqueront pas d'étaler leur mépris pour ceux qu'ils présenteront comme les défenseurs hystériques d'un ordre moral de sinistre mémoire.

Pour dissiper ce malaise, dépasser ces incompréhensions, les avocats se doivent de réfléchir au rapport qu'ils entretiennent avec la vérité et de ne pas se laisser emporter par leurs sentiments. Certes, ils sont mandatés par leurs clients. Certes, ils sont là pour les défendre. Mais ils sont également auxiliaires de justice, ce qui signifie qu'ils sont également là pour contribuer à l'œuvre de justice. Ils ont aussi un serment à respecter : exercer leurs fonctions « avec dignité, conscience, indépendance, probité et humanité ». Ils ont à méditer sur les paroles d'Albert Camus : « Une seule chose au monde me paraît plus grande que la justice, c'est sinon la vérité du moins l'effort vers la vérité[28]. »

S'ils parviennent à progresser dans cette réflexion et à trouver le juste équilibre entre le respect dû à ceux qui les ont mandatés pour les défendre et celui dû à la justice et à la vérité, alors peut-être réussiront-ils à faire comprendre à tous (parents d'enfants victimes, institutions ou associations chargées de la protection de l'enfance pour les avocats des parties civiles, agresseurs présumés pour les avocats de la défense) qu'à la condition de se conformer à une certaine éthique ils ne connaissent qu'un seul camp, celui de la défense loyale. Et par suite que, tournant le regard vers le banc des victimes ou vers celui de l'accusé, on n'y trouvera en définitive que des avocats exerçant leur mission de défense et qu'il peut donc être possible de passer d'un banc à l'autre sans faillir aux exigences de sa mission et sans donner l'impression d'avoir retourné sa robe.

Mais, pour cela, encore leur faut-il répondre à la question posée en ces termes par Alain Molla : « Que fait l'avocat de la vérité ? Ce n'est pas son affaire ? [...] Si l'on veut bien un instant aborder le cas de l'accusé qui nie l'évidence, ces questions deviennent obsédantes pour tous les acteurs du procès pénal, à commencer par l'avocat du menteur. Le regard de la caissière, qui, aux assises, à la barre des témoins, reconnaît et désigne le braqueur qui nie et contre lequel aucune autre charge que cette reconnaissance n'existe, pèse sur nous mais ne déstabilise pas une défense qui a le droit et le devoir de dénoncer la faiblesse des charges et la fragilité des témoignages. L'acquittement obtenu, si la caissière devait avoir raison, l'avocat a fait son travail, d'autant plus que la caissière elle-même peut comprendre les garanties de la justice pénale sans que les fondements de sa vie n'en soient menacés. Quand la victime est un ou une enfant sali(e) sexuellement par un adulte, [...] si nous sommes convaincus que l'évidence est niée, la bonne conscience en défense est beaucoup plus dure. [...] Quand les fondements de l'existence d'une victime sont en jeu, mais aussi quand l'estime de soi de l'accusé est à ce point exposée, on ressent combien la vérité est exigeante ; après l'acquittement, outre le vertige de la victime authentique, le pédophile reste avec sa pathologie et son mensonge, et matière à réfléchir au double salaud qu'il est : coupable et menteur bien qu'acquitté, sans plus aucune chance de retrouver l'estime des autres ni de consentir valablement aux soins. Cet après-verdict nous concerne et pour qu'il soit assumable, il faut que le subtil équilibre entre le mandataire et l'auxiliaire de justice soit repensé de chaque côté de la barre pénale. Mandataire de la victime, c'est l'accompagner (avec son entourage) en la préparant à l'échec possible du fait de la présomption d'innocence et du doute qui ne lui profite pas ; c'est la convaincre que le quantum de la peine n'est pas important ; c'est renoncer à la survictimisation faussement opportuniste, accablé que je suis d'entendre trop souvent les confrères en partie civile plaider sous les yeux de leur mandante qu'elle est "foutue" ou "démolie". Mandataire du prévenu/accusé, c'est d'abord lui résister sans complaisance en lui disant si le dossier est accablant : "Monsieur, je ne vous crois pas !" Essayez et vous assisterez souvent à une métamorphose et un cheminement vers autre chose de plus intéressant ; plus intéressant en tout cas que l'accompagnement passif, neutre et démissionnaire du mensonge pendant des mois d'instruction pour finir par des contorsions à l'audience pour rester digne en soutenant l'insoutenable avec la complicité aimablement grotesque du juge compatissant qui nous plaint en silence[29]. »

L'avocat de la partie civile plaide le premier. Il reconstitue la trame des années noires, met en évidence tous les éléments du faisceau de présomptions susceptibles d'asseoir la condamnation, décrit la douleur du drame intime vécu par la victime, expose les sentiments de l'enfant au jour du procès, le chemin parcouru et celui restant à parcourir, les blessures encore ouvertes et celles déjà cicatrisées : il a ainsi rempli sa mission.

Vient ensuite, après les explications données et les réquisitions prises par le ministère public, le tour de l'avocat de la défense. Chacun, en fonction de son tempérament et de la position personnelle adoptée par rapport aux questions ci-dessus évoquées, s'acquittera de sa tâche avec plus ou moins de bonheur et d'honneur.

Si l'accusé/prévenu nie, la défense peut se contenter d'exposer, avec plus ou moins d'aisance et de facilité selon le degré de vraisemblance des dénégations formulées, que ni l'émotion, ni la compassion, ni l'indignation ne font preuve. Qu'en l'absence de tout élément matériel permettant d'accréditer les accusations portées, sans faire injure à la victime, il n'est pas possible de porter un jugement de condamnation. Qu'il y a un petit grain de sable qui permet toujours d'arrêter la machine judiciaire. Ce petit grain de sable, c'est le scrupule. La justice ne s'est jamais déshonorée quand, parole de l'un contre parole de l'autre, et en présence du doute, elle a acquitté.

Certains n'hésitent cependant pas à mettre en cause, violemment, celles et ceux qui s'affirment victimes. Emportés par la violence de leurs propos, il peut leur arriver de dépasser le seuil de la mesure : « Vous savez que votre père n'a pas commis le viol dont vous l'accusez. Si on le condamne, vous deviendrez folle, vous serez schizophrène ! Dans dix ans, vous êtes folle ! » croit devoir hurler celui-là.

Quelques-uns, soutenant l'insoutenable, croyant pouvoir nier la réalité des faits contre vents et marées ou adopter les fausses justifications et mauvaises explications de ceux qu'ils défendent, sont parfois amenés, en présence d'un verdict sévère, à regretter de ne pas avoir suffisamment médité l'aphorisme de Nietzsche selon lequel « il n'y a pas de meilleure façon de nuire à une cause que de la défendre intentionnellement avec de mauvaises raisons[30] ».

D'autres enfin, suivant le chemin tracé par Alain Molla, considèrent qu'être « auxiliaire de justice en défense, quand l'évidence est niée, c'est aussi "se mouiller" en n'hésitant pas à aider un justiciable à avouer. Cette défense engagée et responsable ouvre des chantiers désertés. Débarrassé du mensonge, l'espace redéfini de la défense reste très large, mieux armés que nous sommes alors pour expliquer, lutter contre les exagérations et diabolisations de l'accusation, aborder le terrain si miné de la sanction pour rappeler que pour un pointeur une année de prison en vaut deux[31] ». Ceux-là, comme les avocats des accusés reconnaissant spontanément les faits sans tenter de les légitimer, peuvent alors prendre le temps de rechercher dans l'histoire personnelle de leur client les raisons ayant pu le conduire à commettre les actes qui lui sont reprochés. Mettant en lumière l'existence de certaines circonstances atténuantes, ils ne manquent pas de contester le bien-fondé du prononcé de peines sévères en ce domaine, provoquant l'éviction, pour ne pas dire l'élimination, des condamnés du champ social et familial[32].

Quoi qu'il en soit, quelle que soit la position prise, quelle que soit la stratégie suivie, ces instants sont toujours très difficiles à supporter pour les victimes. Et même si, au bout des explications présentées par la défense, sont entendues des paroles d'excuses, de regrets et d'apaisement, l'émotion est toujours terrible face à tant de douleurs et de gâchis.

Les fausses allégations

L'erreur judiciaire... Peu de choses interpellent autant nos consciences qu'imaginer un innocent condamné pour un acte qu'il n'a pas commis. Avoir à supporter à tort dans le regard des autres le poids d'une accusation infamante, sentir les murs de la prison se refermer sur soi, il y a sans doute là de quoi devenir fou. Le comte de Monte-Cristo a beau n'être qu'un personnage de roman, l'image d'Edmond Dantès croupissant dans sa cellule du château d'If en symbolise toute l'horreur. Quant au capitaine Dreyfus, son souvenir est à jamais ancré dans nos mémoires.

Si, la plupart du temps, cette injustice majeure est traitée du point de vue du condamné, elle ne doit pas être ignorée du côté de la victime voyant reconnue par un tribunal l'innocence de celui qui l'a effectivement agressée. Comme le rappelait Pierre Mac Orlan, « les erreurs judiciaires ne sont pas seulement celles qui condamnent un innocent mais également celles qui laissent un coupable impuni[33] ».

Pour l'enfant, quelle signification attacher à une relaxe ou à un acquittement dans un tel cas ? On peut toujours, bien sûr, ergoter et trouver une consolation en soutenant que l'accusé ou le prévenu ainsi blanchis par la justice ne l'ont été qu'au « bénéfice du doute ». En dernière analyse toutefois, s'il y a eu acquittement ou relaxe, c'est que le plaignant n'a pas été cru. Celui qui n'a pas été condamné n'étant pas coupable, il est donc nécessairement innocent. Il n'y a pas de statut intermédiaire. Et, s'il est innocent, c'est que les accusations portées contre lui ont été, qu'on le veuille ou non, reconnues au mieux comme insuffisantes, au pire comme inexactes, fausses, mensongères. Pour celles et ceux qui se retrouvent ainsi doublement victimes, de l'agression et de l'erreur judiciaire, à défaut d'explications préalables, la situation est intenable, le drame total. Difficile de vivre avec l'idée que l'on a été reconnu en définitive comme un menteur ou une menteuse, que celui ou celle qui vous a fait souffrir durant des mois ou des années est libre, peut jouir tranquillement de son impunité et qu'une rencontre est possible à chaque instant. D'où l'impérieuse nécessité de rappeler en permanence à la victime que la vérité judiciaire, soumise à certaines règles de droit, est une chose, et la « vérité-réalité » une autre, que le manque de preuves matérielles peut conduire à un acquittement ou à une relaxe sans pour autant que sa parole soit invalidée, que l'on peut très bien dire quelque chose de vrai sans pouvoir dans le même temps l'établir.

Les statistiques sont claires, l'enfant se plaignant d'abus sexuel dit la vérité dans plus de 92 % des cas[34]. Si, *a fortiori*, les risques d'accusations mensongères susceptibles de prospérer sur le terrain judiciaire et d'aboutir à une condamnation sont donc extrêmement rares, il y aura toujours quelques cas exceptionnels où jurés et magistrats pourront être amenés à prononcer une décision d'acquittement, de relaxe ou de condamnation en intégrant, pour établir leur intime conviction, des éléments très subjectifs, à la limite de l'irrationnel, en présence de deux thèses qui apparemment, objectivement, se valent. Où la culpabilité paraît probable mais où dans le même temps une autre histoire que celle présentée par la victime, une autre manière de mettre en concordance tous les éléments glanés ici ou là durant le procès, n'est pas impossible. Les sensations, l'instinct, un sixième sens vont alors faire pencher la balance. La justice n'est pas rendue par des ordinateurs. Nous ne sommes pas dans le domaine des mathématiques. Et dans ces rares cas, l'erreur est possible, dans un sens comme dans l'autre. Ou plus exactement dans un sens plus que dans l'autre. Si l'on veut bien en effet s'en remettre alors à la règle juridique, l'acquittement ou la relaxe « vont de droit ».

La récente loi du 15 juin 2000 sur la présomption d'innocence a d'ailleurs fort opportunément rajouté quelques mots intégrant cette règle à l'article 304 du Code de procédure pénale qui définit les termes du serment prêté par les jurés de cour d'assises après leur tirage au sort :

> « Vous jurez et promettez d'examiner avec l'attention la plus scrupuleuse les charges qui seront portées contre X..., de ne trahir ni les intérêts de l'accusé, ni ceux de la société qui l'accuse, ni ceux de la victime, de n'écouter ni la haine ni la méchanceté, ni la crainte ou l'affection ; de vous rappeler que *l'accusé est présumé innocent et que le doute doit lui profiter* ; de vous décider d'après les charges et les moyens de défense, suivant votre conscience et votre intime conviction avec l'impartialité et la fermeté qui conviennent à un homme probe et libre. »

Un coupable en liberté vaut certes mieux qu'un innocent en prison, mais, dans les deux cas, justice n'aura pas été rendue, et l'institution judiciaire aura rencontré ses limites. Ce sont ces quelques cas où le risque apparaît de voir un innocent condamné, gouttes d'eau dans l'océan des jugements prononcés, qui ont le plus grand retentissement au niveau médiatique. Si l'affaire passionne, certains peuvent même en tirer profit. Le mystère est vendeur, raison pour laquelle nous n'avons pas fini d'entendre parler de l'affaire Dominici et qu'il y aura toujours un Rouletabille ou un Hercule Poirot de service pour soutenir à tort ou à raison que Gaston Dominici était innocent. Cet état d'esprit et ces quelques affaires surmédiatisées ont pour effet de nourrir un scepticisme hors de proportion à l'égard de la quasi-totalité des dénonciations. La situation inverse, celle du coupable maintenu en liberté, est loin de provoquer la même émotion. Il sera d'ailleurs impossible de mettre le verdict en doute sous peine de se faire irrémédiablement condamner pour diffamation. Alors qu'il est toujours loisible pour tout condamné de s'autoproclamer victime d'une erreur judiciaire.

Quoi qu'il en soit, une erreur judiciaire, même rare, même exceptionnelle, demeure toujours une erreur de trop. Et dans le domaine des violences sexuelles commises sur des mineurs encore plus que dans tout autre domaine, la justice se doit d'être irréprochable. Comme le rappelait Damien Vandermeersch, juge d'instruction à Bruxelles, « rien n'est plus déstructurant pour une victime d'abus sexuel que de voir acquitter un coupable alors qu'à l'inverse être accusé à tort de tels faits constitue une épreuve dont la personne suspectée se relève difficilement : la justice n'a pas droit à l'erreur[35] ».

Dans l'intérêt de tous, une vigilance extrême s'impose donc dès le début des procédures car les non-lieux et les décisions de relaxe ou d'acquittement ne réparent pas les gardes à vue et les mises en examen vécues en ce domaine comme particulièrement infamantes. Bernard Hanse, professeur d'EPS au collège de Montmirail, mettait fin à ses jours le 10 juin 1997, à l'âge de quarante-neuf ans, après avoir été accusé par l'un de ses élèves[36]. Au mois d'avril 2001, Paul Jacquin, un instituteur du Bas-Rhin, se défenestrait depuis le premier étage de son école à l'arrivée des enquêteurs. Le collectif d'enseignants JAMAC (sigle reprenant les initiales de cinq enseignants mis en cause dans des affaires de pédophilie) pouvait s'étonner de la procédure suivie, « ne protégeant ni la personne accusée ni les enfants concernés qui se retrouvent avec un suicide sur la conscience. [...] On n'interpelle pas un enseignant à deux heures des vacances de Pâques dans sa classe, juste avant la reprise des cours, en présence d'enfants. [...] Il y avait sûrement une autre manière de faire[37] ». En effet, et ce quels que fussent les actes éventuellement commis par l'instituteur en cause[38].

Que l'on se souvienne également des conséquences dramatiques de la vaste opération de police (intitulée « Ado 71 ») conduite en 1997 contre des réseaux pédophiles à la suite de laquelle cinq personnes interpellées et aussitôt relâchées se suicidèrent. Cette opération, que la Ligue des droits de l'homme devait qualifier de « rafle scandaleuse » compte tenu de son ampleur et des conditions de sa réalisation (700 arrestations, 300 mises en examen pour, au final, une poignée de condamnations), eut un effet boomerang désastreux. Ces événements devaient inspirer à Pierre Georges les commentaires suivants : « Aux silences d'hier, aux huis clos des esprits, succède maintenant une fureur répressive, comme nourrie d'un remords vengeur, d'un repentir exterminateur. Pour avoir trop tu, faut-il trop hurler ? Qu'on comprenne bien le propos [...], la répression s'impose sans faiblesse ni retard. Mais peut-être pas sans précaution[39]. »

L'émotion ne doit jamais primer la prudence. Pour nous rassurer, notons tout de même que les erreurs ou les risques d'erreurs interviennent le plus souvent dans des affaires où l'on recherche un coupable alors que la victime, morte, n'est malheureusement plus là pour désigner son agresseur. Ou lorsque, ne l'ayant entrevu que quelques instants durant le déroulement de l'agression, le plaignant ou d'éventuels témoins se trompent en tentant de l'identifier. Ces cas de figure ne peuvent se produire dans les dossiers de violences sexuelles commises sur des mineurs où, Dieu merci, les victimes sont vivantes et où il n'y a aucune possibilité de confusion sur l'identité de l'agresseur bien connu de sa victime puisque faisant partie de son entourage. Les risques sont donc dès le départ très limités et se résument à deux hypothèses : le mensonge par mythomanie ou par vengeance et la manipulation par un adulte du petit enfant dépourvu de capacité de discernement.

Dans le premier cas, les risques d'erreurs judiciaires ne peuvent qu'être exceptionnels : la parole de l'enfant menteur a d'infimes chances de se trouver confortée par des éléments extérieurs (témoignages, attitudes, symptômes, examens, expertises), elle ne sera soutenue par rien et s'effondrera sans doute d'elle-même. Dans le second, concernant les jeunes enfants s'exprimant avec difficultés, la situation est beaucoup plus complexe[40]. Les autorités judiciaires et de police sont généralement alertées par les déclarations d'un proche, le plus souvent la mère, qui viendra rapporter les mots bredouillés par son enfant. On entre alors dans une sphère délicate où les « fausses allégations » d'agressions sexuelles sont les plus courantes et les plus difficiles à mettre en évidence. Ces fausses allégations sont d'autant plus dangereuses qu'elles viennent jeter une suspicion générale sur la plupart des accusations formulées au sujet d'enfants en bas âge alors que nombre d'entre elles restent fondées[41].

Dans ce cas de figure, deux écueils sont à éviter : la sacralisation aveugle de la parole de l'enfant qui dirait toujours « la » vérité et l'invalidation systématique du témoignage des tout-petits. Il faut avancer pas à pas, au cas par cas.

Les enfants de moins de cinq-six ans sont très souvent incapables de s'exprimer en présence d'étrangers, enquêteurs ou juges autrement que par des signes de tête. Leur parole sera alors entièrement véhiculée par celui ou celle qui aura reçu leurs confidences. Un enfant de deux ans a un bagage verbal de quelques dizaines de mots. À trois ans, il en comprend environ trois cents. À partir de trois ans, il devient capable de se désigner par la première personne du singulier, il commence à se décentrer par rapport à son entourage proche. Il emploie le « je », le « moi ». Le « non » apparaît dans son discours. Vers quatre ans, il utilise des verbes d'action. Il fait son pain bénit des termes scatologiques (pipi, caca). À cinq-six ans seulement, il devient capable de décrire une expérience vécue avec un peu de recul sur l'événement. C'est dire si, jusqu'à cet âge, l'interrogatoire de l'enfant est à lui seul un art : il est en effet admis que pour un enfant de moins de douze ans le temps consacré à son audition ne doit pas excéder quarante minutes.

Dans ce laps de temps fort bref, il va falloir réussir à le mettre en confiance, le sensibiliser à l'exigence de vérité, introduire l'objet de l'entretien sans l'influencer ni induire ses futures réponses (« sais-tu pourquoi tu me parles aujourd'hui ? »), le laisser s'exprimer librement puis enfin, et seulement à ce moment-là, le questionner.

La réalisation de dessins peut être de nature à compléter et à corroborer son récit. Ces dessins ne constituent naturellement jamais des preuves, mais ont souvent plus de sens qu'un long discours. Les dessins des enfants sont par nature narratifs et figuratifs ; ils représentent et racontent quelque chose. Ils sont également projectifs, c'est-à-dire qu'ils servent à dévoiler leurs inquiétudes et leurs problèmes. Les dessins des enfants victimes d'abus sexuels sont notamment marqués par leur sexualisation : les travaux du docteur Hibbard[42] portant sur des enfants âgés de trois à sept ans indiquent que la représentation d'organes génitaux est cinq fois supérieure dans les dessins réalisés par des enfants victimes d'abus que chez ceux d'enfants du même âge n'ayant pas eu à en souffrir. Leurs dessins expriment en outre leur souffrance psychique en laissant apparaître leurs sentiments d'angoisse, l'altération des corps : c'est ainsi que sont fréquemment mis en scène des personnages monstrueux et terrifiants aux côtés de personnages minuscules ou des corps troués, sans bras, sans mains, sans bouche. Reste que leur interprétation sera nécessairement délicate.

Si l'enquêteur n'a pas à sa disposition les moyens de procéder à l'enregistrement audiovisuel des déclarations[43], il devra, pour que son procès-verbal soit irréprochable, reproduire son entretien en faisant apparaître la totalité des questions posées par lui-même, la totalité des réponses de l'enfant sans procéder à leur remise en forme ainsi que les aspects non verbaux de l'audition (attitudes de l'enfant et silences). Si l'audition se déroule avec les précautions nécessaires, comment alors douter une seconde de l'authenticité et de la véracité de l'accusation suivante ?

> « J'ai six ans. [...] Un jour, le monsieur a mis sa main dans mon pantalon et m'a tripoté le zizi. Mon zizi s'est mis tout droit. Puis il a retiré son pantalon et il a tripoté son zizi qui est devenu droit. C'est arrivé plusieurs fois. Deux ou trois fois, du blanc est sorti. C'était comme du pipi, mais c'était blanc. »

Ou encore :

> « Il arrivait à tonton de mettre son zizi entre mes jambes et après de remuer. Cela durait longtemps. Une fois en faisant ça, il a fait pipi sur moi et j'étais mouillé. »

Si l'enquêteur, en revanche, dans un style volontairement enfantin, s'est contenté de retranscrire les questions qu'il a lui-même posées en les présentant comme des déclarations spontanées de l'enfant alors que ce dernier n'aurait répondu que par oui ou par non, ou se serait contenté d'un hochement de tête, la déposition ne sera pas crédible en tant que telle, et on peut même alors parler de manipulation et de processus falsificateur de la part des autorités policières. Les erreurs judiciaires ne peuvent naître qu'à ce stade.

L'étude du procès-verbal de l'audition de Charlotte, deux ans et dix mois, en fournit l'illustration :

« Le 26 mars 1998, à 11 heures, faisons comparaître devant nous Charlotte L., qui, entendue en présence de sa mère et de madame F., psychanalyste, déclare :

> « Un jour, Papa m'a fait pipi sur la robe et ensuite, il m'a lavée. C'était du caca blanc de son zizi ». [...]
> Question : « Est-ce que tu veux revoir ton papa toute seule ? »
> Réponse : « Non. »
> Question : « Pourquoi ? »
> Réponse : « Parce qu'il me demandait de lui faire des chatouilles avec ma langue sur son zizi. Je veux que mon papa aille en prison parce que je ne veux plus qu'il fasse ça. »

Il va sans dire que la seule production de cette déclaration suffit au premier juge aux affaires familiales saisi du dossier pour suspendre le droit de visite et d'hébergement, et au parquet pour solliciter l'ouverture d'une instruction conduisant à la mise en examen du père laissé néanmoins en liberté. Soucieux cependant de connaître les conditions dans lesquelles ces déclarations avaient été recueillies afin d'être en mesure d'en apprécier la valeur, intrigué par la référence à une sanction sociale (la prison), notion qui ne peut exister chez un enfant de moins de trois ans, le juge d'instruction chargé du dossier convoque les deux gendarmes y ayant procédé afin de les entendre à ce sujet. Les déclarations des enquêteurs sont édifiantes.

Explications du premier :

> « Nous avions pensé qu'il valait mieux que la petite soit entendue en dehors de la gendarmerie afin de ne pas trop l'intimider. Nous nous sommes donc rendus au domicile de la mère. Il a été très difficile de faire parler la gamine qui était très coincée. »
> Question : « A-t-elle prononcé elle-même l'expression "caca tout blanc de son zizi" ? »

Réponse : « Non, elle approuvait ce que lui disait sa mère. »
Question : « A-t-elle prononcé elle-même l'expression "il me demandait de lui faire des chatouilles avec ma langue sur son zizi" ? »
Réponse : « Non, elle n'a fait qu'approuver ce qui lui était dit. »
Question : « Quelle était l'attitude de la mère ? »
Réponse : « Elle semblait déçue et même un peu énervée que sa fille ne parle pas, même si elle n'exerçait aucune pression à son égard. Elle insistait en disant : "Mais pourquoi tu ne le répètes pas aux gendarmes puisque tu me l'as dit à moi ?" »

Explications du second :

« Nous n'avons pas tenté d'entendre l'enfant seule, car elle était manifestement impressionnée par nos uniformes. La mère l'a prise sur ses genoux pour la rassurer. Mon collègue a essayé de lui poser des questions, mais la petite détournait la tête et elle n'a jamais répondu aux questions, elle répondait parfois oui ou non, mais uniquement aux questions qui lui étaient posées soit par la mère soit par la psychanalyste. »
Question : « Y a-t-il des propos qui vous ont paru spontanés ? »
Réponse : « Non, la petite n'a jamais parlé d'elle-même. C'était la mère qui rappelait ce que l'enfant avait dit, des choses du genre "tu te souviens, tu m'avais dit qu'il y avait du caca tout blanc qui sortait de son zizi" et la petite Charlotte hochait la tête de manière positive. La psychanalyste, de son côté, essayait de la mettre en confiance, elle lui expliquait qu'il fallait nous parler en lui disant : "Dis aux gendarmes ce que tu as raconté à maman de ce que t'a fait Papa." »

On frémit naturellement en constatant que des « procès-verbaux », censés refléter très précisément les propos de la personne auditionnée, puissent être rédigés de la sorte, sans faire aucunement mention de la façon dont l'interrogatoire s'est effectivement déroulé ni de la manière très particulière dont les « réponses » de l'enfant ont été obtenues. On se rassure un peu à la réaction du juge d'instruction prenant l'initiative de faire entendre les deux enquêteurs, ce qui n'est cependant pas habituel. On se prend surtout à espérer en la généralisation effective des enregistrements audiovisuels des auditions des mineurs désormais théoriquement imposés par la loi. Quoi qu'il en soit, on ne pouvait que dénier toute valeur probante aux déclarations de la petite Charlotte telles qu'elles apparaissaient dans le « procès-verbal » du 26 mars 1998, ce qui ne signifiait naturellement pas pour autant que l'enfant n'avait pas été victime d'agressions, mais faisait apparaître une nouvelle hypothèse, celle de la fausse allégation.

LE « SCÉNARIO TYPIQUE »

Le chercheur canadien Hubert Van Gijseghem s'est intéressé à l'ensemble de ces questions et a défini un scénario type de la fausse allégation d'agressions sexuelles où la mère apparaît généralement comme le « porte-parole » de son enfant*. Il estime que cette fausse allégation peut d'ailleurs être formulée très sincèrement par une mère surprise dans sa bonne foi. Selon lui, ces accusations mensongères peuvent avoir un impact psychologique sur l'enfant comparable à celui d'un abus véritable. Car on assiste « à la même abolition de la distance intergénérationnelle, à la même destruction de la fonction paternelle et par conséquent à la même faillite du statut de l'enfant[44] ».

Ce scénario type concerne les accusations d'abus sexuels formulées dans un contexte de procédures judiciaires ou de conflits parentaux liés à une séparation. Pour Van Gijseghem, « il ne s'agirait pas de fraudes ou d'histoires consciemment inventées, mais plutôt d'un enchaînement d'événements liés à la séparation des parents qui, dans le contexte chaotique des règlements de comptes, des ressentiments et des inquiétudes, créerait un terrain particulièrement propice aux soupçons d'abus sexuel[45] ». En présence de signaux comparables à ceux que l'on retrouve habituellement chez les enfants victimes d'abus (comportements agressifs, régression, manifestations

---

* Ce scénario peut parfaitement se concevoir avec le père dans le rôle du parent véhiculant la fausse allégation et mettant en cause, par exemple, le nouveau compagnon de la mère. Ce n'est que pour la commodité de l'exposé que le scénario sera décrit dans sa version « maternelle ».

somatiques telles que maux de tête, de ventre, cauchemars), qui ne sont ici que la conséquence de la séparation parentale, la mère a néanmoins tendance à mettre ces manifestations sur le compte d'un abus paternel, échappant ainsi à la culpabilité qui est la sienne d'avoir infligé à son enfant la « blessure du divorce », fût-ce à son corps défendant. Voulant tout mettre en œuvre pour le protéger, elle l'interroge, l'emmène chez des spécialistes. Peu à peu, au fil des examens et des interrogatoires, l'abus qui n'existait pas prend forme. Ce soupçon serait également nourri par l'attitude séductrice de l'enfant du divorce à l'égard du parent « parti », le plus souvent le père.

L'enfant est naturellement sensible à l'accueil fait aux propos ambigus qu'il peut tenir. Il peut alors avoir tendance à répondre aux questions qui lui sont posées ce qu'il pressent que son interlocuteur veut entendre.

On connaît le degré élevé de suggestibilité chez les jeunes enfants. Plus il est jeune, plus sa suggestibilité est grande. Une expérimentation conduite aux États-Unis a permis de démontrer qu'un enfant de trois ans soumis à une question suggérant une fausse information (par exemple à quel bras l'homme portait-il sa montre ? alors que l'homme n'en avait pas) tombe dans le piège de la suggestion dans près de 60 % des cas. Cette proportion tombe à moins de 30 % chez les enfants de plus de dix ans[46]. Cette suggestibilité de l'enfant est vraisemblablement fonction de son désir de se conformer aux attentes de l'adulte. Dans ces conditions, le risque existe effectivement de voir se développer des accusations dépourvues de tout fondement.

Comment se déterminer ? En l'absence naturellement de toute trace visible d'une quelconque agression sur le corps de l'enfant, la vérité peut être recherchée dans l'attitude de la mère et la manière dont s'effectue la séparation des parents.

Lorsqu'on se trouve en présence d'une mère blessée par la séparation et conservant un intense ressentiment envers son ex-conjoint, lorsque l'enfant est le centre d'un conflit au sujet de son domicile ou sur la manière dont doit s'exercer le droit de visite et d'hébergement du père, lorsque ces conflits ont donné naissance à des procédures judiciaires où les parents s'opposent violemment, il faut se montrer extrêmement circonspect sur les prétendues « révélations » de l'enfant. Mais lorsque ces « révélations » sont, de plus, relayées par une mère à la personnalité hystérique et au comportement obsessionnel, tous les ingrédients de la fausse allégation se trouvent réunis. La mère[47] entame alors un véritable marathon médical, judiciaire et social, avec une détermination sans faille et sans émettre le moindre doute sur la réalité de l'abus dont aurait pu être victime son enfant : harcèlement des services sociaux (assistantes sociales de secteurs mais aussi inspecteurs au niveau départemental), des autorités judiciaires (courriers et visites à tous les magistrats susceptibles d'avoir une compétence potentielle en la matière : juge aux affaires familiales, juge d'instruction, juge pour enfants et naturellement parquetiers), de son ou plus exactement de ses avocats successifs (car elle en changera souvent), de moult médecins généralistes ou pédiatres, psychiatres, psychologues, psychothérapeutes et autres analystes. Avec le père « présumé coupable », tout est prétexte à conflit, « le réfrigérateur, l'armoire à cuillères » et tous les inventaires chers à Prévert et à Boris Vian. Les grands-parents sont sommés de prendre parti ; que l'un d'eux se laisse aller à offrir pour l'anniversaire de l'enfant l'histoire de « Pinocchio », et le voilà accusé d'entreprendre une manœuvre de déstabilisation. Tout est noté, conservé, archivé : les courriers échangés, les appels téléphoniques reçus, les conversations pouvant même aller jusqu'à être enregistrées. Un journal peut être tenu, rempli de détails sans aucun rapport avec les accusations lancées, mais ayant tous la prétention de vouloir « signifier » quelque chose, d'établir la mauvaise foi, la duplicité, la folie du père, auprès de la personne invitée à en prendre connaissance (avocat, magistrat, assistante sociale), et alimenté en permanence de faits nouveaux qui ont tous en commun de n'avoir aucun autre témoin que la mère elle-même :

> « 15/09 : Le père de N. me téléphone, c'est mon fils aîné qui répond ; il raccroche, voyant que c'est lui. Je compose aussitôt le numéro de ses parents, il décroche, me dit qu'il veut voir N., parle pendant trois heures, inventant qu'il m'appelle de chez une amie

alors que c'est moi qui l'ai appelé. Il me persuade de le rappeler le lendemain pour prendre un rendez-vous.

18/09 : Nouvel appel. J'accepte de le rencontrer.

20/09 : Nous allons au RV. Il nie, il dit qu'il faut trouver le coupable. Devant lui, N. ne dit rien. La rencontre dure trois heures. Il réussit une nouvelle fois à me perturber, à me faire croire qu'inconsciemment, j'ai introduit dans l'esprit de notre fille tout ce qu'elle dit à son sujet.

22/09 : N., dans son bain, me déclare que son père a pris un bain avec elle un jour que j'étais au travail (il ne s'est jamais occupé des bains des enfants, ni jamais baigné avec N. en ma présence). N. me montre comment ils jouaient ensemble (à dada) et prend le pouce de ma main gauche, le met dans sa bouche pour me montrer ce qu'il lui demandait de faire avec son zizi. »

On peut même aller jusqu'à retrouver dans certains comportements ce que la psychiatrie nomme le « syndrome de Münchhausen par procuration » (du nom du baron célèbre pour ses fanfaronnades et ses élucubrations). Ce syndrome désigne les cas où des mères simulent ou provoquent une pathologie chez leur enfant dans le but de le soumettre à des examens ou à des traitements médicaux inutiles. Elles créent de toutes pièces les symptômes paraissant nécessiter des soins en administrant des produits toxiques. C'est la forme « active » de ce syndrome qui serait responsable de 20 % des morts subites du nourrisson[48].

Les procédés utilisés à cette fin sont multiples, généralement médicamenteux, mais parfois purement psychiques : c'est la forme « passive » du syndrome. La fausse allégation peut parfaitement en constituer une manifestation. Dans le cas « classique », la mère manipule le corps médical ; dans le cas des fausses allégations, elle manipule le corps judiciaire.

Les mères concernées sont souvent issues du monde médical ou paramédical (infirmières, aides-soignantes, assistantes maternelles, assistantes sociales), ou des personnes frustrées dans leur vocation à donner des soins. Elles participent à la discussion médicale, suggérant la multiplication ou la répétition des examens ou des expertises en dépit de la lourdeur de ces séances pour l'enfant. Et pendant ce temps, celui-ci, qui serait en âge de participer à des ateliers créatifs, passe ses loisirs en psychothérapie imposée. De bonne foi, cette mère se révélera pourtant extrêmement dangereuse pour lui. Placé au centre d'un véritable tourbillon, promené de gendarmes en juges, de psychanalystes en psychologues, d'assistantes sociales en avocats, comme le relève Van Gijseghem, il « découvre non sans une certaine excitation que son appareil génital est à l'ordre du jour. Tout le monde s'y intéresse et ce sexe devient un outil de contrôle exceptionnel. Le monde danse autour de lui. La préoccupation autour de la sexualité devient alors inévitable ». D'où une « surérotisation » facilement interprétée comme une conséquence de l'inceste alors qu'elle n'est que le produit du trouble généré par la fausse allégation induite par la mère. L'enfant se trouve placé dans une situation de « toute-puissance » puisque ses dires et propos sont susceptibles de faire totalement disparaître le père et de détruire la fonction parentale. Son statut d'enfant est anéanti[49].

L'AFFAIRE A.

L'éventualité de la fausse allégation ne doit pas jeter la suspicion sur toutes les révélations émanant d'enfants en bas âge, comme un effet de mode[50] voudrait l'imposer.

Les agressions sexuelles sur mineurs ne se limitent pas à des abus commis sur des enfants d'une dizaine d'années, et celles commises sur des bambins âgés de trois ou quatre ans, voire moins, existent bel et bien : Lionel, six mois, est retrouvé dans son berceau mort, étouffé. L'autopsie en décèlera la cause : le sperme de son grand-père qui s'était proposé de lui donner son biberon.

Trop de « professionnels », notamment magistrats, ont cependant tendance à tenir à ce sujet des propos démissionnaires empreints d'une « lassitude » qui n'est assurément pas de mise. Ces attitudes sont en réalité révélatrices d'un immense malaise. Il est encore plus difficile pour les juges (et pour chacun d'entre nous) de parvenir à concevoir la possibilité d'une agression sur un tout petit enfant que sur un jeune adolescent. Imaginer une jeune fille ou un jeune garçon entre les bras d'un adulte exige déjà un sérieux effort, mais imaginer un petit garçon de trois ans encore empêtré dans ses couches et son « grand » frère de quatre ans, tous deux victimes de leur père, notable en sa petite ville de province, exerçant une profession honorable, bien connu de tous, estimé par sa famille, accusé d'avoir commis des fellations sur eux lorsqu'il exerçait son droit de visite et d'hébergement, cela paraît totalement inconcevable. Le premier réflexe est de refuser d'y croire, et la tentation de se réfugier dans le confort de la « fausse allégation » est alors grande.

Pourtant, que penser des propos tenus par Sébastien et son petit frère Nicolas ?

Leurs parents s'étaient séparés peu de temps après la naissance de Nicolas à l'initiative de la mère. Ils continuaient cependant de vivre à proximité l'un de l'autre, résidant dans la même ville où ils exerçaient tous deux la profession de commerçant. D'un commun accord, il avait été convenu que le père bénéficierait d'un droit de visite et d'hébergement élargi au mercredi en sus du classique « un week-end sur deux et la moitié des vacances scolaires ». L'accord avait été homologué dans le cadre du divorce prononcé par consentement mutuel, l'autorité parentale étant naturellement exercée de manière conjointe. C'est dire si la mère ne nourrissait aucune inquiétude vis-à-vis de ce père, ni sur sa capacité à s'occuper d'enfants en bas âge, étant rappelé que, pour des enfants de moins de trois ans, le droit de visite et d'hébergement habituel se limite généralement à un droit de visite le dimanche et à huit jours durant les vacances scolaires d'été. Il n'existait donc aucun conflit.

Au bout d'un an de ce régime, les enfants, alors âgés de trois et quatre ans, marquent leur volonté de ne plus se rendre chez leur père qui avait conservé l'ancien « domicile conjugal » où ils avaient pourtant leurs repères (chambres, lits, jouets, etc.). Lorsque celui-ci vient les chercher au domicile de la mère, ce ne sont que cris, hurlements et pleurs. Les enfants en arrivent à aller se dissimuler dans la cave à l'annonce de l'arrivée du père, lieu sombre et humide où de jeunes enfants répugnent habituellement à se rendre.

Dans un premier temps, la mère intervient pour contraindre les enfants à le suivre : « Elle tenait à ce que les enfants y aillent, elle réussissait à les convaincre », dira un témoin. Puis se lasse. Les enfants « sautent » ainsi quelques week-ends. La mère tente de trouver une solution intermédiaire et, sur les conseils d'un pédiatre, propose au père de ne plus prendre les enfants que la journée puisqu'ils paraissent avant tout opposés à passer la nuit chez lui, ce qui ne pose pas de difficultés pratiques, les domiciles des uns et des autres étant tout proches. Le père refuse cette proposition. La mère saisit alors le juge aux affaires familiales pour obtenir la modification du droit de visite et d'hébergement et obtenir, non pas sa suppression, mais seulement son aménagement dans les conditions précitées. Les rapports s'enveniment, les enfants refusent toujours de suivre leur père, la mère ne souhaite plus les y contraindre, le père porte plainte pour non-représentation d'enfant et fait citer la mère devant le tribunal correctionnel. On se trouve donc dans une situation où ce sont les troubles constatés chez les enfants qui vont générer un conflit entre les parents, et non l'inverse. Pendant près de trois mois, les relations entre les uns et les autres sont interrompues, puis Sébastien manifeste le souhait de revoir son père. La mère ne s'y oppose pas. Durant quelques semaines, les deux enfants reprennent le chemin de la maison paternelle puis de nouveau refusent de s'y rendre. Les cris, les pleurs recommencent, les cauchemars également. L'exercice du droit de visite et d'hébergement cesse, chacun attendant les décisions judiciaires à venir, tant de la part du juge aux affaires familiales que du tribunal correctionnel.

Trois mois plus tard, la mère assiste à la scène suivante :

> « Je suis montée à l'étage, j'ai découvert mes fils dans une chambre. Sébastien était nu, il se tenait le zizi, Nicolas était debout et lui disait : "Pas comme ça, il faut d'abord que ton zizi soit tout gros et tout violet." Je leur ai demandé ce qu'ils faisaient, Nicolas a dit qu'ils ne faisaient rien, il s'est caché le visage avec le bras. Sébastien n'a pas voulu parler lui non plus. J'ai insisté, j'ai pris Nicolas à part.

Il a fini par me dire qu'il faisait avec Sébastien ce que lui faisait son père. J'ai ensuite interrogé Sébastien, il m'a dit qu'il faisait comme son père lui avait dit de faire. Nicolas m'a expliqué que son père lui mettait le zizi dans la bouche et lui faisait pipi dedans. J'ai été atterrée en entendant ça. Quelques mois avant, Nicolas m'avait dit que son père le piquait avec ses poils, mais cela m'avait fait plutôt rire. »

Le lendemain, sans ses enfants, elle se présente au centre médico-social afin de rencontrer une assistante sociale et un médecin. Il lui est conseillé de les mener chez un psychologue « afin de vérifier leurs dires ». Rendez-vous est pris. Les enfants sont entendus le surlendemain pour la première fois par une personne avertie, psychologue de profession, qui les interroge et leur propose de réaliser des dessins :

« J'ai reçu dans un premier temps Sébastien et Nicolas séparément puis ensemble. Nicolas est un enfant qui se présente de prime abord très sociable et séducteur. En fait, très vite, il met en place un comportement régressif et instable. Il apparaît dans l'entretien déstructuré, anxieux, honteux des propos qu'il rapporte : "Il me faisait pipi dans la bouche." Ses dessins mettent en avant un effort pour maintenir un équilibre affectif précaire et conjointement un grand trouble de l'affect. Par ailleurs, son corps est vécu comme dépourvu de vie, froid, atrophié. Il apparaît une angoisse de mort. Sébastien, en ce qui le concerne, tente de prendre de la distance par rapport aux événements qu'il a vécus avec son père. Il rationalise. Contrairement à son frère, il est demandeur de rencontres avec son père "s'il ne fait plus ça". Il vit cependant dans la crainte de celui-ci : "Je ne devais rien dire, il m'a dit que si je disais, j'irais en prison." Cette crainte apparaît dans ses dessins. Le père a exercé son pouvoir sur les enfants en élaborant des menaces à leur encontre. Ils me racontent séparément, puis conjointement, des scènes douloureuses, formulant une grande rancune à l'égard de leur père. Ils se sentent soulagés de livrer ce lourd secret qu'ils gardaient en eux depuis plusieurs mois. Leurs propos confirment ceux avancés par la mère. Les enfants, dans des termes qui leur sont propres, décrivent des situations qui n'ont pas été relatées par elle. Les paroles, les comportements ainsi que leurs commentaires à partir de leurs réalisations graphiques mettent en avant des attitudes incestueuses du père. »

Plainte est déposée. Le père est mis en garde à vue. Il relate les conflits l'opposant à son ex-épouse. Il est bien connu dans la ville. L'interrogatoire des policiers s'exécute tout en délicatesse. Il nie catégoriquement, et l'entretien tourne vite court : le procès-verbal de garde à vue sera composé en tout et pour tout de deux feuillets contre une bonne dizaine habituellement. Manifestement, les policiers n'y croient pas. Lors d'une perquisition effectuée au domicile de l'intéressé, il est bien saisi quelques cassettes pornographiques en contradiction avec l'image donnée par cet homme respectable, mais quand même ! Contre toute attente, le père est néanmoins incarcéré sur décision du juge d'instruction auquel il est présenté à l'issue de sa garde à vue. Le juge est désavoué quinze jours plus tard par la chambre d'accusation qui ordonne une remise en liberté. L'enquête se poursuit. Elle met en évidence la curieuse personnalité de cet homme au-dessus de tout soupçon ; outre sa collection de cassettes, son penchant pour l'alcool consommé solitairement est établi. Son caractère dépressif également.

Les examens médicaux pratiqués sur les victimes concluent à la compatibilité de leur anatomie avec les faits dénoncés. Surtout, les enfants sont reçus très rapidement par le juge d'instruction, hors de la présence de la mère et hors de celle de son avocat. Entendus avec toutes les précautions nécessaires par un magistrat fort scrupuleux, ils réitèrent leurs accusations dans des termes qui paraissent difficilement avoir été induits ou suggérés.

Sébastien (six ans et demi au jour de l'audition) :

« J'habite avec ma maman. Avec mon papa, ils se sont disputés quand j'étais petit. J'avais deux ou trois ans, je ne me souviens plus très bien. J'allais chez mon papa le mercredi, le samedi et le dimanche. »

Question : « Peux-tu nous expliquer ce qui se passait avec ton papa qui ne te plaisait pas ?

— C'est ce qu'il faisait avec son kiki, il le mettait partout, dans la bouche, c'était pas bon, berk, il y avait une poussière, quelque chose de transparent qui sortait comme une toile d'araignée.

— Comment est le zizi de ton papa ?

— Il est gros, il est lourd, je sais qu'il est lourd parce qu'il m'a dit de le toucher.

— As-tu remarqué autre chose ?
— Non.
— Y a-t-il des poils ?
— Oui.
— Tu as dit que ton papa faisait pipi devant toi ?
— Il l'a fait sur moi. Après, il avait essuyé avec du Sopalin et ça a séché.
— As-tu envie de retourner voir ton papa ?
— Oui, s'il ne me fait plus ça. »

Mention : la partie civile nous a paru tout à fait crédible, précise dans ses déclarations et manifestant physiquement la gêne que lui causait l'évocation des agissements de son père.

Nicolas (cinq ans et demi) :

« Chez mon papa, je dormais dans la même chambre que lui avec mon frère Sébastien. Je ne veux plus aller chez mon papa parce qu'il me gronde. »

Mention : la partie civile manifeste une agitation très importante, ne pouvant tenir en place, se tournant et se retournant sur sa chaise.

« As-tu déjà dormi dans le lit de ton papa ?
— Non.
— Comment dort ton papa ?
— Il est tout nu.
— Tu as dit aux policiers que ton papa faisait pipi dans son lit ?
— Non.
— Tu as dit aussi qu'il te faisait pipi dans la bouche ?
— Non.
— Tu as dit que ton papa te mettait son zizi dans la bouche ?
— Non.
— Est-ce que tu aimerais retourner chez ton papa ?
— Non.
— Tu as dit que ton papa te grondait, mais il ne doit pas te gronder tout le temps ?
— Non.
— Est-ce que tu es prêt à aller chez ton papa la journée et aussi la nuit ?
— Non, pas la nuit.

— Pourquoi, pas la nuit, la nuit on dort, on ne se fait pas gronder ?
— La nuit, des fois papa me prend pour m'emmener dans son lit, je fais semblant de dormir et après il me ramène dans mon lit.
— Qu'est-ce qu'il se passe quand papa te met dans son lit ?
— C'est tout mouillé. »

Les expertises psychologiques et psychiatriques effectuées très rapidement concluent à la crédibilité des enfants. « L'ensemble des éléments de vie concernés est décrit avec un langage qui est propre à l'enfance sans qu'à aucun moment il n'apparaisse d'ajouts qui pourraient avoir été puisés dans un discours parental », note l'expert qui utilise avec eux, outre entretiens et tests classiques, la technique du « psychodrame analytique » consistant à inverser les rôles, permettant ainsi de voir si les propos de l'enfant se confirment dans une position ne lui donnant pas la possibilité d'exprimer de façon répétitive un discours appris. Cela donne le résultat suivant :

« 1) Mise en place du jeu thérapeutique.
Docteur Y. : « Moi je suis un enfant et toi tu es à ma place » (je lui demande de s'asseoir dans mon fauteuil).
2) Matériel analytique.
Le Docteur : « Voilà, il y a mon papa qui m'a mis le zizi dans la bouche ! »
Sébastien : « Ben oui, je te crois. »
Le Docteur : « Tu me crois ? Et je te dis, le soir, il boit du vin. »
Sébastien : « Ben oui. »
Le Docteur : « Tu me dis quoi ? »
Sébastien : « Que tu peux tout me raconter alors. »
Le Docteur : « Je peux pas parce que ça me gêne ; je peux pas parler de ça ; je l'ai déjà dit plusieurs fois à d'autres personnes. »
Sébastien : « C'est important ! »
Le Docteur : « Je vois pas pourquoi il faut encore que je dise tout ça ! »
Sébastien : « Ben, pour que le juge décide. »
Le Docteur : « Oui, mais je voudrais qu'il m'embête plus, mon papa ! »
Sébastien : « Ben pour qu'il t'embête plus, il faut le calmer, il le mettra en prison pendant un an et puis après il sera calmé. »
Le Docteur : « Pourquoi il boit du vin mon papa ? »

> Sébastien : « Parce qu'il est fou. »
> Le Docteur : « Peut-être que c'est pas vrai, peut-être que j'ai rêvé, peut-être que ça ne m'est jamais arrivé tout ce que je te dis ? »
> Sébastien : « Ah mais non, tu n'as pas rêvé. »
> Le Docteur : « J'ai pas rêvé ? »
> Sébastien : « Non. »
> Le Docteur : « Peut-être que si je retourne le voir qu'il ne le fera plus ? »
> Sébastien : « Si, il te le fera toujours. »
> Conclusion de l'expert : « La cohérence des propos tenus par cet enfant traduit visiblement un processus expérientiel réellement vécu et non fantasmé. »

Le règlement du dossier traîne en longueur, et le père y contribue largement : demande d'expertise, de contre-expertise, appel des ordonnances du juge s'y refusant devant la chambre d'accusation, pourvoi devant la Cour de cassation à l'encontre de l'arrêt rendu par la chambre d'accusation le renvoyant devant la cour d'assises. Le dossier est enfin audiencé. Trois années se sont écoulées depuis le dépôt de la plainte, l'audition des enfants et la réalisation des expertises. Pour la défense, il s'agit bien sûr d'une fausse allégation.

La personnalité de la mère et sa conduite ne correspondent pourtant nullement au scénario type défini par Van Gijseghem. Elle n'est pas une épouse blessée, c'est elle qui était à l'origine de la séparation, elle en avait éprouvé du soulagement. Elle n'éprouvait aucun ressentiment à l'endroit du père. Elle n'était nullement hystérique. Elle aussi avait été soumise à un examen psychiatrique dont les conclusions étaient très claires :

> « Ne montrant aucun sentiment de vengeance envers son ex-époux, elle se déclare, deux mois après la révélation des faits, sous l'emprise du doute quant à la possibilité qu'une telle situation soit survenue. On ne relève pas de volonté exprimée d'organiser une manipulation. Son examen ne révèle aucune pathologie mentale, psychique ou caractérielle, en particulier en ce qui concerne une tendance à la mythomanie, à la fabulation, aux troubles du comportement, à la paranoïa, à la volonté manipulatrice. »

Lors de la séparation du couple, elle ne s'était absolument pas opposée au maintien des relations entre le père et ses enfants. Lorsque Nicolas et Sébastien avaient manifesté leur refus de rencontrer leur père, elle était dans un premier temps intervenue pour les y contraindre. Lorsque les enfants, après quelques semaines de suspension des contacts, avaient souhaité revoir leur père, elle ne s'y était pas opposée et les y avait même encouragés. Lorsque les enfants lui avaient révélé les faits, loin de se précipiter au commissariat de police, elle était allée demander conseil à une assistante sociale et à un médecin de la protection infantile. Lorsque le père avait été incarcéré, elle n'avait fait aucune démarche pour se constituer immédiatement partie civile et n'était pour cette raison même pas représentée par un avocat lors de l'audience devant la chambre d'accusation ayant conduit à la libération du père. Durant les trois années d'instruction, elle ne s'était nullement répandue dans la ville pour y exposer son contentieux avec son ancien époux, se gardant de nuire à sa réputation comme au développement de ses affaires professionnelles. Elle n'avait développé aucune haine. Elle ne s'était montrée ni revendicatrice ni agressive. Elle n'avait exercé aucune pression sur le déroulement de la procédure. Elle n'était nullement prédisposée à envisager l'hypothèse de l'existence d'un abus sexuel. Elle était à mille lieues d'imaginer cela. En présence du refus de ses enfants de rencontrer leur père, elle avait tout d'abord pensé à des scènes de violences dues à l'alcoolisme de son époux, alcoolisme qui avait joué un rôle dans leur séparation. Les premiers temps suivant la révélation, elle s'était dit que ses enfants avaient peut-être visionné par mégarde un film pornographique. Elle n'y croyait pas. Elle devait elle-même déclarer « avoir mis plus de six mois après avoir informé les gendarmes avant de parvenir à imaginer la réalité d'une telle chose ». L'actualité ne la prédisposait nullement à envisager l'existence de telles violences, ces événements étant survenus peu avant l'affaire Dutroux, à une époque où les abus sexuels sur mineurs étaient encore un sujet confidentiel et où ils n'étaient évoqués que sur des jeunes adolescents par les médias. Elle n'avait aucune raison pour favoriser l'émergence de fausses accusations : quel honneur peut-on trouver à venir dire à des policiers ou à des juges que l'homme que l'on a aimé, avec lequel on a partagé plusieurs années de vie commune abuse de vos enfants ? Il n'y a pas de quoi être fier. Quelle gloire et quel profit peut-on tirer de telles accusations ? Il ne semblait pas davantage possible pour elle d'avoir inconsciemment induit une telle révélation. Surprenant ses fils dans une attitude plus qu'équivoque et surprenante pour des enfants de cet âge, elle s'était contentée de leur dire comme toute mère l'aurait fait à sa place : « Mais qu'est-ce que vous faites ? » Et la réponse des enfants avait été tout à fait spontanée. On pouvait éventuellement soutenir que, se sentant pris en faute, ils aient répondu « c'est papa » pour éviter une punition. Mais la réitération de leurs propos, alors que leur attention était naturellement attirée sur leur gravité et que, compte tenu de leur jeune âge, ils n'avaient bien entendu ni l'un ni l'autre rien à redouter d'une rétractation, tant devant le psychologue le surlendemain du dévoilement que devant les policiers puis le juge et l'expert psychiatre, permettait d'écarter cette hypothèse. La mère était donc hors de cause. Restaient face à face le père et les enfants.

Le procès commence. Sébastien a neuf ans, Nicolas pas tout à fait huit. Les faits qu'ils ont dénoncés ont eu lieu quatre ou cinq années auparavant. Il a bien sûr été impossible d'en préciser clairement la durée, la nature, la fréquence. En raison de son très jeune âge lors de la commission des faits, Nicolas a refoulé tous ces mauvais traitements et apparemment ne se souvient plus de rien. Sébastien, lui, en conserve le souvenir mais, depuis son audition devant le juge, trois années se sont écoulées durant lesquelles il a été suivi par une psychothérapeute. Il veut s'exprimer, il veut à tout prix dire ce qu'il a subi, il veut être entendu. Il n'a bien sûr pas relu ses déclarations. Il ne s'agit pas de lui faire répéter une leçon apprise comme à un perroquet. La cour d'assises n'est pas une salle d'examen. Il faut laisser à l'enfant sa spontanéité.

Le père est soutenu par la totalité de sa propre famille. Militaires, cadres supérieurs se succèdent à la barre pour dire tout le bien qu'ils pensent de lui, célèbrent ses grandes qualités humaines. Comment cet homme aurait-il pu ? Il s'agit pour les jurés, à partir de tous ces éléments qui leur ont été pêle-mêle délivrés oralement au cours de trois journées de débats intenses, de se forger une intime conviction.

Vient le moment crucial, la déposition de Sébastien. L'enfant ne peut précisément se rappeler le déroulement de faits subis quatre années en arrière qu'il ne vit plus que réactivés par sa psychothérapie et donc nécessairement transformés. Son discours est par ailleurs inévitablement « contaminé », « pollué » par celui des adultes qu'il entend autour de lui. Du haut de ses neuf ans, il est dans le même temps loin de posséder le vocabulaire et les facilités d'expressions d'un adolescent. Après les premiers encouragements d'usage, le président lui demande de décrire ce que son père lui a fait, et Sébastien répond « il m'a fait des sexualités », expression qui bien évidemment ne lui appartient pas et se trouve en total décalage avec les déclarations spontanées faites au juge d'instruction trois ans auparavant[51]. Il confirme néanmoins, sans ambiguïté aucune, avoir été victime mais agrémente les faits de détails sortis de son imaginaire d'enfant devant un public, juges et surtout jurés, nullement préparé ni formé à les comprendre :

> « Il voulait que je fasse aussi des sexualités à mon frère, sinon il disait qu'il allait me jeter par la fenêtre. Alors je l'ai fait. Il nous regardait et riait... Il m'a dit que si je disais tout ce qu'il m'a fait, il me mettrait dans un cachot plus grand qu'une terrasse de vingt-cinq mètres carrés... dans le bain, il me mettait de l'eau très chaude, je lui disais, il rajoutait de l'eau encore plus chaude... Après il me donnait un sachet avec de la poudre jaune. Il m'enfermait dans la chambre d'amis, je pleurais, je tapais dans le noir... Il me donnait un bâton et me disait : frappe-le fort. Moi, je voulais pas lui faire mal. Il m'a grondé parce que je frappais à côté de Nicolas. Après il nous enfermait dans une pièce enfumée parce qu'on est allergique à la fumée. Une autre fois, il m'a attaché une serpillière mouillée sur la tête, je toussais, il m'avait lié les pieds et les mains pour pas que je me débatte... »

Il déverse ainsi son sac dans un enchevêtrement de mots à lui, de mots d'adultes, d'images nouvelles par rapport à ses déclarations, parle de choses dont il n'avait jamais parlé, ajoute des détails n'ayant apparemment rien à voir avec les faits eux-mêmes, mélange l'important et l'insignifiant, raconte aussi sans doute ses cauchemars, bref, dans un déluge verbal dit tout ce qu'il a sur le cœur depuis quatre ou cinq années, tout étant mis sur le même plan, les faits eux-mêmes, les peurs et les angoisses.

À la fin de ses déclarations, après en avoir demandé l'autorisation au président, il souhaite poser une question à son père. Il se tourne alors vers celui-ci, le fixe et demande : « Papa, dis-moi pourquoi tu m'as fait ça. » Et le père répond sur un ton monocorde : « Mais je ne t'ai rien fait, Sébastien. » Et l'enfant sort de la salle dans un silence de mort laissant tous les assistants pétrifiés, saisis, en proie à un malaise inexprimable.

Il était demandé aux jurés de concevoir en trois journées d'audience ce que la propre mère des enfants avait mis six mois à accepter. Ces jurés n'étaient pas prêts à comprendre la déposition de Sébastien qui ne correspondait nullement à ce qu'ils pouvaient en attendre. Le lendemain, après avoir laissé ses confrères développer pendant plus de deux heures la thèse de la fausse allégation, l'un des trois avocats de la défense devait consacrer à la déposition de l'enfant l'essentiel de sa courte intervention. Le point d'orgue de ses explications fut l'analyse de la question posée par Sébastien : il avait demandé au président l'autorisation de la poser. Comme il aurait sans doute en classe demandé la permission à son professeur de le faire. Avec un talent consommé, cet avocat sut se servir de ce rien pour jeter la confusion la plus totale dans l'esprit des jurés : « Un enfant ne peut pas savoir que, devant une cour d'assises, pour poser une question, il est nécessaire de demander l'autorisation au président. Un enfant ne peut pas savoir ça. On le lui a nécessairement appris. Sa question a donc été préparée, en d'autres termes, il a été manipulé », avant de conclure, magistral : « Non, un enfant ne peut pas inventer ça ! »

Cinq jurés au moins sur douze furent sensibles au scrupule que cet avocat leur demandait de partager : le père de Sébastien et de Nicolas fut acquitté.

Chapitre 3

DU CÔTÉ DES AGRESSEURS

Il n'y a pas d'agresseur type, et toutes tentatives de classification seraient vaines. On est frappé par le large éventail du profil de ces hommes. Les femmes sont peu concernées. Elles constituent moins de 3 % des cas[1]. La plupart ne sont poursuivies que pour avoir omis de porter secours à leurs enfants.

Tous les milieux sociaux, toutes les professions sont représentés : agent d'assurances, maçon, artiste, ouvrier, proviseur, médecin, enseignant, paisible retraité ou rentier, cadre supérieur, ecclésiastique, homme politique[2], magistrat, psychiatre, policier. On se rappelle le cas de Daniel Gajdusek, cet Américain de soixante-quatorze ans, prix Nobel de physiologie et de médecine en 1976, arrêté au mois d'avril 1996 et condamné pour abus sexuel : cette sommité au-dessus de tout soupçon avait agressé des dizaines d'enfants qu'il faisait venir de pays du tiers-monde[3].

L'actualité porte quotidiennement témoignage de cette incroyable diversité. Ils sont pères de famille ou célibataires, menant en apparence des vies sans histoire, estimés par leur entourage, bien considérés par leurs collègues ou confrères, « socialement corrects », chevaliers de la Légion d'honneur ou de l'ordre national du Mérite.

« Cette accusation m'a stupéfiée, *dit un témoin*. Je travaille avec lui depuis sept ans et je n'arrive pas à l'imaginer dans une pareille

> affaire, rien dans son comportement au lycée ne le laissait supposer. Il était sérieux, dévoué, compétent, entretenant de bonnes relations avec les élèves. Je suis abasourdie. »
>
> « En ce qui concerne les faits reprochés à mon frère, je n'y crois absolument pas, *affirme un autre*. Il est impossible qu'il y ait eu viol, je pense qu'il s'agit de câlins de père de famille qui ont été mal interprétés. Mon frère a toujours travaillé pour l'Éducation nationale, il était en contact permanent avec des mineurs et il n'y a jamais rien eu à lui reprocher. »
>
> « Nous sommes séparés et divorcés depuis six années, *dit l'ancienne épouse*. On m'a dit qu'il était accusé de viol, j'en suis tombée des nues. J'ai vécu vingt ans avec lui, pour moi c'est inconcevable. La nature des faits reprochés me paraît inimaginable. »

Parfois, ils sont même si doux, si « gentils » que leurs proches se refusent à intervenir lorsque commencent à s'accumuler des informations qui mériteraient pourtant une réaction :

> « À peu près à la même époque, j'ai appris que des accusations étaient portées contre mon frère. Ces accusations faisaient état d'attouchements et d'actes de sodomie commis par lui sur l'un de mes neveux. J'ai trouvé ces accusations grotesques. Mon frère est un garçon tellement gentil que je ne pouvais croire à ces calomnies. Je l'ai questionné une fois, mais il m'avait dit : "Ça va pas, tu vas pas croire ce genre de choses." En fait, ne voyant que rarement mon neveu, je n'ai pas cherché à en savoir davantage. Quelques mois après, il y a eu la même rumeur à propos de mon propre fils. Je n'ai pas voulu la croire. J'ai appelé l'une de mes sœurs. Je lui ai fait part de mes informations, elle s'est mise à rire en me disant qu'il ne fallait pas tenir compte de tous ces ragots. »

Il n'y a pas d'agresseurs types, mais il y a, en revanche, schématiquement deux modes d'agressions, permettant de retenir deux grandes familles d'individus et deux profils de base. Il y a ceux qui pratiquent des méthodes violentes, physiquement et verbalement, exercent la terreur, les menaces et que l'on peut qualifier de « tyrans familiaux » car ils font régner une véritable dictature au sein de leur famille ou du groupe dont ils sont les chefs. On retrouve dans cette première catégorie la grande majorité des pères incestueux. Et puis il y a ceux qui privilégient l'apparence tolérante, l'« échange », le « partage », la « tendresse », en d'autres termes la séduction, les belles promesses et les beaux discours. C'est la démarche adoptée par une majorité de pédophiles. Chez les uns comme chez les autres figurent des personnalités plus ou moins immatures, névrotiques ou perverses.

Les dictateurs

Les tyrans domestiques revendiquent la propriété de leur entourage[4]. Ils sont les seigneurs et maîtres. Psychorigides, autoritaristes, autocrates, ils sont incapables de remettre en cause leur système de valeurs et leur place au centre de ce système. Nombril de leur triste monde, soleil de leur univers sans lumière, tous les membres de la famille leur appartiennent. Qu'ils soient pères ou beaux-pères, chefs ou gourous de sectes, ils étouffent leur monde, et leur omnipotence n'a d'égale que leur omniprésence. Ils imposent leur loi sous la forme d'oukases ne souffrant aucune contestation.

Le rapport de la commission parlementaire sur les sectes en France relate les déclarations de la fille du fondateur du mouvement « Les Enfants de Dieu », David Berg, archétype de l'agresseur dictateur tout à la fois père et chef de clan :

> « Mon père m'a pressée pour la première fois d'avoir un rapport sexuel avec lui quand j'avais huit ans, au Texas. Quand mon père était saisi par le désir sexuel, il ne pouvait pas se contrôler, même si l'objet de son désir était sa propre fille. Un jour, il rassembla tous les membres de la famille royale et annonça : "L'inceste est une bonne chose. C'est ainsi qu'Adam et Ève ont eu beaucoup de descendance." »

Souvent frustes et primaires, ils règnent, tel le père Ubu, sur des familles où tout le monde se touche, se tripote, où la promiscuité et la familiarité sont grandes, les plaisanteries grasses, où l'on baigne dans une espèce d'indétermination du statut de chacun, où tous les dérapages sont *a priori* possibles. L'un d'eux raconte :

> « Je leur disais de ne pas fermer la porte de la salle de bains, même quand elles étaient "nature", j'allais voir, il n'y a pas de mal, c'est mon sang... C'est vrai que je touchais souvent leur poitrine, mais c'est moi qui ai fait grandir mes enfants, j'avais le droit de le faire, et je le faisais pour rigoler. »

Parallèlement, les relations affectives sont d'une extrême pauvreté. On parle peu, ou de rien. Les viols peuvent s'accomplir dans un silence terrifiant sans qu'aucune parole de séduction n'ait été prononcée. Pas grand-chose à voir avec le père de Peau d'Âne, on est loin du conte de fées.

> Karine : « Il a commencé quand j'avais huit ou neuf ans. »
> Question du juge d'instruction : « Qu'est-ce que tu lui as dit ?
> — Je lui ai dit que j'étais pas d'accord mais il a quand même continué.
> — Ça a duré combien de temps ?
> — Ça a duré jusqu'à ce qu'il aille en prison. J'avais douze ans. Je voulais m'enfuir.
> — Tu ne pouvais pas le faire ?
> — Non.
> — Pourquoi ?
> — Parce qu'il me tenait les mains. Des fois il m'embrassait aussi sur la bouche. Parfois, j'avais envie de vomir. Souvent je me disputais avec lui et je criais. Une fois il m'a donné une gifle pour me faire taire, puis il a obtenu ce qu'il voulait.
> — Que penses-tu aujourd'hui de ce qu'il t'a fait ?
> — C'est pas bien pour sa petite fille.
> — Est-ce que tu l'aimes encore ? (Mention du juge d'instruction : la partie civile hoche la tête négativement.)
> — Comment était l'ambiance à la maison ?
> — Ma mère me traitait de pute.
> — Tu lui en veux à ta mère ?
> — Oui, parce qu'elle ne m'a pas défendue. J'ai peur pour mes frères, j'ai peur qu'ils soient tristes. »

D'autres font mine d'être moins brutaux, mais l'étouffement reste le même. Leurs victimes sont privées de toute intimité, de toute indépendance. Le père est partout :

> « Je fais attention à mes filles. C'est moi qui leur achète leurs serviettes périodiques. Même pour leurs bricoles, je savais quand cela allait arriver, je le notais, c'est normal, je suis leur père. »

Ils ne supportent pas la contrariété, éprouvent une véritable intolérance à la frustration et n'admettent pas qu'on puisse leur résister. Certains ne sont d'ailleurs même pas conscients de leur violence. Le besoin compulsif qu'ils ont de leur victime anéantit leur capacité à percevoir la souffrance qu'ils infligent. Il est donc rare qu'ils éprouvent d'emblée de la culpabilité. Une véritable explication de texte peut s'avérer nécessaire :

> « — D'après vous, peut-il y avoir viol sans violences physiques ?
> — Non, il n'y a pas de viols sans violences physiques. Dans le mot viol, il y a la racine du mot violence. [...] Vous m'apprenez que le viol sur une enfant peut être exécuté sans violences. »

L'entourage est là pour satisfaire leurs besoins, notamment sexuels, dans le « confort familial » pourrait-on dire, le recours à des solutions externes ne pouvant être qu'exceptionnel compte tenu de son coût et surtout de ses dangers. En demeurant parmi les siens, le père évite des dépenses inutiles qui nuiraient économiquement à tous et, protégeant sa santé, protège également, indirectement, celle du groupe :

> « Avec ma femme, ce serait tous les jours si elle voulait, mais elle ne veut pas, c'est chaque fois moi qui dois la provoquer, elle se refuse souvent et nous n'avons presque plus de vie intime, en moyenne une fois par semaine seulement. Avec ma fille, c'était la même chose, une fois par semaine. J'allais aussi voir des prostituées, mais pas trop souvent : ça coûte cher et il y a des risques. »

Dans le même registre, ce VRP condamné à dix-huit années de réclusion pour avoir violé sa fille et son fils invoquera devant la cour d'assises de l'Aisne une « disponibilité sexuelle insuffisante de la part de son épouse », ajoutant : « Avec mes enfants, j'étais sûr de ne pas attraper de maladie. » Son épouse, au courant de la situation mais n'ayant jamais osé en parler, non poursuivie, renchérira à la barre : « Au moins il ne courait pas ailleurs et ne risquait pas de ramener le sida à la maison. »

On peut trouver le même fonctionnement dans des milieux plus favorisés, empêtrés dans une « tradition » familiale sinistre traversant très vraisemblablement les générations, comme l'exprime assez finement le film danois de Thomas Vinterberg *Festen* où Christian, le fils, profite de la réunion de famille organisée pour célébrer le soixantième anniversaire de son père, ambiance confortablement bourgeoise et dîner au champagne, pour se lever et tenir le discours suivant : « Je voudrais proposer le premier toast. Après tout c'est mon devoir de fils aîné [...]. C'est une sorte de "discours de vérité". Je l'ai intitulé "Quand Papa prenait son bain" [...]. Je ne sais pas si vous vous rappelez, mais Papa était un maniaque de la propreté. Il nous emmenait ma sœur Linda et moi dans son bureau. Il avait d'abord une chose à régler. Il verrouillait la porte, baissait les persiennes et allumait une jolie petite lampe. Il enlevait sa chemise et son pantalon et nous devions en faire autant. Il nous allongeait sur la banquette verte, qu'on a jetée depuis, puis il nous violait. Il abusait de nous sexuellement. Il avait des rapports sexuels avec ses chers petits. » Le formidable mépris de ce père pour l'ensemble des membres de sa famille surgit au détour d'un dialogue. À la question de son fils : « Pourquoi nous as-tu fait cela ? », le père répond comme il aurait envoyé une gifle : « Parce que vous ne valiez pas plus[5] ! »

Les mères sont écrasées, soumises, indifférentes ou démissionnaires :

> « Ma fille était agressive. Elle m'a dit depuis que c'était parce qu'elle pensait que je savais ce qui se passait. Cela n'était pas vrai mais, comme elle était agressive envers moi, je la laissais aller avec lui. Comme ça j'étais tranquille. »

Parfois même complices :

> « Depuis quand votre fille et votre mari dormaient-ils dans le même lit ?
> — Je ne sais plus. Je me suis assez disputée avec lui à ce sujet, des coups j'en ai pris. Et puis mon mari ne voulait pas dormir avec mon

chat. Il s'agit d'un chat que j'ai élevé depuis qu'il est tout petit, il a maintenant sept ans.
— Pourquoi n'avez-vous pas quitté le domicile conjugal ?
— Je n'ai pas de famille ici.
— Mais il existe des services sociaux, des foyers ?
— Je n'aime pas les foyers. J'ai aussi un chien.
— Votre fille a précisé que le canapé dans lequel elle dormait avec son père grinçait et que vous deviez donc l'entendre ?
— J'ai le sommeil très lourd, je m'endors dès que je me couche. [...] Ma fille m'en a parlé trois ou quatre fois. Je disais à mon mari : "Ça va pas la tête, faut pas faire ça à ta fille." »

La violence s'exerce non seulement sur la ou les victimes (comme ces six sœurs violées par ce père qui passait de l'une à l'autre dès qu'elles atteignaient l'âge de la puberté « pour éviter qu'elles ne tombent enceintes »), mais encore sur l'ensemble de la famille dont tous les membres sont soumis à la loi du silence.

« J'ai demandé une fois à mon père ce qu'il faisait avec ma sœur, *indique Roland*. Il m'a répondu : "Si je couchais avec ta sœur, qu'est-ce que tu ferais ?", je lui ai dit que je le dénoncerais, et lui a repris : "Si tu me dénonces, je te tue." Il me terrorisait. Je me souviens qu'une fois il avait jeté ma mère contre la porte vitrée du balcon car elle l'avait énervé, la vitre s'était cassée. »

L'agresseur est plus attiré par ses propres enfants ou les enfants vivant sous sa dépendance directe et immédiate que par les enfants en général. En cela sa problématique, fondée avant tout sur un désir de pouvoir et de toute-puissance, sera complètement différente de celle des véritables pédophiles. Ses victimes seront donc le plus souvent limitées en nombre, car cantonnées à son cercle familial. Les agressions cesseront d'elles-mêmes lorsque les enfants, devenus jeunes adultes, finiront par prendre leur autonomie. Ces drames auront en revanche, s'ils ne sont pas dénoncés, tendance à se reproduire sur plusieurs générations.

D'un point de vue social, et c'est la raison sans doute pour laquelle le Code pénal n'a pas incriminé l'inceste en tant que crime spécifique[6], la protection de l'enfant a pris le pas sur l'interdit dont est frappé l'inceste.

Notre Code pénal, laïque et républicain, ne fait aucune différence entre un ascendant légitime et un « beau-père » n'ayant aucun lien de parenté avec la fille de son épouse. Il n'y a pas de dimension « morale » ou religieuse réprimant la première relation plus sévèrement que la seconde. Les sanctions prévues sont identiques. Même si le Code civil en proscrit l'union par le mariage, il ne sera exercé pénalement aucune poursuite envers un frère et une sœur vivant en concubinage, pas plus qu'envers un couple composé d'un père et de sa fille majeure et consentante (si tant est que cela soit possible).

C'est l'enfant et lui seul qui est protégé. Ce n'est plus le « tabou de l'inceste », fondateur des sociétés humaines par sa prohibition des relations charnelles entre proches parents en raison des risques liés à la consanguinité. Les sociétés primitives avaient formulé les interdits nécessaires à leur survie et à leur progrès. Dans nos sociétés occidentales « civilisées », ces comportements ne sont plus stigmatisés pénalement en tant que tels. Ce sont la protection de l'enfance et une certaine idée des droits de l'homme qui ont pris le relais.

Les séducteurs

Les tenants de la « méthode douce », et notamment les pédophiles, ne connaissent généralement pas la violence physique. Ils ne crient pas, ne terrorisent pas. Ils préfèrent discourir, persuader, convaincre. Il leur arrive même d'être fins et cultivés. Ils imposent leur joug par la fascination et l'admiration qu'ils parviennent à inspirer.

Les enfants, tous les enfants, sont provocants par nature. Tous recherchent de la tendresse et de l'affection. De ce point de vue, tous sont effectivement « demandeurs ». C'est en répondant à cette quête affective par de l'amour physique que l'adulte referme sur eux le piège de l'abus sexuel. Piège d'autant plus facile à mettre en place que l'adulte aura affaire à des enfants ou à des adolescents en situation de détresse.

> « Ma rencontre avec ces enfants a été quelque chose de très intense. Très vite ils ont vu en moi un père, ce père mort quelques années plus tôt ; leur mère m'a idéalisé, eux aussi. Leur manque d'amour et de tendresse était énorme. »

Cette mère isolée prendra la sollicitude de ce « tonton » pour l'annonce d'une relation amoureuse, et ses enfants interpréteront l'intérêt dont ils sont l'objet comme de l'affection. C'est sur cet immense malentendu que va fonctionner et prospérer la stratégie de l'« oncle ».

Leurs victimes sont souvent multiples, et on ne peut être qu'abasourdi par leur nombre impressionnant (60 victimes par agresseur en moyenne selon un rapport canadien ; 286 selon une récente étude de la police américaine[7] portant sur l'étude de 166 cas).

Pour réussir à comprendre comment certains, pendant des années, parviennent sans le moindre problème et de manière simultanée à abuser de dizaines d'enfants, il faut prendre conscience de leur extraordinaire capacité à tromper leur monde, de leur fantastique pouvoir de séduction, car ces individus sont avant tout des charmeurs : ils fascinent les enfants mais aussi les adultes et leur entourage au point de les rendre totalement aveugles. Le corollaire de la séduction, c'est l'aveuglement collectif que ce sentiment inspire.

> « J'ai eu des relations avec lui à l'âge de douze ans. Il avait un pouvoir de séduction énorme. Je me suis retrouvée enceinte et j'ai dû avorter à l'âge de quatorze ans. Même avec le recul de maintenant plusieurs années, même avec le mal qu'il m'a fait en profitant de moi, j'éprouve encore des sentiments pour lui. Je peux le décrire comme quelqu'un de gai, intelligent, cultivé, très serviable, un personnage hors du commun. »
>
> « Je me suis voilé la face, je ne voulais pas ouvrir les yeux. Je suis éducateur, j'ai une formation de sociologue et c'est terrible de se rendre compte que malgré sa formation et son professionnalisme, quand il s'agit de son propre fils, on est totalement aveugle. Je veux

que cet homme arrête de nuire. Il est tellement malin, tellement roué et tellement pervers qu'il peut tous nous embobiner. Je l'ai vu à l'œuvre. »

Ce sont les rois du discours, les empereurs de l'explication et du renversement de situation.

« Ce jour-là, je suis venue dire à mon mari que j'étais enceinte de notre troisième fille. Je l'ai trouvé dans la chambre des garçons que nous avions en pension, il y en avait un qui était nu. J'ai eu l'impression de déranger. Il m'est venu à l'esprit qu'il y avait peut-être quelque chose d'anormal entre eux. Je suis ressortie précipitamment de la pièce en pleurant. Il m'a suivie et m'a dit "ne t'imagine pas des choses", m'assurant que je m'étais trompée et que je ne le dérangeais nullement. Il a été très convaincant, tellement convaincant que j'ai eu honte d'avoir pu penser cela. Je me suis sentie débile d'avoir eu de telles pensées à son égard. Puis je ne me suis plus posé de questions. »

Les dénoncer est extrêmement difficile et douloureux :

« Clément m'avait dit quelque chose comme : "Tu sais, Maman, François m'a léché le zizi." Je n'ai pas entendu ce qu'il voulait me dire. Je lui ai répondu : "Arrête de dire des bêtises." Ce n'est que plusieurs mois après, en entendant François "jouer" avec lui dans sa chambre que je me suis rappelé sa précédente réflexion. J'ai alors pris l'initiative de l'interroger. Clément m'a répété ce qu'il m'avait déjà dit. Pendant quelques jours j'ai gardé ça en moi, en me disant que ce n'était pas possible. Je bloquais en quelque sorte mes émotions, je continuais à vivre comme si de rien n'était, tout en sachant qu'il s'était passé quelque chose. Malgré tout, j'avais du mal à y croire. Je n'arrivais pas à imaginer François faisant ce que Clément disait. C'était une réalité tellement douloureuse que je ne pouvais pas l'affronter. Je voulais voir François pour avoir une explication avec lui. J'avais encore tendance à minimiser ce qui s'était passé, je me disais qu'il s'agissait peut-être d'un "accident". Je suis allée le trouver. Je l'ai abordé en lui disant : "Il faut que je te parle, il y a des choses qui me gênent avec Clément", il m'a immédiatement répondu : "Oui, mais ça s'est arrêté." Et il a ajouté "Tu sais, ce sont les enfants qui sont demandeurs." Je n'ai pas eu la force de lui demander précisément ce qu'il avait fait. Je voulais qu'il se sente responsable et, en même temps, je me disais : "Ce n'est pas possible, il ne comprend pas que ce n'est pas normal." À la fin de l'entretien, il se reconnaissait quand même une certaine responsabilité. Il m'a demandé de l'aide. Il avait une attitude de repenti, il m'a beaucoup parlé de son enfance. Lui-même disait avoir été victime d'adultes. En me montrant ostensiblement sa propre souffrance, il a réussi à m'empêcher de voir de manière prioritaire celle de mon fils. Je suis ressortie de là encore plus confuse qu'avant, je ne savais pas où j'en étais. D'une certaine façon, cela m'arrangeait de penser qu'il était en train de se repentir, qu'il n'était pas tout noir, qu'il pouvait changer. Finalement, j'ai pris contact avec une association locale qui s'occupe de ces problèmes. La personne qui m'a reçue m'a secouée. Elle m'a dit : "Cet homme est dangereux, il faut porter plainte." C'est ce que j'ai fait le lendemain. Peu de temps après, je suis retournée chez lui, c'était avant qu'il ne soit interrogé et incarcéré. Il était absent. La porte était ouverte et son blouson se trouvait sur une chaise. J'ai pensé qu'il ne devait pas être loin. J'ai attendu un moment puis, voyant qu'il ne revenait pas, je lui ai écrit un mot dans lequel je lui disais de ne pas avoir peur. »

Cette dénonciation sera d'autant plus difficile à effectuer que certains, si l'on arrive à faire abstraction de leurs dérives, sont effectivement des gens formidables. Cet éducateur spécialisé, par ailleurs adjoint au maire de sa petite ville, président de la MJC et du centre aéré, président même du conseil communal de prévention de la délinquance, était capable d'apporter énormément aux jeunes dont il s'occupait. À son procès, l'un d'entre eux viendra exprimer son regret « de ne pas pouvoir lui dire merci pour tout ce qu'il a, malgré tout, fait pour moi. Si je suis parvenu à m'insérer socialement, c'est à lui que je le dois. Et pourtant, à côté de cela, il m'a vraiment fait trop de mal ».

Ils justifient souvent leurs actes par le culte d'une enfance magnifiée qu'ils refusent de quitter, niant d'ailleurs parfois toute différence d'âge avec leurs victimes. Ils sont et veulent demeurer des enfants. Enfants parmi les enfants, adolescents parmi les adolescents, mais enfants ou adolescents surexcités, hypersensibles, instables, insatiables, isolés, abandonnés et fondamentalement tristes.

Nombreux sont ceux à choisir une profession en rapport avec l'enfance. D'autres fréquentent les piscines, les patinoires ou les compagnies de majorettes. Ils peuvent être très âgés. En l'absence d'intervention judiciaire, leurs agressions pourront se prolonger jusqu'aux âges les plus avancés de la vie. Certains auteurs estiment d'ailleurs que « les fantasmes pédophiles, sinon les passages à l'acte, semblent plus fréquents à mesure du vieillissement. L'image est classique du vieillard libidineux qui caresse les petites filles[8] ». S'ils en ont les moyens, on les retrouvera sur le tard achetant des fillettes à Madagascar ou ailleurs en vue de leur « adoption ». Ils constituent la meilleure des clientèles pour le « tourisme sexuel ». La « mondialisation » n'a eu, en ce qui les concerne, pour effet que de donner à leurs déviances la possibilité de s'exprimer sur un terrain de chasse qui ne connaît plus désormais ni frontières ni limites.

Certains tentent parfois de donner une dimension esthétique à leurs agressions : « Je suis sidéré que l'on utilise le mot viol à mon sujet. C'était quelque chose de beau », disait cet agresseur se piquant d'« éducation ». « Il me dit placer la sexualité dans le domaine de l'esthétique, de la sensation de perception, ainsi il dit que les peintures d'angelots le rendent heureux. Il évoque les œuvres du photographe Faucon. Il parle des livres de Gabriel Matzneff. Il s'exclame : "Je ne suis pas une bête immonde, je suis un artiste" », note un expert.

Quelques-uns revendiquent leurs actes, les considèrent légitimes. Il n'y a selon eux ni normes, ni limites, ni lois ou, s'il en existe, elles sont circonstancielles, archaïques, obsolètes. Leurs pratiques, prétendent-ils, étaient autorisées hier et le seront à nouveau demain. Ils récusent une norme sociale présentée comme purement conjoncturelle : « Que pensez-vous des contradictions qui subsistent entre les déclarations des victimes et les vôtres ? — Je les trouve logiques dans le contexte législatif actuel. » La Grèce antique fait ainsi souvent figure de référence pour ceux qui entendent justifier leurs actes par un simple décalage de la loi dans le temps. Si la pédérastie était une pratique reconnue dans l'Antiquité, elle n'avait pourtant rien à voir avec les agressions commises par nos pédophiles contemporains. À Sparte comme à Athènes ou en Crète, son usage était strictement réglementé dans un cadre éducatif organisé selon un mode collectif. L'adulte devait appartenir au milieu aristocratique, être âgé de moins de quarante ans et capable d'enseigner les vertus citoyennes. L'adolescent devait être « d'illustre ascendance » et âgé de plus de douze ans. C'était une marque d'infamie pour un adolescent de ne pouvoir trouver de mentor, car on attribuait alors cette disgrâce à un manque d'éducation. L'aspect physique ne constituait pas un critère. « Enlevé » avec l'approbation de son entourage, l'enfant était conduit dans la demeure de son « ravisseur » qui, après avoir offert en son honneur un banquet, lui remettait plusieurs cadeaux de valeur symbolique[9]. Le couple ainsi formé restait ensemble pendant deux mois. La loi ne leur permettait pas de faire durer cette relation plus longtemps[10]. À son retour, l'enfant devait déclarer publiquement si cette période avait été ou non favorable pour son éducation. Il pouvait exiger réparation s'il estimait avoir été victime de violences[11]. On voit bien que la dimension « sexuelle » était totalement secondaire, voire absente, dans ces rites initiatiques correspondant à une norme sociale dont l'enfant n'avait pas à souffrir. On est à mille lieues des sordides et honteuses relations sexuelles imposées sous la force du secret.

Quant à notre monde « moderne », il a toujours réprimé avec constance les violences sexuelles sur mineurs. Jusqu'au XVIIe siècle, l'intimité était quelque chose d'inconnu. Tout le monde dormait, mangeait et séjournait dans de grandes pièces dépourvues de fonctions précises. C'est seulement au XVIIIe siècle que les couloirs et les chambres individuelles ont commencé à apparaître. La promiscuité s'est néanmoins poursuivie bien au-delà de la Révolution dans les milieux populaires. Sur un plan pénal, ces situations « à risque » ont traversé les siècles accompagnées d'interdits extrêmement rigoureux : non seulement, naturellement, pour les éventuelles relations entre proches parents, « incestes abominables », mais également pour les relations impliquant des tiers. Ainsi, au XVIIe siècle, « l'adultère domestique », c'est-à-dire la séduction des soubrettes de la maison, était puni de mort. La répression n'a pas faibli avec l'amélioration des conditions de vie : au milieu du XIXe siècle, non seulement le viol, mais encore l'attentat à la pudeur commis sans violences sur un mineur de moins de onze ans ou par un ascendant sur un mineur de moins de vingt et un ans étaient considérés comme des crimes et jugés par les cours d'assises[12]. En 1860, Ambroise Tardieu, professeur de médecine légale parisien, publia une étude sur les abus sexuels subis par 339 enfants de moins de onze ans[13]. Il constatait que ces infractions représentaient alors le tiers des affaires jugées en cour d'assises. Cette proportion est encore très précisément la même aujourd'hui.

Abus sexuel et phénomène sectaire

De nombreux pédophiles feignent d'ignorer ou travestissent ces différentes réalités historiques et sociologiques. S'il leur arrive de les reconnaître, ils soutiennent alors au nom d'on ne sait quel « sens de l'histoire » l'idée d'une évolution inéluctable de nos sociétés vers toujours plus de permissivité sous le couvert d'un mot glorieux, celui de liberté, dont ils assassinent le sens.

Les années 1970 leur offrirent une tribune et une audience inespérées. Profitant de l'immense bol d'air donné par Mai 68, certains vont utiliser jusqu'à l'impensable le slogan favori de ces années toniques : « Il est interdit d'interdire. » À la revendication de libération des esprits et des corps, des femmes et des homosexuels, du Viêt-nam et des Noirs, d'Angela Davis et d'Andreas Baader, des fous et des prisonniers, des tortues et des ratons laveurs, ils ajoutent celle des enfants et de leur sexualité aux cris de « Jouir sans entrave ».

Les plus grands intellectuels de l'époque vont se fourvoyer dans ce mauvais combat avec une « incroyable imprudence[14] ». À Paris-VIII, René Scherer, professeur des Universités, attaque « la législation imbécile qui exerce une action ségrégatrice entre les enfants et les adultes[15] ». Au mois de janvier 1977, trois pédophiles jugés devant la cour d'assises des Yvelines reçoivent le soutien du gotha politique et culturel sous la forme d'une pétition publiée dans le journal *Le Monde* où l'on peut notamment lire ceci : « Trois ans de prison pour des caresses et des baisers, cela suffit. Nous ne comprendrions pas que les accusés ne retrouvent pas la liberté[16]. »

En mars 1979, *Libération* publie à son tour une motion de soutien à un pédophile incarcéré, Gérard R., ainsi libellée : « L'amour des enfants est aussi l'amour de leur corps. Le désir et les jeux sexuels librement consentis ont leur place dans les rapports entre les enfants et les adultes. Voilà ce que pensait et vivait Gérard R. avec des fillettes de six à onze ans dont l'épanouissement attestait aux yeux de tous, y compris de leurs parents, le bonheur qu'elles trouvaient avec lui. »

Ces dérives ont fort heureusement vécu. Nous nous trouvons aujourd'hui à des années-lumière de cette confusion intellectuelle. Les prosélytes n'ont pas pour autant disparu. S'ils en ont les capacités intellectuelles, s'ils disposent du charisme nécessaire, certains d'entre eux sont capables de mettre en place un système, que l'on peut qualifier de sectaire, pour parvenir à leurs fins. Ne pouvant plus s'exprimer à visage découvert dans le flot général des discours, ils ont recours à des techniques de manipulations pour conditionner et se procurer des victimes.

Le rapport adopté par l'Assemblée nationale sur « les sectes en France » le 22 décembre 1995 retient dix éléments pour définir la « coercition sectaire » : déstabilisation mentale, rupture avec l'environnement d'origine, atteintes à l'intégrité physique, embrigadement des enfants, discours antisocial, troubles à l'ordre public, démêlés judiciaires, détournements des circuits économiques, exigences financières exorbitantes, infiltration des pouvoirs publics. Tout en constatant la difficulté à donner une définition de la notion de secte synthétisant l'ensemble de ces éléments, le rapport distingue néanmoins la proposition suivante : « Groupes visant par des manœuvres de déstabilisation mentale à obtenir de leurs adeptes une allégeance inconditionnelle, une diminution de l'esprit critique, une rupture avec les références communément admises (éthiques, scientifiques, civiques, éducatives) et entraînant des dangers pour les libertés individuelles, la santé, l'éducation, les institutions démocratiques. Ces groupes utilisent des masques philosophiques, religieux ou thérapeutiques pour dissimuler des objectifs de pouvoir, d'emprise et d'exploitation des adeptes. »

En analysant un « cas d'école », il sera facilement démontré comment certains pédophiles utilisent très exactement ces méthodes.

Vers la fin des années 1980, Francis R. crée un « lieu de vie » dans l'est de la France. Il y accueillera pendant plus de dix ans des jeunes venus de tous horizons, en échec scolaire ou en refus du système scolaire « traditionnel », séduits par l'apprentissage artistique proposé sur un cycle de deux ans. La philosophie apparente du lieu consiste à favoriser toutes les expressions corporelles et culturelles, et à apprendre l'autonomie. Une douzaine de garçons et filles âgés de douze à seize ans y séjourneront ainsi chaque année. Sans figurer parmi les mouvements désignés dans le rapport sur les sectes[17], ce centre réunissait pourtant six des critères de dangerosité définis par la commission d'enquête parlementaire si l'on y inclut le trouble à l'ordre public, et même sept si l'on considère que, compte tenu de l'« enseignement » dispensé, les exigences financières de l'établissement étaient prohibitives.

Le docteur Jean-Marie Abgrall décrit ainsi la procédure d'enrôlement type au sein d'un mouvement sectaire : « Le recrutement d'un adepte passe par trois phases à partir desquelles l'adhésion va s'obtenir progressivement, en même temps qu'apparaît une forme de dépendance intellectuelle et affective. Tour à tour, le nouvel adepte va être séduit, persuadé puis fasciné par la secte et ses membres recruteurs[18]. »

La première phase, c'est donc celle de la séduction, ce que les Anglo-Saxons appellent le *love bombing*, le bombardement affectif, le bombardement d'amour. Elle se double de l'illusion donnée au futur adepte de son « élection » au sein du groupe. La recrue potentielle se sent comprise, aimée, adoptée :

« Nous avions entendu parler de ce lieu et envisagions d'y inscrire notre fille Juliette. Nous nous y sommes donc rendus un dimanche. Francis a immédiatement repéré notre fils Baptiste, alors que nous n'y allions pas pour lui. Finalement, Juliette n'a pas voulu donner suite. Francis nous a alors proposé de prendre Baptiste. Au mois d'août, notre fils est allé participer à un préstage où il a eu plusieurs entretiens avec Francis. Il en est revenu ravi. Il m'a alors dit que Francis l'avait choisi pour entrer au centre. Il était très excité à l'idée d'avoir été élu par lui et d'avoir l'honneur de faire partie de son groupe. »

Vient ensuite la phase de persuasion avec utilisation de techniques physiques de conditionnement et, notamment, la sexualité de groupe, très importante pour faire tomber les frontières du corps, la notion d'individualité et les défenses. La pratique du naturisme, les massages sont des techniques fréquemment employées pour atteindre ce but :

« Les douches collectives étaient obligatoires. La première fois, j'étais mal à l'aise. Francis l'a remarqué. Il m'a dit qu'il fallait que je m'intègre pour ne pas rester en marge. Il nous disait que ça permettait de faire disparaître les complexes. Moi ça ne me plaisait pas, mais je ne l'ai jamais dit car je croyais être le seul à penser ça. »

Le corps est ainsi totalement banalisé :

« Il nous disait : "Votre corps est une machine, c'est comme une voiture, donc cela ne doit rien vous faire si l'on touche votre voiture." »

Toutes les régions corporelles sont mises sur le même plan :

« Il prenait souvent sa douche avec nous. Il en profitait pour nous toucher. Par exemple, pour nous saluer, il nous serrait le pénis au lieu de nous serrer la main. »

Francis R. affirme avoir effectué plusieurs voyages au Tibet. Il prétend avoir eu le privilège d'y recevoir une initiation habituellement cachée aux Occidentaux. Il indique aux garçons qui seront ses victimes qu'ils ne pourront vraiment devenir membres du groupe qu'après avoir suivi eux-mêmes cette initiation. Ce pseudo-enseignement n'est en réalité qu'un autre moyen de déstabilisation permettant à Francis R. de commettre ses premières agressions :

> « Il nous faisait pratiquer le travail tibétain, c'est-à-dire le contrôle du corps par le contrôle de l'éjaculation. Il disait que les masturbations de longue durée permettaient de voyager à travers soi. »

D'autres méthodes sont employées, notamment les punitions qui participent aux techniques de conditionnement en affaiblissant l'individu et en l'infantilisant[19]. Sous couvert de libéralisme et d'« autogestion », Francis R. met en place un système d'autodiscipline avec des gages barbares relevant, pour certains d'entre eux, de la torture. Ces punitions corporelles sont pratiquées en sa présence, mais également en son absence (mais sur ses recommandations) par les élèves entre eux. Le tout est présenté aux nouveaux par les anciens sous forme de « jeux » ou de « bizutage ludique ». Chacun devient ainsi à la fois bourreau et victime. Tout le monde est à la fois agresseur et agressé. Tout le monde est concerné. Parler devient impossible. C'est la confusion la plus totale.

Parallèlement, il embrigade ces adolescents en leur annonçant la Terre promise :

> « Il nous disait que cela serait bon que nous nous mariions entre nous. Il avait comme projet de construire la nouvelle Terre. [...] Il nous parlait d'un nouveau monde sans guerres, sans viols, sans massacres, qui ne pouvait être créé que par des enfants comme nous, qui sauveraient l'humanité. »

Il leur donne le sentiment d'appartenir à une élite :

> « Il nous disait qu'il nous fallait garder nos âmes d'enfants, rester des petits lutins, qu'il était lui-même resté un enfant, que nous étions uniques, géniaux. »

Il entretient un discours antisocial :

> « Il m'a tenu des propos sur les forts et les faibles. Il prônait le dépassement de soi. Il m'a parlé de tous les moutons de la société qui se soumettaient. »

Il endoctrine et tient un discours fascisant, totalitaire : il établit sa norme, sa loi, et la fait accepter par tous. Il fait vivre tout le groupe dans l'illusion de la plus totale liberté alors qu'il le manipule à sa guise. Les « ados » sont béats, fascinés, subjugués :

> « Ils parlaient de lui en l'adulant avec des propos tels que "Francis a fait ci, Francis a dit ça". Francis était pour eux un véritable dieu vivant. »

Il veille à éloigner toutes personnes susceptibles d'insinuer le doute dans l'esprit des élèves qui lui sont confiés, de réveiller leur sens critique et de les détourner éventuellement de lui. C'est la rupture avec l'environnement d'origine :

> « Il nous disait qu'il ne fallait pas devenir des adultes, que les adultes étaient tous des nuls. [...] Nous n'avions le droit de parler à personne de ce que nous faisions à l'école, pas même à nos parents, car ils n'étaient pas aptes à nous comprendre. »

Ainsi, d'année en année, le cycle peut se reproduire : les nouveaux sont devenus des anciens. Après une année de lavage de cerveau, ils sont prêts à accueillir leurs successeurs :

> « Une fois devenus membres du groupe, nous nous chargions d'initier les nouveaux. En tant que leader, j'en ai initié une grande partie. Il me disait : "Tiens, ça serait bien de tester tel gage sur untel", et je m'exécutais. »

Commentaire éclairé d'un expert :

> « Ce qui semble avoir le plus envoûté les adolescents au point de leur en faire perdre tout sens critique, c'est le discours tenu pour justifier les pratiques, un discours abondamment argumenté à la fois rationalisateur, démagogique et faussement inspiré de telle ou telle référence pseudo-orientale, dont l'énonciation péremptoire et autorisée prenait valeur de discours sacré, au sens théologique du terme. On sait bien que la fonction première d'un tel discours est d'avoir valeur aussi définitive qu'absolue de manière à interdire tout questionnement quant à son contenu et sa validité, à peine d'être considéré comme hérétique et de se retrouver irrémédiablement exclu. C'est précisément cet absolutisme discursif qui est au principe même de l'édification de tout sectarisme, avec ce qu'il produit

de pensée unique aux dépens de l'avènement de la pensée de chacun. Si bien qu'au lieu des apparences affichées au fronton du lieu de vie prônant la création, c'est au muselage de la libre expression des affects des adolescents que l'on a assisté, ceux-ci étant réduits à ne devoir satisfaire que les attentes perverses d'un gourou de pacotille. Un gourou aussi despotique que tyrannique, animé d'un désir d'emprise incommensurable sur le corps et l'esprit de ceux dont il entendait faire l'éducation et dont il n'a fait que berner les attentes en les gavant d'un discours séducteur et mensonger. »

Dernier stade, celui de la fascination où l'allégeance devient effectivement inconditionnelle :

« J'ai eu de nombreuses relations avec Francis, de toutes natures. J'allais le trouver dans son bureau comme un drogué aurait besoin de stupéfiants. Je buvais ses paroles. »

Les gamins se le disputent. Francis R. joue subtilement de la compétition existant entre ces adolescents devenus ses disciples. Il y a les préférés, les « élus » et ceux qui les envient. Chacun sait que l'autre entretient des relations avec le maître, mais personne ne sait précisément lesquelles, tout fonctionne selon la loi du silence :

« Il était assez intelligent pour cloisonner chacun dans sa propre expérience. Personne ne parlait de son expérience personnelle avec lui. »

Chacun conserve jalousement les secrets de sa relation privilégiée :

« Peut-être qu'avec orgueil je pensais que je serais le dernier à avoir ce type de relations avec lui. »

Il crée des divisions et en joue. Il importe que chacun puisse s'imaginer être en état de grâce ou redoute de perdre ses faveurs :

« Il entretenait des relations de favoritisme avec certains. J'avais peur d'être exclu du groupe. »

Ceux qui se sentent tenus à l'écart pourront alors aller jusqu'à adopter des conduites extrêmement séductrices à son égard pour réussir à lui plaire. Pour faire bonne mesure et éviter toute évasion (et déviance), les relations entre les filles et les garçons sont interdites :

> « Ici nous n'avons pas le droit de draguer les filles, les relations avec elles ne sont pas tolérées car cela nuirait à l'unité du groupe. »

Si de temps à autre l'un proteste ou rechigne, il est rapidement remis dans le « droit chemin » :

> « Il me valorisait lorsque je me soumettais et me mettait plus bas que terre lorsque je résistais. »

Les tentatives de refus sont étouffées dans l'œuf :

> « Ces "jeux" commençaient à nous peser. Nous étions trois à vouloir arrêter. Mais avec ses discours il a réussi à nous ramener dans son camp. Il nous a dit qu'on était en train de devenir des adultes comme nos parents. Il avait un discours philosophique très persuasif. Il parvenait à tout justifier. »

Si le conditionnement s'avère malgré tout un échec, il fait le nécessaire pour que le récalcitrant s'en aille :

> « Au cours d'un repas, devant tout le monde, il a demandé aux autres s'ils pensaient que je convenais. Tous sans exception, même ceux qui étaient mes amis, lui ont répondu que je n'étais pas accepté par le groupe. J'ai compris qu'il fallait que je parte de moi-même alors qu'en réalité c'est lui qui me chassait. »

Les adolescents finissent par accepter de faire n'importe quoi et participent sans réagir à des scènes inacceptables pour quiconque aurait conservé un minimum d'esprit critique :

> « Il nous a fait faire des choses pas possibles mais je n'ai jamais eu le courage de lui dire en face que ce qu'il nous faisait subir était insupportable. J'ai toujours tout accepté parce que je ne voulais pas le décevoir. »

Les adolescents sont devenus « ses choses » : « Leur vie privée m'appartient », déclare-t-il avec emphase.

Durant toutes ces années, nombreux furent ceux à quitter le centre quasiment comme des fuyards sans jamais cependant parvenir à remettre en cause l'autorité du chef tant que celui-ci se trouvait en liberté :

> « Quand je me suis aperçu que j'étais devenu capable de faire subir à d'autres ce qui m'avait tant répugné, je me suis fait vraiment peur. Je suis parti un jour au petit matin sans le saluer. Je suis revenu quelques mois plus tard car je voulais revoir l'une des filles de l'école. C'est lui qui m'a raccompagné à la gare. Sur le trajet du retour, il s'est arrêté dans la campagne pour une séance de masturbation à laquelle sans comprendre encore pourquoi je me suis soumis. Je n'ai jamais pu lui dire non. »

L'emprise sectaire peut apparaître à long terme comme encore plus grave que la tyrannie d'un dictateur familial[20], certaines victimes ne parvenant pas à y échapper. Les gendarmes, interloqués, devaient enregistrer au lendemain de l'arrestation de Francis R. quelques déclarations très révélatrices de ce point de vue :

> « Pendant mes deux années ici, il m'est arrivé d'être puni mais c'était à ma demande. C'était épanouissant. Je ne vois pas ce qu'il y a de mal. Au Tibet, il y a des mœurs similaires et il n'y a pas de problèmes. Je ne vois pas ce qui vous choque dans les châtiments corporels. [...] Il n'y avait ni homosexualité, ni pédophilie, il s'agissait d'un apprentissage, d'une initiation. Le sexe est seulement le point de rencontre des énergies suivant la philosophie tibétaine. [...] Nous étions consentants. Il ne nous forçait pas à faire ce genre de choses. Si nous étions dégoûtés, nous pouvions nous en aller. [...] Ici, nous nous aimons tous. Nous vivons en communauté, ce qui exige une autodiscipline acceptée de tous. Il existe cependant un règlement qui se résume en deux interdictions : ne pas fumer, ne pas draguer. Je peux dire qu'il n'existe aucune relation sexuelle entre nous, garçons et filles. Je suis formel, aucun garçon n'a embrassé une fille ici depuis le début de l'année ! [...] Pour les séances de désinhibition, je partage l'avis de Barjavel dans *Le Grand Secret*, à savoir que le paradis serait constitué d'arbres en fleurs, de petits animaux et d'enfants nus. Ces séances servaient à reconstituer une partie du paradis sur une terre qui en aurait bien besoin. Nos parents ne sont pas au courant car ils ne sont pas prêts à en

prendre connaissance. Il n'y a jamais eu de séparations avec les filles durant ces séances parce que nous ne pensons pas qu'il soit envisageable d'interdire le paradis aux filles. Nous continuerons, même si Francis est incarcéré, à faire des séances de paradis mixte. [...] Les portes de l'école sont grandes ouvertes. Celui qui n'est pas d'accord avec son état d'esprit est libre de la quitter. Cette séparation se fera sans remords et nous ne considérerons pas cela comme une faiblesse ! »

Les agressions sexuelles, violences palliatives

Dossiers après dossiers, qu'ils concernent des dictateurs, des séducteurs ou des envoûteurs, des points communs émergent. Ainsi une sexualité non maîtrisée, totalement déréglée, débordante chez des hommes qui ne peuvent apparemment fonctionner sans des rapports nombreux et répétés, ou bien une sexualité extrêmement fragile, limitée et perturbée.

Les uns, quand leur partenaire habituel n'est pas disponible, se tournent vers la première personne vulnérable qui aura le malheur d'être à portée de leur main. Beaucoup passent à l'acte lorsqu'ils se retrouvent seuls avec leurs enfants suite à l'absence de la mère pour cause de travail, de maladie ou de divorce. Les tendances incestueuses latentes, jusque-là contenues par la présence du conjoint, ne peuvent alors plus être maîtrisées.

La sexualité de ces tyrans familiaux est hyperactive et permanente :

« Si j'ai ces pulsions sexuelles envers ma fille, c'est parce que ma femme est froide. Alors, parfois, mes pulsions explosent. Ce n'est pas du vice. »

« Avec mon épouse nous n'avions plus de relations depuis plus de six mois. Il fallait bien que je fasse quelque chose. »

« Je n'ai jamais eu de rapports avec ma fille quand elle avait ses règles. Pendant ces périodes, je me contentais de me masturber lorsqu'elle était près de moi. »

« Il a toujours été un obsédé sexuel. Il voyait une publicité à la télévision où il y avait une femme dévêtue et ça y est, il s'allongeait. Il me disait de partir, je le laissais seul parce que moi je ne supporte pas de voir ça. En été c'était pareil, il faisait chaud, il se mettait nu à la fenêtre et il se masturbait. Des fois je faisais la vaisselle, il fallait que je m'arrête pour repartir au lit avec lui. Il n'y avait ni heure, ni jour, c'était tout le temps et moi je ne pouvais pas, je n'avais pas la santé pour ça. Je lui disais d'aller en ville, qu'il y en a qui ne demandaient que ça. On a arrêté d'avoir des rapports parce qu'il me faisait mal, je saignais et puis il me dégoûtait. J'ai retrouvé des livres pornographiques cachés sous notre matelas. Une fois, j'en ai même retrouvé sous le lit de notre fille. Ce jour-là, je les lui aurais fait bouffer si j'en avais eu la force… »

Chez Francis R., par ailleurs marié et père de famille, chez l'instituteur nivernais Kaisersmertz, chez ces « tontons » aux multiples neveux, on retrouve cette même activité sexuelle impressionnante et des relations quotidiennes et simultanées avec de multiples partenaires différents. Vivant dans une excitation constante, luttant ainsi contre une fondamentale angoisse de mort, l'enjeu est pour eux vital. Ils sont habités par des fantasmes, le plus souvent ritualisés, répétitifs, qu'ils cherchent à réaliser, mais l'acte est toujours décevant, aussi leur faut-il toujours recommencer. Une grande partie de leur temps est occupée par la recherche de partenaires ou de victimes, ils sont en situation de chasse permanente.

Les autres ont au contraire une sexualité amorphe, misérable. On est frappé par le nombre d'agresseurs souffrant de difficultés d'érection, de phénomènes d'impuissance caractérisés, d'éjaculation précoce et ne pouvant, en dernière analyse, avoir de relations sexuelles qu'avec des enfants, généralement du même sexe.

« Les révélations concernant les difficultés sexuelles du beau-père pourraient expliquer les faits comme des comportements de recherche d'excitation compensatrice de ces difficultés. […] La mère dit : "C'est un nul sexuellement." La fille de son côté indique : "Son sexe était mou, il durcissait quelques instants et c'était tout de suite fini." […] Il décrit le "bas" de son corps comme étant quasiment mort. »

Il semble y avoir alors dans les agressions d'enfants comme un exutoire à cette sexualité défaillante, un moyen d'éviter une confrontation avec des partenaires adultes vécus comme menaçants. Un enfant pourra ne pas remarquer les insuffisances sexuelles de son agresseur, ce qui permettra à ce dernier de les lui dévoiler alors qu'il n'oserait sans doute pas les exposer face à un partenaire adulte. Laurent Gasse, ce cuisinier condamné en juin 2000 par la cour d'assises de Savoie à trente années de réclusion criminelle pour avoir agressé plusieurs enfants lors d'une classe de neige, a raconté lors de son procès comment il était venu chercher auprès des enfants ce qu'il ne pouvait obtenir avec les adultes :

> « Quand je faisais du démarchage à domicile et qu'une petite fille m'ouvrait la porte, je me mettais à trembler, j'avais des sueurs. Comme j'étais rejeté par les femmes adultes, je pensais que me rapprocher des enfants allait me donner satisfaction. L'enfant ne dit rien alors que la femme, elle, me juge. »

Et c'est précisément parce que l'une de ces petites filles, Ludivine, saura lui résister que Laurent Gasse en arrivera à commettre l'irréparable et à se transformer en meurtrier :

> « Elle a résisté, elle m'a dit qu'elle allait prévenir la police, elle parlait fort avec une voix grave qui m'a surpris. »

Et l'expert psychiatre de conclure ainsi son intervention :

> « Ludivine est morte parce que malgré ses onze ans, elle s'est défendue comme une femme en condamnant son agresseur. Elle ne s'est pas comportée comme une enfant, il a vu en elle une adulte. »

Mais tous ont un compte à régler avec la puissance et le pouvoir. Comme le notait un expert, « tout est pour eux régi par le principe du plaisir comme pour les petits enfants, ils vivent dans un monde sans limites, un monde clos où la loi n'existe pas ». Ils fonctionnent, pour utiliser le langage des psychologues, dans la seule reconnaissance de leur « toute-puissance ». Pour beaucoup, le moteur des agressions n'est pas à rechercher dans une notion du plaisir réduit à une simple dimension sexuelle. Cet aspect sera même souvent tout à fait secondaire : permettre à leur volonté mégalomaniaque de puissance de s'exprimer sera l'objectif principal. Pour les agresseurs submergés par une sexualité hyperactive, ce sera le sentiment d'appropriation physique des autres qui leur permettra dans l'instant d'assouvir leur boulimie de pouvoir, pour ceux dont la sexualité est défaillante, ce sera la domination de l'enfant qui viendra servir de compensation à leur impuissance sexuelle. Quelques auteurs pensent d'ailleurs que l'on devrait parler dans certains cas d'abus d'autorité plutôt que d'abus sexuel, « la recherche du pouvoir et de l'anéantissement de l'autre remplaçant entièrement celle de la jouissance[21] ».

Autre constante, leur double personnalité. Tous tiennent à la fois du Docteur Jekyll et de Mister Hyde. Ils ne se distinguent généralement pas à l'attention de leur entourage. Nombreux sont ceux à avoir une présentation impeccable, une bonne insertion socio-professionnelle. Quand ils retracent leurs parcours dans les interrogatoires de personnalité, ils présentent un visage avenant. Celui-ci se dit « passionné de vin, de littérature, de chasse, de pêche, de nature et de bricolage » ; celui-là parle de ses qualités de musicien. On note cependant une hypertrophie du « moi », un besoin de valorisation conduisant à l'intolérance et au mépris des autres. Ils ont deux visages, l'un le jour, l'autre la nuit ; l'un à jeun, l'autre sous l'influence de l'alcool qui lève les inhibitions et provoque colère et brutalité. Ils sont tout à la fois attentifs et indifférents, affectueux et désagréables, capables de toutes les générosités et de toutes les méchancetés gratuites. Boute-en-train, caustiques, renfermés et dépressifs. Dynamiques et lymphatiques. Voire excessivement pudiques...

Dernier point commun : les blessures qu'ils ont connues et dont ils ne se sont certainement jamais remis, qu'ils aient été eux-mêmes victimes de violences durant leur enfance et reproduisent ces comportements ou qu'ils aient été marqués par des histoires familiales compliquées (décès prématuré des parents, suicides, adoption mal vécue, abandons multiples, de leurs parents, puis de leurs épouses ou de leurs compagnes)[22]. Leur grande immaturité affective vient de là. Elle est à mettre en relation avec un passé de carences et de séparations qui ont provoqué « un arrêt du développement affectif et des failles narcissiques de la personnalité [23] ». Ils font vivre à leurs victimes la réplique des situations émotionnelles infantiles auxquelles ils ont jadis été soumis. À tel point que l'on peut se demander si, pour quelques agresseurs, le véritable moteur de leur déviance ne serait pas la vengeance. Ce que Stoller nomme « la forme érotique de la haine ». « Ma jeunesse est un morceau de chiffon, un morceau de papier froissé », dit l'un. Et l'expert l'ayant examiné pense être en mesure de conclure ainsi son rapport : « Les faits reprochés au sujet peuvent s'analyser comme issus de pulsions sexuelles archaïques ou de processus de vengeance suite à des préoccupations pathologiques concernant sa filiation et son rapport à ses compagnes successives. »

Soigner ou punir ?

VOUS AVEZ DIT PERVERS ?

Le mot ne date pas d'hier : pervers apparaît dans notre langue dès 1176. Pourtant, la perversion reste encore aujourd'hui une énigme. « Nous hésitons beaucoup dans une expertise à écrire le mot pervers », admet J.-L. Viaux, président de la Société française de médecine légale. « Les sujets n'aiment pas ce terme, les avocats non plus, et l'expert peut être amené à définir la notion de perversion devant une cour d'assises, ce qui reste en l'état des connaissances un exercice risqué. »

Si l'on s'en tient à la définition donnée par le dictionnaire *Robert*, est pervers « celui qui est enclin au mal, qui se plaît à faire le mal ou à l'encourager ». La perversion, du latin *pervertere*, « mettre sens dessus dessous, bouleverser », étant « l'altération, la déviation des tendances, des instincts, dues à des troubles psychiques ».

Pour le *Larousse médical*, la perversion est « la recherche d'une satisfaction considérée comme régressive par rapport au développement psychosexuel de l'adulte. C'est un retour ou une fixation à des composantes sexuelles primitives appartenant à la sexualité infantile et qui demeurent chez chaque individu, mais à l'état de survivance : sadomasochisme, fétichisme, voyeurisme, exhibitionnisme ». Quant à la perversité, ce serait « le goût pour le mal, sa recherche, la tendance à accomplir des actes immoraux, à nuire à autrui en accomplissant des actes agressifs ». Baudelaire la définit ainsi : « Une force mystérieuse sans laquelle une foule d'actions humaines restent inexpliquées et inexplicables. Ces actions n'ont d'attrait que parce qu'elles sont mauvaises, dangereuses ; elles possèdent l'attirance du gouffre[24]. »

Il faut cependant bien avoir le courage (ou la témérité) d'utiliser ce mot, en poser le diagnostic lorsque cela paraît nécessaire, et certains experts s'y emploient :

> « Pour lui, tout est objet, tout est manipulable. Niant toute différence entre sa femme et Marie, il les rend quasiment interchangeables. Il nage dans la confusion générationnelle. Pour lui tout est pareil, le pied, le sexe, les seins, les joues, sa femme, pas sa femme, sa fille, pas sa fille, un adulte et un enfant. Il ne fonctionne pas selon des lois mais selon son propre plaisir. Il ne peut éprouver aucun sentiment de culpabilité, déniant le caractère sexuel de ses actes. Cet individu présente une personnalité pathologique structurée sur un mode pervers. »

Ou encore :

> « Il ne nie pas les rapports sexuels mais ne peut les appeler “viols”. Il banalise, dédramatise, “n'en veut à personne”. Il n'y a aucune aptitude à l'autocritique. Il a certainement raison lorsqu'il dit qu'il n'y a pas eu viol au sens où l'imaginaire en renvoie les modalités. Tout a dû se faire sans coups, sans doute avec tendresse, mais une tendresse que l'autre ne pouvait que subir sans avoir le choix. Une fois de plus, nous pouvons constater combien psychose et perversion sont proches dans leur fondement. Toutes deux sont refus de s'accepter à la place qui est la nôtre. Dans la psychose et la perversion, il y a contournement de la réalité, soit en ne pouvant se situer dans aucune place précise, soit, et c'est le cas de la perversion, en faisant de l'autre, du corps de l'autre, un substitut au manque. C'est ce que nous retrouvons ici, une bonne intelligence, une connais-

sance des lois, mais un refus de les intégrer à sa propre vie. Le diagnostic de perversion paraît pouvoir être retenu (jouissance du proche *a priori* interdit, absence de culpabilité, scénarios sadiques d'appropriation, absence de souci concernant l'identité de l'enfant considéré comme un simple objet de consommation sexuel, intelligence, position d'autorité, basculement d'agresseur en victime). »

Une formule résume assez bien la conduite perverse : « déni, défi, délit ». Déni de la réalité avec clivage du fonctionnement mental, ce qui permet à la personne de fonctionner selon deux niveaux contradictoires sans qu'ils entrent en conflit (Dr. Jekyll et Mr. Hyde) et déni de l'autre qui pour le pervers n'existe pas. Défi, par l'opposition aux normes, et délit, par la transgression et le passage à l'acte. Le pervers met en acte les traits de sexualité considérés comme anormaux que l'on retrouve dans les névroses sans s'exprimer dans ce cas ouvertement, la névrose étant en quelque sorte le « négatif » de la perversion.

Le fonctionnement pervers, au sens clinique du terme, apparaît clairement dans le système de défense choisi par l'agresseur : quand il y a déni de la gravité des actes commis alors que les faits ne sont pas eux-mêmes discutés. Lorsque l'agresseur ne reconnaît pas en définitive à ses actes, dont il ne conteste cependant pas l'existence, une nature criminelle, on est alors manifestement en présence d'un pervers. Il se présente comme une victime, minimise les faits, parle de consentement, se justifie par un discours lénifiant, se refuse à analyser son comportement, ce qui lui évite d'en souffrir, ne ressentant grâce à cela ni honte ni anxiété. Ces agresseurs ne se reconnaissent aucune victime et ont réponse à tout. Par son discours très élaboré, Francis R. illustre parfaitement ce propos.

La nudité ?

« Nous la vivions naturellement. Il n'y avait ainsi plus de tabous entre nous et il m'est arrivé en croisant tel ou tel de lui serrer le sexe en passant comme j'aurais pu lui serrer la main. Le stade du sexe était transcendé. Il n'y avait pas du tout de connotation sexuelle dans ces moments-là. »

Les relations homosexuelles imposées ? :

« Il est vrai que nous avons échangé sexuellement, mais nous avons également échangé sur d'autres plans. Nous parlions beaucoup de littérature, de musique. [...] Je n'ai pas usé de mon autorité, c'est toujours eux qui venaient me solliciter. Chaque fois qu'il y en avait un nouveau qui venait me trouver, j'étais réticent. Mais je ne pouvais refuser de faire avec lui ce que j'avais accepté de faire avec les autres. Je comprenais que c'était une étape nécessaire pour eux, qu'ils voulaient partager avec moi. Pour moi il s'agissait simplement d'échanger, de donner à l'autre. »

Sa pédophilie ?

« J'ai du mal à répondre. Le fait d'être au contact d'adolescents m'a permis de retrouver mes quinze ans. Dans les moments intimes, je me retrouvais au même âge qu'eux, partageais la même connivence et c'est ce qui me faisait le plus plaisir, comme si je n'avais pas vieilli. »

Sa conclusion ?

« Je pense sincèrement que tous les enfants présents dans mon centre ont été heureux et épanouis. Je me suis sûrement trompé, mais avec une immense bonne foi. Je voulais construire une nouvelle terre, rendre le monde meilleur. Je n'ai pas échoué, j'ai essayé. [...] Même lorsque je m'accuse et me remets profondément en question, le fond me dit : non, ce n'était pas cela. Mon erreur de surface ne doit pas occulter le fond. Le fond est intouché, intact et je sais qu'il est beau. [...] Qui pourra nier une vie entière passée à donner ? Rendre heureux était mon leitmotiv. Je suis quelqu'un qui va jusqu'au bout. Je n'ai jamais triché dans mes engagements. Tant pis si la société ne comprend pas. L'esthétisme de mes ateliers créatifs était supérieur aux lois sociales. [...] Je reste convaincu que l'on ne peut trouver l'amour, la sagesse et la lumière si on ne prend pas le courage d'aller voir, quitte à se tromper ! J'ai toujours voulu "aller voir", mais je n'avais comme seule arme que le beau et la sincérité. [...] Je suis simplement un homme qui a refusé les barrières et les masques. C'est tout. »

Pensent-ils sincèrement ce qu'ils disent et jusqu'à quel point peut-on être la dupe de ses propres discours ?

L'ACCÈS AUX SOINS ET LE SUIVI SOCIO-JUDICIAIRE

Faut-il soigner, faut-il punir ? Sanctionner et soigner semblent en ce domaine plus qu'en tout autre indissociables. Les soins apparaissent comme le nécessaire complément de la punition.

Punir, c'est donner à l'agresseur le moyen de se reconnaître soumis à la loi, de lui faire allégeance et de laisser ainsi de côté les fanfaronnades primaires du type : « La loi, c'est de la rigolade, et la justice, ça me fait marrer. » La prison devrait être d'abord cela : un lieu de réflexion. Elle devrait être également un lieu de soin, mais pour cela deux conditions doivent se trouver remplies : la première tient à l'agresseur, il faut qu'il y consente ; la seconde est d'ordre structurel, la prison doit lui en offrir les moyens.

On pourrait penser que la ligne séparant ceux qui avouent de ceux qui nient constitue également la frontière de l'accès au soin. La réalité est bien plus complexe. Nier ou avouer ne signifie rien si on ne découvre pas l'immense diversité du contenu de chacune de ces démarches : celui qui niera « pour survivre, parce que l'image de lui-même, l'estime de soi sont à ce point pulvérisées que c'est la mort sociale qui guette, voire la mort tout court » ou « pour rester dans la communauté des hommes et d'abord celle des êtres chers qui répondent encore présent malgré le tonnerre judiciaire, tant le démérite, le déshonneur, l'infamie et l'opprobre sur ces types d'infractions vont de pair avec le dégoût des autres et l'abandon qu'il génère », conscient qu'il est malgré tout de l'horreur de son crime, sera très certainement plus proche de l'accès au soin que celui qui n'avouera que par opportunisme, « en pleurant pour apitoyer » ou, de manière partielle, « en banalisant ce qui n'est "quand même pas" un crime » ou par provocation, « en revendiquant une pédophilie pédagogique ». Y sera naturellement tout ouvert celui qui avouera « en pleurant sincèrement, accablé par ce qu'il vit comme une maladie, surculpabilisé, honteux, dépressif, suicidaire ». Y sera, en revanche, totalement hermétique celui qui niera « parce que, si profondément pervers, il n'a conscience de rien », et en sera hélas privé celui dont les dénégations seront motivées par « la violence carcérale qui reproduit *intra-muros* le dégoût extérieur en le transformant en brimades, sévices et humiliations dans des proportions telles que cette terreur peut fausser tout le procès pénal, tant en ce qui concerne la recherche de la vérité qu'au regard du sens de la sanction et de la place du soin[25] ».

Il n'y a par principe jamais à désespérer de l'homme. Le « salaud intégral » dépeint par Claude Chabrol dans *Que la bête meure* n'existe pas ou, s'il existe, est fort heureusement extrêmement rare. Tous les citoyens ayant vécu l'expérience de la fonction de jurés d'assises pourront porter témoignage du caractère exceptionnel des situations n'amenant pas, à un moment ou à un autre, à trouver dans l'histoire personnelle de l'accusé des circonstances atténuantes. Pour ne pas en relever, comme le notait Pierre Mac Orlan, il faudrait se contraindre à juger les yeux fermés : « Je préférerais juger les gens sans les voir, par correspondance. Un salaud jugé à visage dérobé est vraiment un salaud car souvent le visage de certains hommes — les yeux surtout — est très rempli de circonstances atténuantes. Les gens devraient être jugés la tête voilée quand leur culpabilité ne laisse pas de doute[26]. »

Rien n'est jamais perdu d'avance. Dans le cadre d'une enquête concernant un éducateur en charge d'adolescents en difficultés, les services de police apprennent que l'un d'entre eux, Benoît, quinze ans, a été également victime de son propre père. Benoît précise que les agressions paternelles ont cessé au jour de son audition depuis près d'un an. Le père est néanmoins interpellé à son tour. Présenté devant le juge d'instruction, M. B. raconte ce qu'il a fait subir à son fils mais aussi sa démarche de « repentir actif » :

> « Ce que dit mon fils est exact. Je le reconnais, j'ai fait des saloperies et je les assume. Il est exact que je me suis fait sodomiser à cinq ou six reprises par lui. Je n'ai éprouvé aucun plaisir à faire cela. Je ne sais pas pourquoi je l'ai fait. Peut-être parce que j'ai été moi-même victime de ce type d'agissements lorsque j'avais une dizaine d'années de la part de voisins. [...] Il y a à peu près un an, Benoît a

révélé à mon épouse ce dont il avait été victime de ma part, mon épouse m'en a ensuite parlé et j'ai reconnu immédiatement que c'était la vérité. Benoît m'a alors dit qu'il ne déposerait pas plainte contre moi si j'allais me faire soigner. J'ai contacté un psychiatre, le docteur D. Je le vois deux fois par semaine et je pense que si je peux aujourd'hui parler facilement, c'est grâce au traitement que j'ai entamé. J'ai pris conscience de ce que j'avais fait. Si j'ai également engagé ces démarches, c'est parce que je voulais éviter de commettre ce type de faits sur mes deux autres enfants. [...] C'est atroce ce que j'ai fait, c'est inhumain, il faut que j'arrive à comprendre pourquoi je l'ai fait. Je suis beaucoup aidé par le soutien de mon épouse qui aurait pu me laisser tomber suite à ces révélations et par l'attitude de Benoît qui a tout fait pour ne pas envenimer cette affaire. »

La justice, en ne condamnant cet homme qu'à la peine de cinq années d'emprisonnement dont deux avec sursis, prendra en considération l'itinéraire de ce père qui avait su entendre la douleur de son fils.

Les experts psychiatres dans leurs rapports ont beau conclure la plupart du temps à la totale responsabilité pénale des sujets qu'ils examinent et à l'absence de troubles psychiques et neuropsychiques ayant aboli ou altéré leur discernement, il est malgré tout difficile de ne pas voir dans les agressions sexuelles commises sur des mineurs la trace d'une dimension plus ou moins pathologique. Parler d'ailleurs de possibilités de soins ne présuppose-t-il pas croire en l'existence d'une « maladie » qui n'aurait pas de nom ? La pédophilie n'est-elle pas considérée par beaucoup comme un « trouble » sexuel[27] ? Penser que les soins psychiatriques et psychothérapeutiques sont susceptibles de modifier le comportement des agresseurs et de faire cesser leurs agissements prouve bien la prise en compte de cette idée. Ceux qui constituent une population à risque racontent souvent comment ils ont été submergés par des pulsions qu'ils n'ont pas pu maîtriser. Il y a donc assurément la place, outre la punition, pour des soins :

« J'avais déjà été condamné à un an avec sursis. Je travaillais comme agent d'entretien dans un parc forestier. Un petit boulot. Débarquent en car quarante gamins. Des handicapés. Il y en avait un qui n'avait pas de bras. Il voulait aller pisser. Pourquoi est-il venu vers moi ? Je l'ai accompagné et soudain tout ce qui sommeillait en moi a resurgi. Je n'ai pas pu m'empêcher de le caresser. Il avait une dizaine d'années. L'enfant l'a raconté et les gendarmes sont venus m'arrêter. Je suis resté quatre jours en prison, j'ai expliqué à la juge qu'il n'y avait aucune préméditation et que je regrettais. J'ai été libéré mais il m'a été imposé à ce moment-là d'entreprendre une thérapie. »

Pour accéder valablement aux soins, la prise de conscience de l'agresseur sur l'anormalité de ses actes doit être totale. Il n'y a pas de place pour les demi-mesures, pas d'espace pour continuer de se mentir à soi-même en se racontant des histoires. Les mots utilisés doivent être ceux qui conviennent, et les victimes appelées par leur nom. Le véritable travail thérapeutique ne pourra pas commencer avant la reconnaissance de la réalité des agressions commises.

« Je l'ai taquiné » doit céder la place à « je l'ai agressé », l'« échange » du premier jour présenté comme d'innocentes « caresses sans connotation sexuelle » être reconnu comme le préambule prémédité à l'agression ultérieurement commise, « la masturbation entre les fesses » désignée pour ce qu'elle est, une tentative de sodomie, etc. Tout doit être dit, nommé : le patient (statut de l'agresseur entre les mains de son thérapeute) ne peut continuer de s'imaginer s'en tirer à bon compte en lâchant à propos des accusations portées par sa victime : « Il dit peut-être vrai, ça n'a pas d'importance. » La réalité des actes commis doit être décrite avec précision, et leur importance comme leur gravité reconnues. Alors pourra commencer l'enquête au terme de laquelle l'agresseur trouvera peut-être enfin des réponses aux questions qui le tenaillent parfois : pourquoi avoir agi ainsi et comment éviter cela ?

Ainsi, cet éducateur de trente-neuf ans à la personnalité immature, adolescent égaré dans le monde des adultes, considéré par tous comme un « homme à femmes » en raison de ses multiples succès féminins, grand amateur de sports « extrêmes », socialement dynamique et entreprenant, pourra prendre conscience de son homosexualité jusque-là cachée, dissimulée, censurée, qui le conduisait à séduire et à agresser les jeunes adolescents dont il avait la charge : l'image qu'il donnait de lui-même aux autres (image empreinte de virilité, de machisme) et l'image de lui-même qui lui était renvoyée par les autres le conduisaient, pour exprimer sa véritable sexualité, à l'imposer dans le silence et le secret aux jeunes placés sous son autorité.

La spécificité du traitement dont doivent faire l'objet les auteurs d'abus sexuel a été reconnue par la loi du 17 juin 1998, ce qui n'était pas le cas jusqu'à un passé récent où quasiment rien ne venait distinguer la situation pénale d'un agresseur sexuel de celle d'un voleur de voiture, d'un escroc ou d'un trafiquant de drogue. Tous, par exemple, pouvaient bénéficier pour une partie de leur peine, à condition d'avoir été condamnés à moins de cinq années d'emprisonnement, d'un sursis avec mise à l'épreuve (SME) d'une durée maximale de trois années durant laquelle ils pouvaient être soumis à certaines obligations comme l'indemnisation de leurs victimes ou le suivi de soins médicaux, à peine de voir le sursis accordé révoqué. Tous pouvaient bénéficier de certaines remises de peine, tous pouvaient à leur libération reprendre le cours de leur vie comme bon leur semblait.

Compte tenu des risques de récidive et des pathologies mises en évidence chez certains agresseurs, un important volet préventif a été mêlé au volet répressif. La loi du 17 juin 1998 a instauré pour les auteurs de violences sexuelles sur mineurs un régime particulier, le suivi socio-judiciaire, d'une durée supérieure au délai d'épreuve habituel du SME puisqu'il peut atteindre dix années pour les auteurs de délits et vingt années pour les auteurs de crimes à compter du jour de leur libération.

Ce suivi au caractère hybride, mi-peine, mi-mesure de sûreté, a pour fondement la dangerosité potentielle de ce type d'agresseurs et pour finalité la prévention de la récidive. Il prévoit notamment la possibilité pour le tribunal correctionnel ou la cour d'assises de prononcer une injonction de soins s'il est établi par une expertise médicale que la personne condamnée peut faire l'objet d'un traitement. Il peut également lui être fait interdiction de fréquenter certains lieux accueillant habituellement des mineurs ou d'exercer une activité professionnelle ou bénévole impliquant un contact habituel avec des mineurs, et ce de manière définitive. Le non-respect de ces obligations ou le refus de se soumettre à une injonction de soins (dont la mise en œuvre nécessite le consentement du condamné) sont susceptibles d'entraîner une prolongation de la détention de deux à cinq années selon que la condamnation aura été prononcée pour un délit ou pour un crime. Le juge d'application des peines (JAP), assisté d'un médecin coordonnateur, est chargé de veiller au bon déroulement de ces mesures. Rien ne paraît non plus s'opposer à l'inclusion du port de bracelets électroniques dans ce dispositif de manière à pouvoir exercer une surveillance à distance. Pour répondre aux critiques de ceux qui s'inquiéteraient de voir ce suivi thérapeutique ne débuter qu'après la sortie de prison du condamné, la loi précise que le traitement « peut » commencer en détention et que, pour cette raison, ces détenus « purgeront leur peine dans des établissements pénitentiaires permettant d'assurer un suivi médical et psychologique adapté ». Il serait en effet regrettable et pour le moins paradoxal de ne pas profiter des éventuelles bonnes dispositions du condamné et des années durant lesquelles l'administration pénitentiaire l'a « sous la main » du fait de son incarcération pour commencer les soins thérapeutiques qui s'imposent, et d'attendre pour ce faire sa libération.

Tout cela est fort bien. Mais qu'en est-il dans la réalité ? Existe-t-il les moyens nécessaires pour faire face à de tels suivis ? La réponse est à ce jour négative. Où sont les juges d'application des peines, les agents de probation, les médecins coordonnateurs[28], les établissements pénitentiaires adaptés ?

Les JAP, qui bien souvent n'assument pas cette seule tâche et siègent également comme magistrats aux audiences civiles et pénales du tribunal dont ils dépendent, sont débordés[29]. Les comités de probation ne le sont pas moins[30]. Les établissements pénitentiaires sont encore surpeuplés en dépit de la « décrue technique » due à l'entrée en vigueur de la loi du 15 juin 2000 (49 000 détenus au mois d'avril 2001 contre 52 000 en janvier 2000). Le retard demeure cependant important : les prisons françaises ne comptent toujours que 39 000 places[31]. La chancellerie a certes prévu la construction de six nouvelles prisons d'ici 2003 d'une capacité totale de 2 900 places dont trois viendront en remplacement de maisons d'arrêt vétustes et indignes enfin désaffectées (celles de Toulouse, de Toulon et d'Avignon). Autant dire qu'en 2003 la question de la surpopulation carcérale ne sera sans doute pas résolue[32]. Et même dans ce cas, ces établissements ne disposeront sans doute pas du personnel soignant nécessaire à la mise en place d'une thérapie à la hauteur des espérances du législateur.

Placés en détention provisoire, les agresseurs sont incarcérés dans une maison d'arrêt, c'est-à-dire un établissement qui n'est nullement conçu pour que puisse y être mise en œuvre une véritable politique de prise en charge thérapeutique. À titre d'exemple, Évry Archer[33] rappelait récemment qu'à « la maison d'arrêt de Loos-lès-Lille (Nord), il y avait en mai 2000 plus de deux cents personnes mises en examen ou condamnées pour infractions sexuelles. Pour mettre en œuvre des soins spécifiques et voir tous les détenus concernés seulement une demi-heure par semaine, il faudrait doubler l'effectif de l'équipe psychiatrique[34] ».

Une fois la condamnation intervenue (et si le temps de détention restant à courir est supérieur à un an, sans quoi il demeure détenu au sein de la maison d'arrêt), le condamné part pour un centre de détention où les conditions sont plus appropriées pour une thérapie si tant est qu'il le souhaite et se montre coopératif. Cependant, même dans ce cas, il est parfois difficile d'engager sérieusement un travail en profondeur : en 1999, la durée moyenne des condamnations pour viols prononcées par les cours d'assises était en effet de 111,3 mois, soit un peu plus de neuf années de détention. Pour les agressions de nature délictuelle, cette durée était de 22,9 mois[35]. Or, sauf exception, les condamnés n'effectuent que les deux tiers de leur peine sous le régime de la détention[36]. Lorsque les peines prononcées sont courtes ou lorsque les condamnés ont été mis, avant le jugement, en détention provisoire au sein d'une maison d'arrêt où aucun travail sérieux n'a pu être entrepris[37], la possibilité d'engager des soins demeure donc du domaine de l'illusion, faute de temps. Un père incestueux (non récidiviste) condamné à neuf années d'emprisonnement, ayant effectué trois années de détention préventive, s'étant « bien conduit », peut envisager de déposer sa candidature pour une libération conditionnelle moins d'un an après son transfert en centrale. Quant aux prévenus condamnés pour des délits, ils n'ont bien souvent jamais l'occasion de connaître autre chose que les maisons d'arrêt.

Pour l'ensemble de ces raisons, on évalue actuellement à moins de 10 %[38] les condamnés faisant l'objet de soins psychothérapeutiques durant leur incarcération[39]. Si la prison ne soigne pas, on devrait pourtant pouvoir se soigner en prison, y compris sous le régime de la détention provisoire.

Quant au sursis avec mise à l'épreuve et au suivi socio-judiciaire, ils ne peuvent avoir que l'efficacité que l'on veut bien leur accorder en fonction des moyens dont on veut bien les doter. De fait, une petite partie des 10 % sus-évoqués continuent de bénéficier d'un réel suivi après leur libération. Pourtant, les statistiques nous apprennent que les obligations de soins diminuent la récidive de plus de 50 % durant la période où elles sont effectives[40]...

Dire qu'en France l'arsenal législatif est à peu près sans reproche, mais que la puissance publique ne dispose pas des moyens nécessaires pour son application est devenu un truisme, les montagnes législatives n'accouchant que de souris budgétaires.

LA RÉCIDIVE

À supposer ces conditions matérielles remplies, la mise en place de soins thérapeutiques ne sera cependant pas toujours possible. La personnalité de certains délinquants, et notamment les plus dangereux d'entre eux, constitue le deuxième obstacle à une bonne application de la loi. Le législateur en avait parfaitement conscience en subordonnant le prononcé d'une injonction de soins à la reconnaissance préalable par un expert psychiatre d'une possibilité de traitement. Certains sujets, les plus frustes, n'ont pas l'équipement intellectuel nécessaire pour une verbalisation suffisante leur permettant de suivre une psychothérapie. Quant à de nombreux autres, ils refusent purement et simplement d'y consentir. Soit que, coupables, ils persistent à nier les faits en dépit de leur condamnation, soit qu'ils ne reconnaissent pas le caractère répréhensible de leurs actes, soit même qu'ils les revendiquent. Et rien naturellement ne peut être engagé sans leur consentement et leur bonne volonté.

Mettant en doute l'efficacité de soins prodigués sous injonction, Évry Archer note à ce sujet que « le consentement aux soins est un préalable absolu à toute relation thérapeutique digne de ce nom. Or il y a dans la loi de 1998 une contrainte judiciaire aux soins qui ne dit pas son nom puisque, si le patient refuse les soins en prison, le juge pourra lui refuser des réductions de peine. Ce faux consentement peut déboucher sur une fausse relation thérapeutique et sur le danger d'une fausse sécurité[41] ».

Les soins sont de toute façon impossibles avec les pervers niant leur problématique. Que faire alors de celui qui s'enferme dans cette position, jusqu'au dégoût, jusqu'à l'écœurement ?

Patrick C. durant sa garde à vue :

> « C'était un week-end que je passais chez mes amis. Ils étaient sortis faire des courses. C'était le dimanche matin. Ils devaient prendre le journal, acheter du pain. Les deux filles étaient restées à la maison. À un moment, la plus petite est venue me voir en pleurant. J'ai vu qu'elle s'était fait dessus. Il a donc fallu que je la change. Je lui ai enlevé sa couche et sa culotte, c'était l'été et elle ne portait que ces vêtements-là. Je l'ai mise sur le lit des parents, je l'ai lavée, puis là je ne sais pas ce qui m'a pris, j'ai baissé mon short, je l'ai tirée pour que ses jambes pendent sur le côté du lit, je lui ai écarté les jambes et je me suis mis sur elle. Mon sexe touchait son nombril. Je n'ai pas tenté de la pénétrer. J'ai commencé des mouvements de va-et-vient, la gamine pleurait. Puis j'ai réalisé ce que je faisais, je me suis dit que les parents risquaient d'arriver. Du coup, je l'ai laissée et je suis allé me masturber dans les W-C. »

Le même, lors de sa première comparution devant le juge d'instruction, en présence de son avocat : « Je confirme mes déclarations aux gendarmes. »

La « grande » sœur de la victime :

> « Mes parents étaient partis faire les courses. Je jouais. J'ai entendu crier ma petite sœur. Je suis allée dans sa chambre. Tonton était sur elle, elle était toute nue et il bougeait. Il avait conservé sa chemise, mais plus ni pantalon, ni slip. Ma petite sœur hurlait. Je suis allée me cacher sous la table de la salle à manger. »

Patrick C., trois mois après son incarcération, s'adressant au médecin psychiatre chargé de l'examiner :

> « Soi-disant, j'aurais caressé la petite qui avait trois ans à l'époque. Je la gardais parfois le dimanche et comme il lui arrivait de se salir, je la changeais de temps en temps. Mais jamais je n'ai fait d'attouchements sur elle, d'ailleurs elle m'appelait tonton et elle m'aimait bien. Je ne comprends pas pourquoi je suis en prison alors que je n'ai rien à me reprocher. »

Il maintiendra par la suite toujours cette position, non seulement lors du jugement devant le tribunal correctionnel mais encore postérieurement à sa libération, devant les assises où il était appelé à témoigner dans le cadre d'une affaire connexe. Patrick C. sera condamné pour son agression à la peine de quatre années d'emprisonnement dont deux années avec sursis et mise à l'épreuve durant trois ans. Comment prodiguer des soins à quelqu'un qui les refuse ? Comment assurer un quelconque suivi ? Quel que soit son nom, médico-social, socio-éducatif ou juridico-social, qu'il dure trois ou dix ans, ce suivi sera impossible. Que faire de Patrick C. ?

Les soins sont également compromis pour ceux dont la prise de conscience est liée aux désagréments de l'incarcération, qui ne critiquent pas véritablement leurs comportements, dont les actes de contrition demeurent sans signification comme de dérisoires formules de politesse et de simples réaménagements de surface. Les experts n'en sont généralement pas dupes : « Sa demande de soins n'est qu'une forme d'exhibition par le discours sans que celle-ci soit animée par le moindre remords. Toute mise en situation future avec des enfants sera dangereuse pour lui et les enfants. Le problème de la récidive est posé. »

Effectivement, et le problème se pose en cette matière avec une acuité encore plus grande que pour toute autre forme de délinquance. Car ici la récidive se trouve parfois dans la nature même de la transgression. Une pulsion génère du « plaisir » et non une souffrance... Le désir, et son retour inévitable, constitue un facteur de risque permanent. Le fonctionnement psychologique du pervers sexuel s'apparente de ce point de vue à celui du grand toxicomane. « Comment demander à quelqu'un de soigner une pratique dont il jouit ? La récidive est dans la nature même de la sexualité. Je suis pour ma part un hétérosexuel récidiviste[42] », écrit avec une certaine lucidité Charles Mormont, professeur à la faculté de psychologie de Liège.

José A. comparaît devant une cour d'assises pour le viol de Léa, fille de sa compagne, âgée de sept ans à l'époque des faits. Il s'agit, outre divers attouchements, de « simples » pénétrations digitales. L'avocat général s'étonne d'ailleurs ouvertement que la partie civile n'ait pas accepté la correctionnalisation du dossier. Était-il nécessaire de faire tant de bruit et d'encombrer la cour d'assises pour si peu ? Les experts commis, psychiatres et psychologues, ne sont d'ailleurs pas loin de partager son avis. Leurs conclusions sont tout à fait favorables à l'accusé :

> « Interrogé sur les faits, le sujet s'exprime avec beaucoup d'émotion, il a les larmes aux yeux. Il ne tente à aucun moment de l'entretien de dissimuler ses actes passés ni de réduire sa responsabilité. Il explique qu'il était dans une situation familiale difficile, il avait le sentiment de ne plus trouver ses repères, il se plaint de la froideur de sa compagne et du désintérêt de celle-ci pour l'amour physique. Concernant ses relations avec Léa, il explique que cette enfant qui est "pire que sa fille" (ce qui veut dire qu'il estimait l'aimer autant sinon plus que sa propre fille) venait volontiers vers lui. Il est incapable d'expliquer précisément la raison de ses gestes, sinon par les mots suivants "il était malheureux". [...]
>
> Conclusions : aucune pathologie psychiatrique présente ou passée. La prise de conscience de sa responsabilité par le sujet permet d'espérer une évolution ultérieure du comportement satisfaisante. Le sujet n'a pas besoin d'un traitement particulier ni de mesure de rééducation. »

Fort de ces explications, l'avocat général requiert une peine de cinq années d'emprisonnement dont quatre avec sursis, couvrant ainsi la détention provisoire effectuée. Les jurés n'ont aucune raison de jouer les ultras. Ils suivent. Aucune mesure de soutien n'est envisagée. José A. ressort libre de la salle d'audience.

Un an jour pour jour après sa libération, José A. était à nouveau incarcéré pour le viol de la fille de sa nouvelle compagne.

Pourtant, la récidive n'est pas une fatalité : les quelques années de prison effectuées par un beau-père « amoureux » de sa belle-fille lui feront très vraisemblablement intégrer les limites qu'il avait ignorées. Des précautions supplémentaires doivent, par contre, être prises pour la population d'agresseurs dont la dangerosité ne saurait être évacuée d'un trait de plume. Il y a dans ce lot la catégorie des assassins violeurs d'enfants qui poussent à l'extrême dans une véritable folie meurtrière les attitudes des délinquants sexuels « habituels » dont nous avons préalablement esquissé le portrait. Les précédents sont trop nombreux pour ne pas pousser à la vigilance. On se souvient du cas de Christian Van Geloven condamné en 1994 à la réclusion criminelle à perpétuité pour avoir violé et tué deux fillettes âgées de dix ans dans les Pyrénées-Orientales, précédemment condamné à deux reprises en 1984 et en 1990 pour des attentats à la pudeur commis tant sur des filles que sur des garçons. Un suivi « socio-judiciaire » aurait-il pu empêcher cet homme d'en arriver au pire ?

Les études sur la récidive sont rares, partielles et contradictoires. Celle publiée en 1994, *Libération sans retour ?* par Annie Kensey et Pierre Tournier[43], semble indiquer que la récidive en matière de mœurs serait un phénomène marginal. Après avoir suivi pendant quatre années 96 condamnés pour viols, ils ont pu constater que, si 37 d'entre eux avaient à nouveau eu maille à partir avec la justice, seulement trois l'avaient été pour des affaires de mœurs. De là à prétendre que la récidive est exceptionnelle, il y a un pas que personne ne peut franchir compte tenu de la relative brièveté du suivi et du faible nombre de la population examinée.

De même, le travail statistique mené par Carine Burricand[44] fait apparaître des taux de récidive relativement modérés : de 2,5 à 4 % pour les viols et de 8,5 à 10 % pour les « autres » agressions sexuelles. Cependant, là encore, la manière dont ces pourcentages ont été obtenus ouvre la voie à une substantielle sous-estimation : l'étude porte en effet non seulement sur une période d'observation relativement courte (1984-1995)[45], mais surtout « elle comptabilise la récidive à la date du jugement et non à la date des faits[46] ». L'incarcération de certains agresseurs pendant une partie non négligeable du temps étudié, période pendant laquelle ils avaient *a priori* peu d'occasions pour récidiver, vient encore minorer les taux enregistrés.

D'autres statistiques sont fournies sans que soit connu le protocole de recherche utilisé[47]. En en faisant la synthèse, il apparaît que le risque de récidive est effectivement faible pour les pères incestueux. Moins de 5 % d'entre eux récidiveraient, selon les chiffres de l'Association de psychiatrie et de psychologie légale[48] : leur situation familiale a changé au moment de leur libération, et leurs enfants ont eu le temps de prendre leur autonomie. Il serait plus important lorsque l'agresseur passe à l'acte en dehors de son cercle familial[49] et pourrait atteindre 15 à 25 % pour les pédophiles (dont il a été rapporté *supra* le nombre moyen très élevé de victimes), et plus encore pour la catégorie d'agresseurs très particuliers que sont les exhibitionnistes (30 à 40 %)[50]. Selon le rapport du sénateur Bimbenet, « la probabilité de récidive croît avec le nombre d'actes commis : faible pour les primo-délinquants (moins de 10 %), il est plus que doublé pour les primo-récidivistes et peut aller jusqu'à 40 à 50 % pour ceux déjà condamnés à deux reprises[51] ».

Cependant, méditant ces données, ne doit-on jamais perdre de vue que n'y sont naturellement recensés que ceux qui ont la maladresse de se faire à nouveau surprendre. Dans un dossier de viol « correctionnalisé[52] », comparaît un homme de soixante-douze ans. Ce vieillard est poursuivi pour l'agression d'une petite Malgache de douze ans qu'il avait fait venir de son pays natal en vue de son « adoption ». Le dossier indique que, lors de la perquisition effectuée à son domicile, les services de police ont retrouvé une collection d'articles de journaux relatant des disparitions, meurtres et viols d'enfants, soigneusement découpés dans la presse et rangés proprement au fond d'un tiroir. Le dossier fait également apparaître que cet homme a été préalablement condamné une fois, une seule, pour des agressions sexuelles sur une mineure près de trente années auparavant. Comment s'empêcher de penser que, durant les trente années séparant ces deux condamnations, durant ces trente années de silence judiciaire, la probabilité pour cet homme d'avoir commis des infractions restées impunies ne soit extrêmement élevée ?

La prison ne dure qu'un temps : le condamné, suivi ou non, soigné ou non, sortira tôt ou tard. Sa (ou ses) victime ne sera d'ailleurs jamais informée par qui que ce soit du jour de sa libération. Elle l'apprendra un beau matin par la rumeur familiale ou par celle du quartier, ou ne le saura jamais. D'un point de vue psychologique, cette incertitude est souvent mal ressentie, même si dans la pratique cela n'a pas beaucoup d'importance. Les victimes directes ne sont quasiment jamais importunées par leur agresseur après sa sortie de prison. La récidive n'est pas à redouter en ce qui les concerne. La justice est passée, la sanction a tout de même été lourde, l'emprisonnement difficile. Le jeune garçon est de son côté devenu un adolescent costaud, la jeune adolescente est aujourd'hui majeure, adulte, mariée, mère de famille. Le problème de la récidive ne les concerne pas. Mais il est, en revanche, bien présent pour le reste du corps social.

Si les soins nécessitant le consentement et la participation de l'intéressé ne peuvent être mis en œuvre, faut-il envisager d'autres méthodes ? Peut-on imposer de force un traitement médical à ceux qui s'y refusent ou en contestent le bien-fondé ? La France a toujours été hostile aux pratiques « rééducatives ». Ainsi, les cures de « dégoût », dites thérapies d'aversion, utilisées dans des centres spécialisés notamment au Canada (mais aussi en Belgique), sont totalement étrangères à notre mode de pensée. La France limite ce type de traitement pour les soins prodigués aux alcooliques, avec leur consentement.

Les traitements hormonaux antiandrogènes pourraient faire l'objet d'une discussion. Contestables sur un plan éthique, on peut en débattre pour les cas où l'abuseur est incapable de faire seul le chemin pouvant l'amener à maîtriser ses pulsions et se trouve lui-même demandeur de ce type de traitement. Des molécules à effet réversible sont à la disposition des soignants. Elles visent à inhiber la libido et à anesthésier tout désir. Pour peu que l'on souhaite se donner les moyens de recherche nécessaires, leur efficacité, déjà reconnue, peut sans doute être encore améliorée. Il y faudrait une volonté politique. On se doute bien que les laboratoires pharmaceutiques préfèrent commercialement privilégier les recherches sur le développement des pulsions que sur leur restriction, le marché est incontestablement plus porteur, et le Viagra plus vendeur qu'une fiole castratrice.

Les « castrations chimiques » sont autorisées en Californie depuis 1996, ainsi que dans quelques pays européens (Suède, Danemark, Allemagne) sous condition de l'autorisation du condamné. En France, tout cela reste encore confidentiel. Nombreux seront ceux à soliloquer à haute voix en se prenant la tête à deux mains avant que ne soient largement intégrées ces thérapies au suivi socio-judiciaire. Les débats philosophiques dont nous sommes tant friands du type : « Peut on condamner un être humain à vivre sans désir ? » feront certainement fureur. Mais quel est le prix d'une victime épargnée ? Tout faire pour tenter d'éviter une récidive n'est-il pas la priorité ? Surtout si l'agresseur consent au traitement.

Chapitre 4

« SANS OUBLIER LES VICTIMES »

Moi, Vanessa, ton fardeau

Au mois de mars 1998, Vanessa, treize ans, révélait à son éducatrice être victime depuis l'âge de six ans de violences sexuelles de la part de sa mère et de son beau-père. Bertrand T., cinquante et un ans, sans profession, vivant des rentes générées par un patrimoine immobilier important, avait rencontré Marie T. huit années plus tôt alors que cette dernière était âgée de vingt-sept ans. Marie T. venait de divorcer de son premier époux, monsieur V., avec lequel elle avait eu deux enfants, un garçon, prénommé Michel, l'aîné, et une fille, Vanessa. Dans un premier temps, le couple avait vécu au domicile de Bertrand T. en compagnie des deux enfants. Puis, très rapidement, Michel avait rejoint son père en Belgique. À la suite de ce départ, Marie T. ne devait plus conserver aucune relation avec son fils. Monsieur V. ne devait pas davantage chercher à en entretenir avec sa fille. Sitôt son fils parti, Marie T. prenait contact avec les services sociaux de son département afin de leur confier Vanessa, prétextant n'avoir ni le temps ni les moyens matériels de s'en occuper. L'enfant était donc placée dans un foyer, regagnant le domicile de sa mère et de Bertrand T. le week-end et durant les vacances scolaires.

Le couple était honorablement connu et n'avait jamais attiré l'attention. Il vivait replié sur lui-même sans aucune activité sociale ou professionnelle connue, Marie T. se contentant de procéder à quelques travaux de couture à domicile pour de rares clients. Les jours passaient dans une apparente oisiveté confortable avec jardinage, bricolage et quelques rares voyages. Les révélations de Vanessa devaient conduire à l'interpellation de sa mère et de son beau-père. Une perquisition permettait la saisine d'une centaine de cassettes pornographiques dont près de la moitié concernaient la petite fille. Les dates de tournage étant incrustées sur les films, il était possible de dater très précisément la ou l'une des premières agressions commises sur sa personne, filmée le jour de son sixième anniversaire. Des centaines de photographies étaient également saisies. Le couple avait aménagé dans le sous-sol de l'habitation un laboratoire de développement photographique et de montage de films vidéo ainsi qu'une salle de projection tapissée d'images pornographiques.

Monsieur et Mme T. devaient être condamnés chacun à la peine de vingt années de réclusion criminelle, peine assortie d'une mesure de sûreté de treize ans, soit le maximum de la sanction encourue.

Les jurés avaient assis leur intime conviction sur les éléments suivants :

Un voisin :

« Ils vivaient tous les deux un peu comme des ermites. La petite était en pension et rentrait le week-end et les vacances. Je ne l'ai jamais vue en compagnie de filles ou de garçons de son âge qui auraient pu venir jouer avec elle, elle vivait recluse. »

Une voisine :

« Bertrand T. ne travaillait pas : il vivait de ses revenus immobiliers. Il est resté longtemps seul, ne fréquentant personne dans le village. Il a connu sa femme en 1990. Elle avait deux enfants, un garçon et une fille. Le garçon n'est resté que quelques mois, puis il a été récupéré par son père. Ils n'en parlaient jamais, je n'ai jamais vu de photographies de cet enfant chez eux. Vanessa, très vite, dès l'âge de sept ans, a été mise en pension. Elle ne rentrait que le week-end, voire tous les quinze jours. Je trouvais cette attitude très dure de la part d'une mère. Je ne comprenais pas qu'elle puisse ne plus voir son fils ni s'occuper de sa fille alors qu'elle avait tout le temps pour cela. De plus, elle était très sévère et très exigeante avec elle. Vanessa craignait beaucoup sa mère. Peu souriante, elle n'avait pas l'attitude insouciante et gaie des enfants de son âge. Elle était grave et renfermée, adoptant une attitude d'effacement total. »

La grand-mère maternelle (durant l'instruction) :

« Lors de mes visites chez ma fille, je n'ai jamais rien remarqué de particulier. Sa maison était bien tenue. Il y avait une certaine discipline qui régnait. Ma petite-fille Vanessa ne devait pas parler pendant qu'on mangeait, il fallait que les choses soient rangées à leur place, alors qu'au contraire, avec son premier mari, on pouvait faire tout et n'importe quoi. S'il m'arrivait de faire des remarques, il me reprenait et cela faisait des histoires. »

La grand-mère maternelle (après trois années de visites à la maison d'arrêt, durant le procès, à la barre de la cour d'assises) :

« Ils s'aimaient tellement qu'ils ont voulu partager avec la petite ! Ma fille vivait le grand amour avec son mari et ils ont voulu en faire profiter Vanessa. Ils sont peut-être allés trop loin. Mais où commence l'interdit, où s'arrête ce qui est autorisé ? »

Rapports des assistantes sociales (réalisés dans le cadre de la mesure d'action éducative ouverte par l'administration suite à la demande de prise en charge de Vanessa formulée par Mme T.) :

— Octobre 1992 : « Le 17 avril 1992, Mme T. prétextant un projet professionnel ne lui permettant pas de s'occuper de sa fille décide de la placer au foyer S. pour la fin de l'année scolaire. Le délaissement de la petite fille se fait rapidement sentir et à la rentrée scolaire de septembre, Vanessa est à nouveau placée dans le même internat. Sa mère sollicite une aide financière au titre de participation aux frais de pension. Elle reconnaît son incapacité à garder sa fille sans pouvoir exprimer les raisons de ce rejet. Un contrat est passé avec elle : le versement de l'allocation mensuelle par le service de l'Aide sociale à l'enfance sera accompagné d'un suivi social soutenu sous forme d'une mesure d'assistance éducative. »

— Février 1993 : « Vanessa est une enfant de huit ans, agréable, douce, qui s'exprime avec facilité, parle de son école, de sa vie au foyer, de ses copines. Lors de notre première rencontre, elle m'a demandé à voir son frère Michel, son aîné de quinze mois, dont elle n'a plus de nouvelles et qui est resté avec son père. Sa mère accepte mal mon intervention. Suite à la demande de l'enfant concernant son frère aîné, je l'ai contactée par téléphone pour qu'elle puisse me communiquer l'adresse de son ex-mari. De cet entretien, j'ai noté les propos suivants : "Laissez tomber ou je laisse tomber Vanessa... Elle a le choix entre se taire et moi... C'est un caprice, c'est pas les gosses qui décident, c'est moi !" Elle fait du chantage à l'abandon. Elle affirme qu'elle ne peut plus s'occuper de sa fille en raison de son travail et la laisse au foyer de plus en plus souvent. L'évolution de la situation nous amène à constater que le délaissement de Vanessa s'accentue. »

— Mars 1994 : « Vanessa est une élève moyenne, enfant sage, triste, repliée sur elle-même, jouant souvent seule dans la cour. Elle reste dans sa chambre, parle très peu, n'a aucun contact avec l'extérieur. Ses retours à la maison sont rares et elle en souffre beaucoup. [...] Sa mère s'est remariée avec une personne sans activité professionnelle connue, vivant apparemment de ses rentes. Madame travaille comme couturière à domicile, elle est payée à la tâche. C'est une personne d'apparence froide. Elle souhaite donner une "bonne" éducation à sa fille et se montre très dure avec elle. La façon dont elle parle de ses enfants illustre bien la difficulté de leurs relations : "Je ne souhaite pas revoir mon fils Michel, il a choisi, tant pis pour lui... Je n'ai pas désiré mes enfants, je ne peux pas les aimer... Ma fille est un fléau, un boulet, un fardeau." Elle prend toujours prétexte de son travail pour ne pas s'en occuper. Elle pense avoir trouvé le bonheur avec son deuxième époux et ne veut pas "gâcher" une nouvelle fois sa vie. Aucun projet ne peut être conçu auprès de cette famille contre son gré. La mère menace d'abandonner sa fille si notre intervention devient trop gênante. Nous demandons qu'une mesure de protection soit prise en faveur de l'enfant. »

— Août 1995 : « La mère se montre opposée à un placement de Vanessa dans une famille d'accueil. Elle préfère un foyer plus anonyme et offrant une vie en communauté. Elle tente d'orienter l'entretien de façon quelque peu manipulatrice pour obtenir ce qu'elle souhaite : placement de Vanessa dans un foyer, ordonnance de garde à l'Aide sociale à l'enfance pour prise en charge financière complète, inutilité d'une mesure éducative. Je lui rappelle qu'un contrôle est la contrepartie d'une prise en charge financière. Cette dame est très dure avec sa fille, elle ne lui autorise aucune demande. Elle refuse souvent de faire quelque chose pour elle, par exemple lui coudre des vêtements pour une fête alors qu'elle est couturière... »

— Novembre 1996 : « Vanessa a onze ans ; nous la trouvons découragée, éteinte et triste. Elle n'évolue plus. Nous rappelons que Vanessa a eu des souhaits : avoir des nouvelles de son frère, pouvoir aller dans une famille d'accueil, mais elle est toujours revenue sur ses demandes, car sa mère s'y opposait et menaçait de l'abandonner. Le désir d'être aimée, choyée, en sécurité, demeure et elle formule de manière timide le souhait de retourner chez elle. Il est toujours aussi difficile de discuter avec sa mère. Actuellement, Vanessa va passer le week-end chez elle tous les quinze jours. Pour les trajets (foyer-maison et maison-foyer), elle prend le car toute seule. Sa mère ne va jamais ni la chercher, ni la raccompagner. Elle indique être trop occupée et puis "L..., ça fait loin". Nous proposons une mesure de consultation psychologique et psychiatrique. »

— Septembre 1997 : « La mère de Vanessa est une femme dure, ayant fixé les modalités de sa propre vie comme un train sur des rails. Elle exige de sa fille que cette dernière ne perturbe pas l'ordre de sa vie. À la maison pendant les vacances, Vanessa sort peu, reste cantonnée dans sa chambre ou doit remplir des tâches fixées par sa mère (couture, jardinage). Vanessa est cependant attachée à sa mère, au point de lui être soumise. Elle en espère de la chaleur, mais cela est un phénomène rarissime. Néanmoins, Vanessa ayant subi une opération chirurgicale cet été, nous avons vu un jour sa mère la porter et rire avec elle. Il existe donc vraisemblablement une forme de communication bien qu'aléatoire, puisque par exemple, durant cette même période, l'enfant a passé toute sa convalescence à l'hôpital durant cinq semaines sans recevoir aucune visite. »

— Décembre 1997 : « Depuis quelques semaines le comportement de Vanessa a changé. Elle sollicite énormément la présence de l'adulte. “Est-ce que je peux te parler à toi seule ?” À ce moment-là, elle se couche dans son lit, prend son biberon toujours rempli d'eau, son album photo, parle de son enfance et pleure. Elle désire reprendre contact avec son père et son frère. Elle fait la demande d'avoir une famille d'accueil, d'avoir de “bons parents”. Elle ne veut plus retourner chez sa mère et son beau-père le week-end. “Quand je suis chez moi, je reste dans ma chambre, seule toute la journée. Je m'ennuie. J'ai l'impression d'être de trop.” Elle a été prise en flagrant délit en train de fumer. Elle a été punie, elle a récidivé. Elle a séché certains cours et a reçu un avertissement. »

L'éducatrice :

« Je suis la référente de Vanessa. Ses confidences ont été recueillies dans les circonstances suivantes : à la suite de diverses mauvaises conduites de différents enfants, nous les avons menacés de les renvoyer chez eux au troisième avertissement. Tous ont pris la menace au sérieux. Vanessa est allée passer le week-end chez elle et, à son retour le dimanche soir, elle a de nouveau été surprise en train de fumer. Après le repas, je suis allée la trouver, sa camarade de chambre étant venue me dire qu'elle souhaitait me parler. Comme elle n'y arrivait pas, je l'ai invitée à écrire. Elle a simplement écrit : “J'ai des relations sexuelles avec mes parents.” Elle était en pleurs. Les confidences qu'elle m'a faites ont duré un certain temps. Je lui ai dit que ce qu'elle venait de me révéler était très grave et que j'espérais qu'elle ne m'avait pas menti. J'ai ajouté qu'il fallait des preuves. Elle m'a dit : “Je ne veux plus aller chez mes parents, ils vont me tuer s'ils savent que j'ai parlé, j'ai trahi mes parents, j'avais promis de ne jamais le dire.” Elle a continué de pleurer une bonne partie de la soirée en disant : “Pourquoi c'est à moi que c'est arrivé ? De toute façon, c'est de ma faute parce que j'étais d'accord. Quand j'étais petite, je croyais que c'était normal.” Il a fallu lui administrer un calmant pour qu'elle puisse dormir. »

Note du service social :

« Trois jours après la révélation des faits, la camarade de chambre de Vanessa la trouve allongée sur le sol, tétanisée. Le médecin intervient et lui fait une piqûre de Valium. Il n'est noté aucune cause physiologique. Seul le psychologique a pu déclencher le malaise. Le surlendemain Vanessa fait une tentative de suicide, nommée tentative de mort par l'équipe du centre hospitalier. Son geste semble directement lié à une réaction de culpabilisation à la suite de son dépôt de plainte. »

La mère :

« Mon premier mari consommait de la drogue, du haschisch et de l'herbe. En plus nous ne nous entendions plus, c'était toujours des bousculades et des mots violents. Sur le plan sexuel, il avait besoin d'avoir un rapport par jour pour se sentir un homme. J'en ai eu assez. [...] Mon deuxième époux est tout le contraire de mon ex-mari : il n'est pas violent mais tendre et intelligent, on peut parler avec lui, il ne touche pas à la drogue. Il est doux, affectueux, compréhensif. Il ne m'imposait rien sexuellement, il se souciait de moi, me respectait. Je n'ai pas eu d'enfant avec lui, nous n'en voulions ni l'un ni l'autre, mes accouchements avaient été difficiles, il y avait Vanessa et ça nous suffisait. C'est grâce à lui si ma fille est bien élevée. [...] Je reconnais cette poupée Barbie, c'est moi et mon mari qui l'avions confectionnée. Cette poupée a un accoutrement spécial : elle est en porte-jarretelles et bas noir, en petite culotte et a également une toison pubienne. Nous voulions en faire une poupée érotique. Nous l'avions donnée à ma fille qui avait souhaité en avoir une pour la mettre dans sa chambre en guise de décoration. [...] Les pinces sur les seins, c'était pour les besoins d'un film qui avait un thème sadomasochiste. Ce n'était pas des pinces qui faisaient vraiment mal, c'était pour les besoins de l'image. Pour les besoins d'un film, on avait aussi utilisé de la sauce tomate ; c'était pour une simulation de règles. Avec la sauce tomate on croyait qu'elle avait ses règles et après elle allait aux toilettes. On avait aussi acheté de la crème au chocolat Mont-Blanc. Cela l'avait fait beaucoup rire. Maintenant je reconnais que c'était stupide. [...] J'étais intervenue pour la régler sur le plan des toilettes. En effet, elle y allait très souvent, c'était une manie chez elle, tous les trois quarts d'heure et j'avais peur qu'elle ait des problèmes d'incontinence. Comme ça elle se retenait et y allait moins souvent. [...] J'avais eu des problèmes durant mes premières expériences sexuelles à l'âge de treize ans. C'est pourquoi j'avais décidé de parler très tôt à ma fille de la sexualité. Je lui avais acheté un godemiché avec une dimension adaptée pour qu'elle ne connaisse pas la douleur que j'avais moi-même connue. Elle l'avait dans sa chambre, elle pouvait s'en servir si elle voulait, c'était sa chambre, son domaine, je ne m'en occupais pas. Je voulais qu'elle soit initiée, je reconnais que nous sommes allés un peu loin, surtout quand je vois que je me retrouve en prison. [...] Avec tout ça, mon mari faisait des petits clips oniriques, il en a une belle collection. Cela nous faisait des souvenirs. Bien sûr mon mari y prenait du plaisir mais cela n'avait rien de pervers. Des fois, il me disait que Vanessa lui avait demandé d'éjaculer sur elle, qu'il n'en avait pas trop envie mais qu'il l'avait fait pour lui faire plaisir. [...] Nous n'avons jamais fait des films avec d'autres enfants. Nous n'avons pas de penchant pour les enfants, nous avons fait ça avec elle, car nous pensions que ça lui serait bénéfique, mais peut-être nous sommes-nous trompés ? Est-ce qu'on sait ce qui est permis et ce qui ne l'est pas ? [...] Nous lui avons dit qu'il ne fallait pas en parler, car c'était notre secret à tous les trois. C'est toujours elle qui prenait les initiatives. D'ailleurs, à plusieurs reprises, je lui avais dit qu'elle pourrait penser à autre chose qu'à ça. J'aimerais vraiment que quelqu'un m'explique son comportement, je ne comprends pas. Elle a toujours été d'accord et même, comme je vous l'ai dit, c'est elle qui en redemandait. Je ne vois pas pourquoi elle a tout raconté. Il a dû y avoir un enchaînement de circonstances, une de ses copines au foyer a dû faire une tentative de suicide, ou une autre a été violée par son père ou son beau-père, elle a dû vouloir qu'on s'intéresse à elle aussi et a parlé. Elle le regrettera plus tard. [...] Elle avait six ans au début, mais si elle n'avait pas été d'accord, elle aurait pu refuser. Elle était consentante même quand elle était très jeune. J'ai appris qu'elle avait fait une tentative de suicide depuis notre incarcération. C'est peut-être parce que nous lui manquons. Je n'ai rien à lui dire. Et puis je lui écrirais quoi ? Qu'elle a bien fait de nous faire mettre en prison ? [...] Je lui en veux sans lui en vouloir car elle n'a pas dû prendre pleinement conscience du mal qu'elle nous a fait. [...] Les photos, c'était pour les lui donner quand elle aurait dix-huit ans. Si j'avais su qu'il faudrait que je me rappelle de tout, j'aurais pris des notes au fur et à mesure. [...] Elle avait des revues porno dans sa chambre, je pensais que c'était mieux pour elle que d'avoir des relations avec un garçon, avec les risques que cela comporte. Je n'ai pas le souvenir de l'avoir pénétrée moi-même avec des godemichés, mais je peux me tromper. Aujourd'hui j'ai conscience d'avoir commis une erreur puisque je suis en prison. Mais je ne suis pas pour autant convaincue : il faudrait que l'on me montre en quoi j'ai fait une erreur. [...] Et quand on sortira, on ira où, à l'hôtel ? »

Expertise de la mère :

« Mme T. exprime un détachement, une quasi-indifférence tout à fait caractéristique de la relation que peut avoir un pervers avec son entourage : les autres ne sont pas perçus comme des êtres humains à part entière, susceptibles d'avoir leur personnalité, leurs désirs, mais comme des sortes d'objets utiles sur le moment pour l'accomplissement de certains désirs. C'est ce que l'on retrouve dans son discours à propos de sa fille : elle a toujours considéré celle-ci comme un être adulte capable de choix pesés et réfléchis et, même incarcérée depuis plusieurs semaines, elle ne parvient toujours pas à comprendre lors de cet examen que Vanessa, âgée de six ans au commencement des faits, n'était pas en position de faire des choix. Cette structuration perverse de la personnalité n'est pas considérée comme une maladie mentale, comme une affection psychiatrique susceptible d'évoluer ou de s'améliorer sous traitement. Il s'agit simplement d'un mode de fonctionnement psychologique habituel, d'une structure de la personnalité très peu susceptible de se modifier. Il n'existe pas actuellement de méthodes médicales ou psychiatriques capables de changer de manière importante ce mode de fonctionnement qui risque de se maintenir. Reste à apprécier la question de la nocivité potentielle de l'intéressée : la structure perverse de sa personnalité ne va pas se modifier à l'avenir, mais il est dans le même temps probable que, instruite par l'expérience de la présente affaire, Mme T. saura désormais adapter ses désirs ou les restreindre à un cadre qui ne sera plus en contradiction avec le Code pénal. En ce sens le pronostic est à la fois sombre (persistance

du même mode de fonctionnement pervers) et assez favorable (faible risque de récidive d'infraction à la législation).
Intelligente, cultivée, elle s'exprime sans aucun problème de vocabulaire ou de syntaxe et tient à faire comprendre au mieux ce qu'elle ressent. Elle ne présente actuellement que de brefs moments dépressifs, avec larmes soudaines disparaissant assez vite lorsque dans l'entretien est évoquée la séparation avec son mari en raison de leurs incarcérations respectives. Seule sa relation avec cet homme est présentée comme réellement importante et fortement investie : "C'est vraiment le plus dur, je n'arrive pas à le supporter, je n'ai pas mérité ça, la prison n'est pas logique, je n'ai rien fait de mal, on a fait ça pour elle, pas pour nous, même si on y a pris du plaisir ; je ne me sens pas coupable..." Le reste des membres de sa famille (parents, fils, frères) est présenté avec froideur et distance : ils ont disparu de son existence sans qu'elle en ait particulièrement souffert. Elle envisage de la même manière de voir Vanessa s'éloigner d'elle désormais. Il n'entre absolument pas dans ses projets de conserver des contacts. »

Le beau-père :

« Avec ma femme nous vivions un amour fantastique. On ne se quittait jamais. On sortait très peu. Même pour aller chercher le linge on y allait ensemble, main dans la main. Nous aimons beaucoup tous les deux la vidéo. Mon but, c'était de faire des trucs beaux, de créer quelque chose à partir des images. Le montage, c'est la création. [...] J'avais un goût pour l'image et le souci de faire de l'art. [...] J'ai fait des films avec ma femme, avec sa fille. Il y avait un amour à tous les trois, une certaine complicité, je n'arrive pas à comprendre que Vanessa ait porté plainte. Il y a toujours eu une complicité quand on faisait ça : le moindre problème et j'arrêtais tout ! Je n'impose jamais rien. [...] Je suis un romantique, j'aime la nature, l'art, la peinture. [...] Avec le fils aîné de ma femme, à l'époque où il vivait avec nous, il ne s'est rien passé. Parce que ça ne m'est pas venu à l'idée. Ni à celle de ma femme d'ailleurs. [...] Je ne suis pas intéressé par les cassettes pornographiques mettant en scène des mineurs mais, avec Vanessa, c'était différent. C'était une communion. On ne pensait pas à mal. C'était une façon de me rapprocher d'elle, d'avoir plus d'intimité. [...] Vanessa descendait à huit heures, mais c'est elle qui demandait à descendre, elle n'a jamais été obligée. Il m'arrivait même de refuser parce que je trouvais que ça faisait trop. Il ne fallait pas qu'elle fasse ça tout le temps et puis on avait du travail. [...] Quand je filmais, je disais des choses du genre "tu aimes ça". Je me souviens également quand elle faisait une fellation et qu'elle recrachait le sperme, je lui disais que plus tard elle aimerait ça. [...] C'est vrai que nous lui demandions d'aller un peu plus vite pour manger. Nous aurions eu le temps de manger deux fois qu'elle n'aurait pas mangé une fois. Nous on travaillait, c'est pour ça que l'on mangeait vite. On était souvent à la bourre, on travaillait même la nuit. Il a pu arriver qu'on la punisse pour ça. Mais elle était difficile, elle n'aimait pas le foie, les lentilles, les épinards, les lardons, les pois chiches, alors au moins le pain et l'eau, ça ne posait pas de difficultés, mais elle avait aussi droit à un yaourt. [...] Je voulais que Vanessa me considère comme son père. »

Expertise du beau-père :

« Nous nous trouvons au contact d'un sujet très à l'aise, qui traite la situation de haut et nous donne l'impression, à ses réactions étonnées et impatientes, que nos propos et interrogations sont complètement déplacés. [...] Tout semble glisser sur lui, tout est banal, tout est normal, tout au plus reconnaît-il que les pratiques qu'il avait mises en place pouvaient ne pas être conformes à la loi, mais manifestement, à ses yeux, la loi ne devrait pas être concernée puisqu'il s'agissait d'une complicité parfaite entre lui, sa femme et la fille de sa femme. "L'amour transcende tout", affirme-t-il. Le tournage et plus encore le montage de ces films s'inscrivent dans un contexte pervers. Ils lui confèrent un sentiment de toute-puissance en lui donnant la place du "créateur". Il domine le monde par la manipulation des images. L'intervention de la justice est perçue comme une entrave gênante à sa domination confortable et jusque-là incontestée sur un monde construit à sa convenance en complicité avec sa femme et, du moins le jure-t-il, sa belle-fille. Il supporte mal ce qu'il considère comme une trahison entraînant cette intrusion mal venue dans le secret de son intimité. Il n'y a aucun espoir de voir se modifier sa personnalité perverse. »

Vanessa :

« Ma mère ne m'a jamais dit une parole pour me dire qu'elle m'aimait. Elle me disait qu'elle m'avait eue par accident. Elle me tirait les cheveux, elle me donnait des coups de pied. Elle m'a gardée moi plutôt que mon frère parce que avec un garçon on ne pouvait pas faire autant de choses que avec une petite fille. Au départ, je ne voyais pas le mal, je pensais que c'était normal, c'est en grandissant que je me suis dit que ça ne pouvait pas durer. Pour moi, le viol était forcément accompagné de coups et quand ils m'appelaient pour ça ils étaient très gentils.... Quand ils me filmaient, ils me disaient : “Tu aimes ça, tu le fais bien, ah tu aimes bien ça, salope.” Moi, je ne prenais aucun plaisir à faire ça, j'avais fini par m'en foutre. Ils me filmaient avec de la sauce tomate et du chocolat, des crucifix, une fois même avec ma robe de communiante. Ils ne me donnaient aucune explication, ils me disaient “fais ça”, c'est tout. [...] Tous les matins des vacances, il fallait que je descende à huit heures pour le sucer. C'était dégoûtant et répugnant. [...] J'avais peur, si je parlais, de me retrouver toute seule. Quand je ne mangeais pas assez vite à midi, le soir je n'avais que du pain et de l'eau et quand je faisais tomber des miettes de pain par terre, je devais les ramasser à quatre pattes. J'avais le droit d'aller au W-C trois fois par jour. Je ne pouvais pas sortir de la maison ni avoir des copines. [...] J'ai parlé car quelques jours auparavant le responsable du foyer avait dit qu'au bout de trois avertissements, on était renvoyé pendant huit jours dans sa famille et comme j'en avais déjà deux, j'ai eu peur de devoir retourner chez ma mère. J'en ai parlé à une éducatrice. Plus précisément, comme je n'y arrivais pas, j'ai écrit “j'ai des relations sexuelles avec mes parents”. [...] Ma mère et mon beau-père m'avaient dit de ne pas en parler. Ensuite, à l'école, on m'avait toujours dit que les parents, c'est sacré. Je n'en ai parlé que parce que j'ai failli être renvoyée de l'école. »

Expertise de Vanessa :

« Victime des perversions sexuelles de sa mère et de son beau-père, Vanessa a subi une confusion des repères régissant les relations d'adulte-parent à enfant. Il y a eu confusion du sens de ces relations, où la dimension de tendresse et d'affection a été mêlée par les adultes à la dimension génitale de plaisir sexuel. Elle a été manipulée, mise dans l'obligation de participer aux sévices pour se donner l'illusion d'exister aux yeux de sa mère et espérer pouvoir ainsi recevoir des miettes d'affection. Elle éprouve aujourd'hui de la haine et du dégoût. Par compensation, elle dit que lorsqu'elle sera mère, “ses enfants seront sacrés et que personne ne pourra les toucher”. Cette phrase, qui fait référence au contact physique, révèle déjà l'anxiété qui risque d'infiltrer sa relation future de mère à enfant du fait de l'angoisse qu'elle pourra ressentir à dispenser elle-même des soins physiques à ses enfants et de la crainte qu'elle pourra éprouver à l'égard du comportement du père de l'enfant. Depuis cette révélation, Vanessa a fait deux tentatives de suicide. »

Procès-verbal de perquisition : 85 films vidéo, 980 photos et quarante-cinq mille francs en argent liquide saisis.

Lettre de prison de Mme T. à son époux :

« Nous qui étions des solitaires, je crois que le jour où nous sortirons d'ici je ne voudrai plus voir personne. Déjà, j'étais dégoûtée de la personne humaine, ce n'est pas ce séjour ici qui va arranger les choses. Enfin nous serons à nouveau tranquilles tous les deux avec notre amour, notre tendresse et notre joie d'être. Qu'avons-nous fait au bon Dieu pour subir ce que nous vivons actuellement ? Pourquoi la poisse nous poursuit-elle ainsi depuis trois ans ? D'abord la maladie de ta mère, ensuite les inondations. J'espère que c'est la dernière épreuve que nous subissons. Devons-nous être punis de nous aimer et de vivre heureux ? Je t'aime de plus en plus chaque jour, jamais cet amour ne disparaîtra, bien au contraire, il ne fait qu'augmenter. Tu es pour moi le centre du monde, le soleil et la lune. »

Lettre de prison de Mme T. à Vanessa :

« Chère Vanessa, je ne sais trop quoi t'écrire car je ne veux pas que le juge pense que je veux t'influencer. Ce n'est nullement mon but, car je suppose que ce que tu as fait, tu l'as fait en toute conscience. Ce que je regrette, c'est que tu ne nous en aies pas parlé avant. Nous pensions que ce que nous faisions était bénéfique pour toi, mais je m'aperçois que je me suis trompée. J'espère toutefois que tu nous pardonneras. Je ne te parlerai pas beaucoup de notre vie actuelle

> car je crois que tu as suffisamment souffert et je ne veux pas rajouter notre immense douleur et désespoir à tes soucis personnels. Je ne souhaite qu'une chose pour toi, c'est que dorénavant tu sois heureuse et que jamais tu ne connaisses ce que Bertrand et moi vivons actuellement. J'espère que tu répondras à ma lettre. Si tu ne le souhaites pas, tant pis pour moi, je serai bien obligée de m'y faire. Surtout ne te sens pas obligée, nous t'avons toujours laissé la liberté, c'est donc toi qui décides et jamais je ne m'imposerai à toi. Je t'embrasse très fort. Maman. »

Lettre de Vanessa à sa mère deux années plus tard à l'issue du procès :

> « Pourquoi m'as-tu mise au monde ? Pour moi, tu n'es plus rien. Je ne te pardonnerai jamais même après ta mort et la mienne. Je vous hais, je vous déteste tous les deux et je veux que vous sortiez de la prison entre quatre planches. Vanessa, ton fardeau. »

L'IMPOSSIBLE RÉPARATION

La douleur des victimes est aussi difficile à concevoir que le sont les agressions commises. Prendre la mesure des épreuves subies par les victimes de grands malheurs collectifs ne nécessite pas un effort particulier : les blessures sont palpables, manifestes, évidentes. La souffrance des victimes d'agressions sexuelles est au contraire invisible, dissimulée, solitaire. Ces enfants, ces adolescents ont l'apparence de la normalité : vus de l'extérieur, ils ne sont ni malades, ni mal nourris, ni mal vêtus. Et pourtant le regard des uns et des autres est le même : « En rencontrant Vanessa, j'ai eu l'impression de voir une morte ne survivant que par la haine portée à sa mère et à son beau-père », écrit une éducatrice. « J'ai vu un regard de vieille femme dans son visage de petite fille. Ce regard me poursuivra toujours », dit une autre.

Pour prendre la mesure de cette souffrance intérieure, inexprimable, il faut tenter l'impensable et essayer de se représenter dans une situation identique. Un avocat général invitait les jurés d'une cour d'assises à cet effort en ces termes :

« Imaginons chacun avoir subi dans notre enfance un traumatisme de cette nature : ce père que vous aimiez, ce père que vous admiriez, cet oncle que vous appréciiez, imaginez-les venant le soir dans votre chambre, vous caressant, vous embrassant, vous pénétrant. Imaginez votre désespoir de ne pouvoir le dire, votre angoisse de ne pas être cru, votre douleur de ne pas l'avoir été. Ce n'est pas du théâtre, ces tranches de vie plongées dans l'enfer de la maltraitance apparaissant sous sa forme la plus horrible : l'abus sexuel qui dépossède l'enfant de son enfance pour le plonger dans le monde adulte. Qui, très exactement, tue l'enfance, et c'est pour cela que c'est un crime. »

Dans ces circonstances, parler de « meurtre psychique » a une réelle signification. Les enfants au contact de telles situations sont mis en présence de sensations auxquelles ils ne sont pas préparés, qui vont les submerger et les emporter loin, très loin de l'innocence et des rêves auxquels ils avaient droit. Alors qu'ils se trouvent à un âge où l'imaginaire est roi, où l'esprit peut librement vagabonder dans des jeux dont la règle première est d'être « pour de faux », où tout est découverte, ils vont brutalement se trouver immergés de force dans un monde de violence réelle, dominé par la passion et la sexualité de l'adulte. En ce qui concerne les adolescents, c'est une relation dominant-dominé qui va se mettre en place susceptible de réactiver les composantes sadiques et masochistes de la personnalité et de perturber toute leur vie affective et sexuelle ultérieure. Ne pas prendre la mesure de ces souffrances reviendrait à nier la place essentielle et structurante de la sexualité pour tout individu.

TRAUMATISMES ET SÉQUELLES

Un expert décrit ainsi sa rencontre avec une victime :

« Laurence est une adolescente de quinze ans qui a encore l'allure d'une enfant. D'emblée, nous sommes frappés par son état de prostration. L'entretien se déroulera dans un climat émotionnel intense tant sa souffrance est manifeste, mais étouffée comme le sont ses

> sanglots. Sa chair est à vif et elle a beaucoup de difficultés à mettre des mots sur son vécu, répétant plusieurs fois : "Ça fait trop mal." Elle est timide, renfermée, triste, anxieuse, craintive. C'est avec beaucoup de difficultés qu'elle évoque les multiples agressions subies au quotidien dans un climat de violence extrême. Sa grande souffrance intérieure se manifeste par une angoisse profonde, massive, paralysante, associée à un sentiment interne de menace, d'insécurité et de crainte des autres. On observe des troubles du sommeil avec de fréquents cauchemars à thèmes répétitifs qu'elle nous relate avec beaucoup d'émotions, se mettant alors de tout son corps à trembler en pleurant. »

Tout être humain peut, un jour ou l'autre, être victime d'un accident, faire une « mauvaise rencontre », être blessé, violenté par un inconnu. Cela restera néanmoins un « accident » aux conséquences peut-être dramatiques et irréversibles, mais l'identité de la victime ne sera pas mise en cause pour autant. On peut être victime d'un gravissime accident de la circulation susceptible de bouleverser totalement une vie sans être pour autant nié en tant qu'individu. Tout autre est la situation d'un enfant victime d'agressions à répétition qui se renouvellent dans le temps durant des mois et des années. Tout autre est l'entreprise de démolition systématique d'une personnalité.

Ce qui caractérise ces violences, c'est leur dimension quotidienne. Un enfant, notamment victime dans un cadre familial où la confusion dans l'ordre des générations sera telle qu'il ne pourra y trouver la place qui devrait être la sienne, ne pourra se structurer. Il ne connaîtra ni l'intimité ni le respect nécessaires à la construction de sa personnalité. Pour cet enfant-là, pas d'adulte bienveillant ni protecteur, pas de chambre refuge au royaume de ses rêves, pas de salle de bains à son usage personnel, pas de lieu pour échapper aux « assiduités » de son agresseur (« je lui disais : ne ferme pas la porte, des fois qu'il t'arriverait quelque chose ! »).

Humilier un enfant, le dévaloriser, le nier en tant que tel est totalement destructeur. Conclusion du rapport d'expertise :

« Laurence a vécu durant quatre ans une situation extrêmement douloureuse et cruelle. La gravité des actes commis et leur répétition quasi quotidienne ont provoqué d'importantes perturbations relationnelles et comportementales. Son avenir est très compromis. De nombreuses années de soins seront nécessaires. »

Les réactions des victimes ne revêtent, bien entendu, aucune uniformité. L'une exhibe sa souffrance, sa honte, son dégoût d'elle-même et de son agresseur. L'autre, dans un effort de dénégation, paraît quasiment absente, étrangère à ce qui lui est arrivé. L'une est toute douleur, l'autre toute agressivité. Certaines refusent même d'admettre avoir été victimes tant cette reconnaissance leur serait douloureuse. Le déni est un mécanisme de protection, il sert aux enfants blessés « à se protéger de la pitié des autres, à préserver leur dignité et leur propre image. Mais dans leur monde intime, ils pleurent, souffrent, rêvent[1]... ». Pour tous, la situation génère un effondrement de l'estime de soi. Peu nombreux sont celles et ceux qui en sortent indemnes. Et même dans ce cas, le sentiment d'avoir été trahis, trompés, floués, reste vif : ils croyaient avoir été aimés pour eux-mêmes, ils découvrent n'avoir été qu'un instrument dans les mains d'un agresseur à la recherche de son seul plaisir personnel.

Le concept de « résilience », qui en physique définit l'aptitude d'un corps à conserver sa structure quelles que soient les pressions du milieu, est utilisé pour évoquer la capacité de certains enfants maltraités à surmonter leurs souffrances et à mener en apparence une vie « normale ». Pour Boris Cyrulnik, éthopsychiatre, « la résilience, c'est l'art de naviguer dans les torrents, [...] la capacité à vivre, à réussir, à se développer en dépit de l'adversité ». Il en définit ainsi les conditions : « Ces enfants peuvent réapprendre à être heureux si au fond d'eux on a imprégné une confiance affective, si autour d'eux on a remis en place des tuteurs de développement et si, après le fracas dont ils ont été victimes, on les a invités à remanier leurs émotions en leur offrant des lieux d'expression », affirmant ainsi le rôle majeur de l'entourage et l'importance du traitement judiciaire et social mis en place. Mais, ajoute-t-il, l'enfant ne fait preuve de résilience que dans la mesure où « au moment du fracas, il aura déjà été structuré par un minimum de stabilité affective[2] », condition loin d'être régulièrement rencontrée chez les enfants victimes dans leur milieu familial.

Or, précisément, comme le notent certains experts, « les enfants victimes d'abus au long cours ont eu à se construire en faisant l'expérience intime de l'irrespect de soi, de la trahison, de la transformation en objet consommable, ce qui devient pour eux un véritable conditionnement à la dépossession de leur identité. [...] L'enfant abusé est un être sans loi puisque l'adulte censé la transmettre est celui-là même qui la transgresse et l'enfant hors la loi se structure mal[3] ».

Analyse confirmée par le professeur Stanislas Tomkiewicz pour lequel, « s'il est possible de surmonter les traumatismes de l'enfance, les travaux sur la résilience le prouvent, il est néanmoins plus difficile de mener une vie équilibrée quand le traumatisme vient de votre propre famille que lorsqu'il est, par exemple, provoqué par un événement étranger comme la guerre. Les malheurs humbles et personnels sont plus lourds que les malheurs historiques subis par une personne qui a déjà été plus ou moins construite[4] ».

Les enfants qui néanmoins y parviennent, et ils sont fort heureusement nombreux, ont alors toutes les chances, devenus adultes, de présenter des personnalités fortes et attachantes : « Les bénéfices sont nombreux quand la souffrance est surmontée : l'activisme, l'altruisme, le pouvoir de rêver, une certaine philosophie face à la souffrance qui n'est ni magnifiée, ni évitée, mais affrontée, l'humour qui tourne la tristesse en dérision, la créativité et l'intellectualisation finissent par composer un certain caractère et donnent un certain charme à ces enfants blessés[5]. »

L'équilibre ainsi créé demeure cependant fragile. Pour Boris Cyrulnik, « la blessure est enfouie, maîtrisée, transformée, mais elle ne guérit jamais complètement[6] ». Certains voient resurgir le traumatisme après une longue période de refoulement alors qu'il le croyait apaisé. Alain, victime à l'âge de douze ans, a cru pendant quinze années n'avoir souffert de rien :

« Sur le moment, je n'ai pas eu de problèmes particuliers mais quelques années après, à l'issue d'un voyage, j'ai dû rentrer précipitamment en France et aller voir un psy. J'ai été amené à lui dévoiler ce qui s'était passé. À l'heure actuelle j'en souffre encore. Il reste des images clés dans ma tête que je n'ai jamais oubliées et que je ne cesse de me remémorer. »

Les conséquences psychiques à long terme peuvent être faites de dysfonctionnements de la vie génitale (frigidité, impuissance), de grosses difficultés à faire descendance, de troubles de la personnalité :

« Maintenant, *dit Anne*, j'ai des problèmes de couple. Je n'ai pas envie. Je n'éprouve aucun plaisir. Mon ami l'accepte très mal. Il croit que ça vient de lui... Je ne lui ai rien dit. » *L'angoisse peut durer longtemps* : « Je ne peux plus fermer les yeux, *raconte Olivia dont les cauchemars continuent d'émailler les nuits* : je rêve que je me fais agresser, ça me rend malade, je me réveille et je vais vomir. »

Les phobies seront persistantes :

« Je soussigné Docteur B. certifie avoir vu en consultation l'enfant Damien C. pour un problème d'encoprésie survenu à la suite de sévices sexuels datant de plusieurs mois. L'interrogatoire de l'enfant fait état d'une impression pour lui de ne pas pouvoir guérir, car il est persuadé que ce que lui a fait son oncle lui a définitivement "abîmé" la région anale. J'ai tenté de le rassurer en lui disant qu'il était "normal", "pas fou". Mais il est toujours en état de choc » (certificat médical).

Les pathologies induites par ces agressions sont multiples[7]. Outre la souffrance personnelle engendrée, tout cela a un coût social extrêmement élevé : un enfant ou un adolescent retiré de sa famille, confié à l'Aide sociale à l'enfance de son département et placé, représentait en l'an 2000 une dépense pour les finances départementales de l'ordre de 1 100 francs par jour. S'il doit faire l'objet de soins psychiatriques dans un établissement spécialisé, cela coûtera quotidiennement plus de 2 000 francs à la collectivité.

Pour s'en sortir, apaiser la douleur, la route sera longue et difficile. Si l'immense majorité des victimes parviennent à surmonter l'épreuve, la dépression, la délinquance guettent les plus fragiles. La prostitution[8] peut happer ces corps méprisés, dévalorisés. Certains agresseurs semblent d'ailleurs poursuivre accessoirement cet objectif :

> « Est-ce que ton père te donnait de l'argent ? — Chaque fois qu'il avait fini avec moi, il me donnait 100 francs, sans rien me dire... »
> « Quand j'ai récupéré ma nièce à la gendarmerie, le jour de l'incarcération de son père, je ne l'ai pas reconnue : elle portait une jupe fendue, des talons hauts, elle était maquillée de manière outrancière, elle avait le regard charbonneux, c'était une prostituée ! »

Le suicide, deuxième cause de mortalité chez les jeunes[9] après les accidents corporels, constitue le risque majeur :

> « Franck n'avait plus de but, plus de motivation. Rien ne semblait plus avoir pour lui un intérêt quelconque. Hier, mon mari s'inquiétant de son absence est monté au grenier. Il l'a trouvé pendu, sans vie. Je ne suis pas en mesure d'affirmer que les agressions subies soient la cause directe de son geste, mais elles ne peuvent être en aucun cas sans relation », accuse cette mère.

LE RISQUE DE LA REPRODUCTION

Le risque à long terme pour un enfant maltraité est de devenir un adulte maltraitant. La reproduction des violences subies transformant les victimes en agresseurs dans une mécanique sinistre évoquant le vampirisme peut être un chemin que certaines d'entre elles hélas emprunteront. Selon les chercheurs et les auteurs, le taux d'agresseurs sexuels ayant eux-mêmes été agressés dans leur enfance varie de 30 à 80 %[10]. On mesure à nouveau la grande variabilité des études statistiques et leur fiabilité relative. Quoi qu'il en soit, tout le monde s'accorde pour considérer cette proportion comme importante, et il suffit de constater le nombre très élevé d'agresseurs qui en font la révélation lors de leurs aveux pour en être convaincu. L'enfant maltraité qui n'a pu s'exprimer reproduit la violence reçue lorsque cela devient pour lui l'unique façon de dire ce qui lui est arrivé autrefois. Par ce biais, il fait passer son message, à savoir : « Je maltraite, j'ai été maltraité ; je viole, j'ai été violé. » Car il ne peut vivre sans le faire savoir et sans manifester de cette manière la souffrance qui fut la sienne.

Lors de son procès devant la cour d'assises de Nevers, l'instituteur de Cosne-sur-Loire, Jacky Kaisersmertz, après avoir rappelé les conditions dans lesquelles il avait été, enfant, victime de son propre père, parlant de la première agression qu'il avait lui-même commise, déclara : « C'est sorti comme un furoncle ! » « Ce que le pervers fait revivre est la réplique des situations émotionnelles infantiles auxquelles il a jadis été soumis, note le psychanalyste Jean-Tristan Richard[11], il se soulage de sa propre souffrance en la lisant dans le regard de ses victimes. »

La reproduction peut aussi résulter d'un mécanisme indirect : dans les secrets de famille, les non-dits, les explications qui ne viennent pas, dans l'incapacité à casser la chaîne du vampirisme par un acte de volonté libératrice, faute de dévoilement d'une situation de maltraitance. Le secret transpire toujours[12] : ceux qui le connaissent ont des attitudes étranges à l'évocation de certains sujets, ils échangent entre eux des propos équivoques, ils ne supportent pas la vue de certaines scènes ni l'apparition de certaines situations ou encore que soient abordés devant eux certains sujets de discussion. Des allusions leur échappent. Et tout le reste de la famille, censée être tenue à l'écart et ignorer l'inceste commis par le grand-père ou la pédophilie d'un oncle, percevra inconsciemment ce qu'on veut lui cacher. Les voix qui tremblent en certaines circonstances, les photos qui disparaissent, les prénoms qui deviennent tabous seront autant de signes s'imprégnant dans l'inconscient des uns et des autres. L'impact de ces secrets se maintiendra au fil des générations. Ils pourriront la vie de familles entières. Leur toxicité sera proportionnelle à la gravité de l'acte qu'ils masquent, voilent et déforment en le plongeant dans l'innommable.

Le secret de famille, c'est un savoir commun dont on ne discute pas avec les autres et que l'on ne partage pas, nul ne sachant jamais qui sait très exactement quoi. Et le secret des secrets, c'est naturellement l'inceste. Pour Didier Dumas, psychanalyste, « ne pas révéler un secret de famille, c'est condamner nos enfants à répéter les fautes de leurs ancêtres[13] ».

Frappantes sont les réponses données par les victimes ou leurs agresseurs aux interrogations qui leur sont faites sur la généalogie de leur famille lors de la réalisation de « génogrammes » précisément destinés à faire apparaître la présence de l'un de ces fameux secrets au travers de l'évocation et du recensement des drames divers survenus dans les générations précédentes. Ici, un suicide ; là, des troubles psychiatriques ; ailleurs, un comportement déviant, des accidents à répétition, l'environnement familial des uns et des autres est très souvent exagérément agité. Le mistigri du malheur enjambe les générations. Ici, un oncle, là, un cousin, ailleurs, un frère... C'est le corps familial dans son ensemble qui apparaît malade. Lui aussi doit être soigné.

Dans l'affaire du petit Johnny, jugée par la cour d'assises des Vosges au mois d'octobre 1999, ce sont cinq membres d'une même famille qui étaient poursuivis pour « actes de torture et de barbarie commis de manière habituelle sur un mineur de moins de quinze ans ». Jean-Michel Dumay dressait ainsi le portrait de l'un des accusés, la mère de l'enfant[14] : « Violée régulièrement en présence de ses demi-frères et sœurs par son oncle, qu'elle croyait être son père, au cours de son adolescence, battue à coups de casserole comme le sera son fils, agenouillée dans la litière du chat lorsqu'il s'agissait de la punir, Sandra G. n'a bénéficié d'aucune circonstance atténuante en étant condamnée à quinze ans de prison. [...] De ce fait, la condamnation de cette mère a pu paraître injuste au regard de la manière dont la société avait répondu à son histoire personnelle. Lorsqu'elle fut victime, la justice dut s'y reprendre à deux fois pour condamner son bourreau : une première à trois ans de prison dont deux avec sursis ; puis, après récidive, à six ans. Lorsqu'elle devint à son tour bourreau, la justice oublia alors la victime d'hier. »

Toute la famille avait ainsi porté le poids de la violence de l'« oncle ». Toute la famille avait reproduit cette violence. Et la justice n'avait pas su apporter la réponse adaptée pour la faire cesser.

Le dévoilement du secret comme la révélation d'une agression constitueront toujours une étape incontournable pour l'évacuation des pathologies familiales ou individuelles qui pourraient naître de ces violences cachées et de ces souffrances tues. La « guérison » sera ensuite fonction des personnalités, de l'attitude de l'entourage, des soutiens qui se seront manifestés, des capacités physiques et intellectuelles de chacun, de la gravité des actes commis, de l'âge auquel ils ont été subis, de l'identité de l'agresseur et de la qualité des réponses judiciaires et thérapeutiques apportées. Tout comptera, chaque élément aura sa part dans le succès ou l'échec de l'entreprise la plus essentielle dans le traitement des conséquences de ce type d'agressions : casser la chaîne de la reproduction et rompre avec ce qui n'était pas une fatalité. Rien n'est inéluctable, à condition de crever l'abcès. Les agressions sexuelles ne constituent pas une maladie génétique. Et si l'on peut dire que des enfants maltraités deviennent des parents maltraitants, il est encore plus exact et juste de dire que, si de nombreux parents maltraitants ont été des enfants maltraités, la plupart des enfants maltraités ne deviennent pas pour autant des parents maltraitants, mais d'excellents parents.

LES CHEMINS DE LA RECONSTRUCTION

Pour les plus jeunes, il sera conseillé de laisser l'agression retourner dans les limbes par l'effet du refoulement, c'est-à-dire le rejet hors du champ de conscience de ce souvenir douloureux, mécanisme de défense naturel que beaucoup de spécialistes considèrent comme dangereux de vouloir contrarier. Pour les autres, le principal écueil à éviter sera de voir la victime se complaire dans cet état et acquérir ce que l'on nomme une « psychologie de victime ». Si la reconnaissance sociale de l'agression subie est fondamentale, si être reconnu comme victime constitue pour l'enfant une étape nécessaire, cela ne doit à aucun prix devenir un statut. Le procès, qui doit être le moment de la reconnaissance officielle de la place de chacun, agresseur et agressé, doit aussi être celui de l'évasion et de la libération : à l'instant même où la justice consacre l'existence de l'agression en condamnant l'agresseur, la victime n'en est plus une. Justice lui a été rendue ; elle perd cette qualité.

Le procès peut constituer cet acte thérapeutique[15]. En dépit de ses dysfonctionnements relevant quasiment du domaine de l'institutionnel, la justice demeure un espace de reconstruction. Le procès peut restaurer la confiance : « Vous direz à Julie que tous les adultes ne sont pas comme son beau-père. Que les adultes sont là pour entendre les appels et les cris des enfants », lance un avocat général à l'adresse des jurés d'une cour d'assises. Pour de nombreuses victimes, la peine de prison prononcée contribue également à apporter la tranquillité d'esprit et le sentiment de sécurité nécessaire. « J'ai peur qu'il me fasse encore mal lorsqu'il sortira », disait Véronique lors de l'instruction. La peine de seize années de réclusion assortie d'une mesure de sûreté des deux tiers prononcée à l'encontre de son père devait participer à la dissipation de ses angoisses.

D'autres seront moins attentifs à cet aspect des choses. Benoît B., victime de son père dans les conditions relatées *supra*[16], ne connaît plus la peur et n'entretient aucun esprit de vengeance. Il exprime ainsi ses attentes auprès du juge d'instruction :

> « Voici un peu plus d'un an, j'avais profité de l'émotion qu'avait provoquée l'arrestation de mon éducateur pour parler avec mon père de ce qu'il m'avait fait. Il avait tout reconnu en pleurant. J'avais pitié de lui, je savais qu'il avait eu une enfance malheureuse. Quand nous avons parlé de tout cela, mon père m'a d'ailleurs avoué qu'il avait également été victime de ce type d'agissements dans son enfance. J'avais aussi constaté qu'il avait changé et qu'il était plus affectueux avec mes deux demi-frères qu'il ne l'avait été avec moi. Je lui ai demandé de se faire soigner, d'aller voir un médecin, ce qu'il a fait. Je ne désire pas déposer plainte contre lui. »

Ce que Benoît B. souhaitait avant tout pouvait se résumer ainsi : que l'agression cesse, et elle avait cessé, que son père reconnaisse ce qu'il lui avait fait subir, et il l'avait reconnu, qu'il ait à son égard enfin un comportement digne d'un père, et il en avait pris le chemin en acceptant d'aller se faire soigner.

Si la question de la sanction n'est pas et ne doit pas être au centre des préoccupations des victimes, elle ne peut cependant pas les laisser indifférentes. Leur besoin de justice doit être satisfait. Une peine trop légère peut compromettre le « travail de deuil » en cours. Une peine trop lourde peut réactiver un sentiment de culpabilité. L'enfant, l'adolescent, puis l'adulte qu'ils deviendront auront d'ailleurs sur ce sujet des positions qui évolueront : à l'esprit de vengeance pourra succéder quelques mois ou années plus tard un sentiment de compassion pour l'agresseur. Il est donc sain que le problème de la sanction pénale ne soit pas leur affaire et qu'il demeure la prérogative exclusive du représentant de la société qu'est le ministère public.

Cela étant, si une peine est prononcée, cette décision doit être appliquée. À défaut, la victime se sentira trompée et ne pourra que perdre confiance dans le système judiciaire. Or les risques de voir les condamnations demeurer théoriques existent[17]. Exemple : M. dénonce les agissements de son grand-père en 1994. Ce dernier est condamné par le tribunal correctionnel en 1997. Cette condamnation (à trois ans de prison dont deux avec sursis) est confirmée par la cour d'appel en novembre 1998. Pourvoi en cassation du grand-père, ce qui permet de suspendre l'exécution de la sanction concernant l'année d'emprisonnement ferme. Rejet de ce pourvoi en novembre 2000. Le grand-père allait-il pour autant enfin purger sa peine ? Non, car la loi sur la « présomption d'innocence » charge désormais les juges d'application des peines de dire s'il y a lieu d'aménager les condamnations comportant moins d'une année d'emprisonnement ferme (en fonction de l'âge, des responsabilités familiales, du travail, de l'état de santé des personnes concernées). Les JAP peuvent ainsi décider de maintenir la peine telle qu'elle a été prononcée ou, au contraire, de moduler son application (en accordant, par exemple, un régime de semi-liberté ou un régime d'incarcération limité aux week-ends). Leurs jugements étant à leur tour susceptibles de recours (notamment devant la cour d'appel), les procédures deviennent interminables. Le grand-père s'empresse naturellement d'utiliser ces nouvelles opportunités. Au mois de février 2001, sept ans après la dénonciation des faits il se trouvait toujours en liberté, et sa victime réduite à alerter la presse régionale pour exprimer sa colère[18].

Complément de la procédure judiciaire, la psychothérapie constitue souvent un passage obligé, quasiment incontournable, pour sortir de la confusion et créer les conditions nécessaires pour « passer à autre chose ». Les victimes, surtout les adolescents, se refusent fréquemment à engager spontanément une telle démarche. Avec le temps, elles finissent par s'y résoudre. La qualité du contact avec le psychothérapeute est fondamentale pour la réussite de l'entreprise. Cela peut être long, segmenté dans le temps, parfois très onéreux. C'est notamment pour faciliter cette immédiate ou future démarche des victimes que les juridictions leur allouent des dommages et intérêts qui reconnaissent également l'existence du préjudice moral et corporel subi. Cette intervention de l'argent comme mode de réparation ainsi que la diversité des sommes allouées ne sont pas toujours bien comprises et peuvent parfois prêter le flanc à des propos malveillants. Plus légitimement, certains s'inquiètent des effets négatifs que l'allocation de sommes d'argent pourrait éventuellement causer aux victimes en augmentant les risques de dérives vers la prostitution.

D'un point de vue juridique, les sommes allouées sont parfaitement justifiées, car il y a eu préjudice, et la réparation financière doit être là pour reconnaître son existence et permettre l'accès à des soins qui peuvent s'avérer indispensables ou tout simplement permettre à l'enfant de retrouver grâce à des actes de consommation un certain plaisir à vivre. Partir en voyage, se changer les idées, commencer à oublier. La grosse majorité des indemnités accordées par les juridictions pénales sont inférieures à 15 000 euros. Dans certains cas gravissimes, elles peuvent à peine atteindre le double. L'atteinte à l'intégrité corporelle et au droit à la dignité de la personne humaine aurait-elle moins de valeur dans notre société que l'atteinte à l'image[19] ?

Chacun avec ses moyens tente de s'en sortir comme il le peut. Le combat pour l'enfance peut constituer l'un d'entre eux, une manière de positiver la souffrance vécue : Vanessa, de nationalité belge, dit combien sa participation à la Marche blanche de Bruxelles et au mouvement de protestation né de l'affaire Dutroux[20] l'a aidée.

Une fois passé le temps de la reconstruction viendra alors peut-être celui du pardon si bien défini par Paul Ricœur : « Le pardon est le ciment entre le travail de mémoire et le travail de deuil ; ce que le pardon ajoute au travail de souvenir et au travail de deuil, c'est sa générosité[21]. » Et il pourra même y avoir enfin, éventuellement, un temps pour l'oubli. Car, comme l'écrit Kundera, « la plupart des gens s'adonnent au mirage d'une double croyance : ils croient à la pérennité de la mémoire et à la possibilité de réparer. L'une est aussi fausse que l'autre. La vérité se situe juste à l'opposé : tout sera oublié et rien ne sera réparé. Le rôle de la réparation sera tenu par l'oubli. Personne ne réparera les torts commis, mais tous les torts seront oubliés[22] ».

CARENCES DES HOMMES ET DES INSTITUTIONS

On le voit, les victimes ont énormément de choses à dire sur tous ces sujets qui vont de l'expression de leur propre souffrance à la manière de réparer leur préjudice en passant par les relations particulières qu'elles ont pu entretenir avec leurs agresseurs et leur nécessaire implication dans la reconnaissance de la culpabilité de ces derniers. Les enfants en ayant les capacités le feront directement ainsi que par l'intermédiaire de leur avocat. S'ils n'en ont pas les moyens, leurs parents ou leur administrateur *ad hoc* agiront et parleront pour eux afin de pouvoir ultérieurement leur restituer leur histoire et leur faire savoir que dans ces circonstances tragiques ils ont été effectivement défendus.

L'institution judiciaire doit être le lieu d'expression privilégié de toutes ces paroles et de tous ces sentiments. En tentant une parabole, la justice pourrait se raconter comme une gigantesque institution médicale destinée, à l'issue des traitements dispensés, à permettre à ses patients de retrouver les uns, agresseurs, « le chemin de la communauté des hommes[23] », les autres, victimes, la dignité attachée à la qualité d'être humain. La dénonciation des faits pourrait correspondre à la révélation de la maladie, l'enquête préliminaire au diagnostic, la phase d'instruction à la période d'observation et aux examens cliniques, le procès à l'intervention chirurgicale et la détention prolongée d'un éventuel suivi judiciaire à la convalescence dans l'attente d'une sortie libératrice en espérant qu'il n'y ait point de rechute.

Le fonctionnement de l'institution est bien loin de correspondre à ce scénario idéal. En transformant par la pratique de la correctionnalisation un crime en délit, on établit un faux diagnostic. En bâclant le procès, on provoque un incident opératoire. En négligeant le bon déroulement de la convalescence, on induit la récidive. Et pourtant, sur le papier (c'est-à-dire dans les codes), la méthode employée et les moyens suggérés paraissent convenables. Tout semble prévu ou presque. Le Code pénal comme le Code de procédure pénale sont remplis d'articles redoutablement précis, méticuleux, définissant tant la nature des infractions que la manière de les traiter dans les moindres détails, chaque mot étant pesé avec une vigilance extrême. Tout cela ne donne bien souvent, il faut le dire, que de pauvres résultats. Rares sont les affaires où le scénario magistralement orchestré par le législateur ne débouche pas sur quelques couacs au retentissement sonore pour les oreilles des personnes concernées et notamment pour celles des victimes.

Les reproches faits à l'institution judiciaire sont bien connus : sa lenteur, sa formidable force d'inertie, ses manques de moyens, son déficit de formation. Mais ces reproches doivent s'étendre à d'autres intervenants qui sont ses partenaires incontournables : les services sociaux, les services de police et de gendarmerie, qui tous reproduisent au sein de leur propre institution toutes les carences de l'institution judiciaire, c'est-à-dire lenteur, pesanteur, manque de moyens, formation insuffisante. La crise de la justice, endémique, n'est que l'un des symptômes de la crise de l'État.

EXEMPLES DE DYSFONCTIONNEMENT

Au mois de mars 1988, une mère se présente à la gendarmerie de son domicile pour y déposer plainte à l'encontre de son époux pour des attentats à la pudeur commis sur la personne de sa fille Lise, alors âgée de cinq ans. Le mari, dont l'activité principale consiste à être l'homme à tout faire du principal parti politique local, collage d'affiches et service d'ordre, et qui, pour cette raison, entretient de bonnes relations avec les gendarmes, est interrogé avec délicatesse. Il nie.

Le lendemain, la mère retourne à la gendarmerie pour « retirer sa plainte », expliquant « qu'elle agit de cette façon, car son mari la menace de la faire enfermer chez les fous ». Du tout, il est dressé procès-verbal. La procédure est transmise au parquet. Classement sans suite.

La famille connaissant diverses difficultés et les enfants posant de gros problèmes de scolarité, les services sociaux interviennent. Les enfants (toutes des filles) sont placées en familles d'accueil ou en foyer avec retour chaque week-end et la plupart des vacances scolaires chez leurs parents. Des rapports sont régulièrement établis par les travailleurs sociaux et transmis au juge des enfants. On peut y lire, au fil des ans, les observations suivantes.

> 1991 : « Lise était très abattue lors de son retour au foyer, elle parlait sur un ton monocorde. Elle est revenue très sale, les cheveux coupés, à moitié colorés et la tête pleine de poux. Elle avait pris beaucoup de poids (cinq kilos) durant ces quelques jours de présence au foyer familial. »
>
> 1992 (Lise a neuf ans) : « C'est une enfant qui n'évolue plus. Elle est de plus en plus bloquée. Son père l'a ramenée dimanche soir, elle était terrorisée et présentait des ecchymoses. Son énurésie s'accentue. »
>
> 1994 : « En l'état actuel, nous n'avons que des suspicions de mauvais traitements, nous n'avons pas de preuve. »
>
> 1995 : « Dès qu'il est question de sa famille Lise devient mutique, comme si un lourd secret pesait sur elle... Son attitude évoque celle d'un enfant victime d'inceste. »

> 1996 (Lise a treize ans) : « Le comportement du père à l'égard de sa fille est des plus préoccupants. Il est obnibulé par sa sexualité et ne parle d'elle que sous cet aspect. Il la gave de nourriture au point qu'elle pèse actuellement 79 kilos. »
> 1997 : « Au cours d'un entretien, le père m'a confirmé devant sa femme qu'il dormait avec sa fille en prétextant qu'elle manquait d'affection et que beaucoup de pères font comme cela. La situation sanitaire et psychologique des parents frise la folie. J'ai noté une relation très érotisée avec ses filles depuis plusieurs années ; il y avait des caresses au niveau de la poitrine et du ventre. Il y avait des baisers qui se terminaient sur la bouche. Ils étaient toujours collés les uns aux autres. Ils se tenaient par la main comme des amoureux les doigts entrelacés. Il disait toujours : "C'est mes bébés." Je lui en ai fait souvent la remarque, je pointais avec lui ses comportements anormaux. Il s'en étonnait. »

Au mois de mars 1998 (Lise a quinze ans), dix années quasiment jour pour jour après la première plainte de la mère, un inspecteur de l'Aide sociale à l'enfance (ASE) se saisissant à pleine main du dossier, décrétant que tout cela suffisait et qu'il était grand temps d'agir, établit un rapport de synthèse reprenant la totalité des observations recueillies depuis l'origine, procède à un énième signalement et alerte à nouveau le procureur de la République. Ce dernier, loin de s'alarmer, transmet le dossier au juge des enfants avec la mention : « Il semblerait qu'il y ait matière à enquête pénale sur des faits de maltraitance », ponctuant sa phrase d'un magnifique point d'interrogation. En effet, il y avait matière... Le droit de visite et d'hébergement est suspendu par le juge pour enfants, l'inspecteur de l'ASE profite de cet éloignement pour rencontrer Lise hors l'influence de sa famille d'origine, lui parler, l'écouter. L'enfant finit par tout lui raconter. Au mois d'août 1998, à l'issue de l'enquête préliminaire, le père est mis en garde à vue puis incarcéré. Il finira par avouer du bout des lèvres et sera condamné à dix années de détention.

Dix années d'observations du malheur, le crime sous le nez, dont l'évidence crevait les yeux, dix années de souffrances qui auraient pu être évitées, dix années (et une enfant) perdues.

Véronique naît en 1983 dans une famille déjà suivie par les services sociaux. Les parents sont séparés, le père est alcoolique, la mère occasionnellement prostituée. Dès sa naissance, elle est placée à la pouponnière du département au Foyer de l'enfance puis, très rapidement, elle n'a que quelques mois, confiée à une famille d'accueil, M. et Mme N. Elle y vivra et s'y épanouira jusqu'à l'âge de neuf ans. Mais la justice a néanmoins tenu à préserver le « lien familial ». Durant ces neuf années, des rencontres sont régulièrement organisées avec la famille biologique qui s'est entre-temps reconstituée. Premières rencontres au domicile de la mère nourricière, puis, progressivement, évolution très prudente vers des rencontres au domicile des parents biologiques quelques week-ends par an et quelques jours durant les vacances scolaires. Là, Véronique a l'occasion de rencontrer ses frères, également placés. L'assistante sociale chargée du suivi des parents et des enfants se prend à rêver d'une grande réunification familiale. Prenant son travail à cœur, se sentant vraisemblablement investie d'une mission, elle remue ciel et terre pour permettre aux parents de réunir les conditions qui seraient susceptibles de permettre le retour des enfants au foyer. Dans une lettre adressée au directeur d'une entreprise auprès de laquelle son protégé postule pour un emploi, elle écrit :

> « Je me permets d'appuyer sa demande, car c'est un monsieur qui a rencontré beaucoup de problèmes dans sa vie qui l'ont fait plonger mais il cherche par tous les moyens à se relever. Je veux tout tenter pour cet homme de bonne volonté qui ne demande qu'à mener une vie digne. Depuis que je m'occupe de lui, il reprend confiance en la vie, espère, revoit ses enfants en jouant son rôle de père beaucoup mieux à la grande joie de ceux-ci. Le problème crucial est le travail. Pouvez-vous nous aider ? »

Sur la demande de la travailleuse sociale, un médecin dont la naïveté ne devait avoir pour égale que la prétention, établit un élogieux certificat médical :

> « L'attention de Mme G., assistante sociale, chargée du suivi des enfants de M. et Mme F., attention portée aux problèmes de cet

> homme écrasé par un trop lourd passé, et le fait que j'ai eu cette même attention à son égard ont réalisé un véritable choc psychologique, de sorte que la guérison de cet homme a été comme miraculeuse. Il a immédiatement arrêté de boire, a presque aussitôt retrouvé du travail, faisant preuve d'une volonté et d'un courage exemplaires. Retrouvant confiance en lui, c'est aujourd'hui un tout autre homme qui inspire le respect. La joie est revenue dans son foyer. Le couple est heureux. Pour tout cela nous devons le féliciter. Je suis heureux de pouvoir le citer en exemple. »

La travailleuse sociale distille ces appréciations positives dans des rapports dont le juge pour enfants prend connaissance. Insensiblement l'idée fait son chemin : et si les enfants étaient rendus à leurs parents ?

Il faut le dire, à cet instant-là, la justice, c'est avant tout du papier... Les juges statuent au vu des rapports, témoignages, certificats, expertises qui leur sont soumis. Et les rapports favorables s'empilent. Le juge informe les parents ainsi que la famille d'accueil de Véronique qu'il réfléchit à une telle éventualité. Pour M. et Mme N., ce projet est un drame. Véronique est devenue « leur » fille. Et ils ne partagent absolument pas l'enthousiasme de l'assistante sociale. Véronique se plaint au retour des week-ends passés chez ses parents. Mme N. consulte son médecin traitant qui examine l'enfant. Dans l'un des certificats qu'il aura l'occasion d'établir, ce dernier[24] écrit :

> « J'ai déjà signalé aux assistantes sociales que la petite Véronique m'a affirmé dans mon cabinet, sans aucune pression, que son grand frère (que je ne connais pas) se livre à son égard à des attouchements des régions sexuelles. Le sujet est délicat et je sais toute la gravité de mon témoignage. Mais je sais plus encore la gravité du non-témoignage et du silence. C'est pourquoi je n'hésite pas à délivrer ce certificat à Mme N. »

La tension monte entre les deux familles. Mme N. alerte les services sociaux qui ne voient là que broutilles, jeux d'enfants et manœuvres de la part de la mère nourricière pour s'opposer au départ de Véronique. Les relations se dégradent entre Mme N. et le « service ». L'assistante sociale à l'origine de ce grandiose projet de réunification ne supporte pas que la famille d'accueil puisse s'y opposer et remettre ainsi en cause son autorité. Elle établit des rapports accablants à son sujet :

> « Véronique est totalement dépendante sur le plan affectif de Mme N. qui ne s'en rend pas compte. Elle n'admet pas ce que nous pouvons lui dire. Elle veut prendre des décisions à notre place et cherche à nous manipuler... Mme N. a une pathologie qui s'apparente à de la perversité et à de l'hystérie. Je considère qu'elle a commis une faute professionnelle en disant du mal du service... M. F. a fait de son côté un énorme travail pour récupérer sa fille. Il a énormément progressé puisqu'il s'est arrêté de boire. »

Pour désamorcer le conflit, le juge pour enfants désigne une nouvelle référente sociale pour apprécier la situation. Extraits de son rapport (mars 1992) :

> « J'ai rencontré Véronique. Le contact a été difficile, tendu. Elle paraît n'avoir pas confiance et ne pas avoir la liberté de parler de ses attentes, plaisirs ou inquiétudes. Elle ne manifeste aucune objection ni aucun reproche sur l'organisation de ses séjours chez ses parents. Elle en semble heureuse, sans pouvoir l'avouer. Mais l'expression de son visage se referme vite et se perd dans le vide lorsque je souhaite parler de son retour définitif chez ses parents. [...] Personne ne paraît véritablement prêt au retour définitif de Véronique, ni les parents, ni la famille d'accueil, ni Véronique qui exprime une grande souffrance et une forte émotion à l'idée de sa séparation d'avec Mme N. Ne devrait-on pas envisager une étape intermédiaire plus neutre entre le placement en famille d'accueil et le retour chez les parents ? »

Ces réserves ne sont pas entendues. Les tensions sont trop vives entre les uns et les autres, et il faut trancher. Et puis quel intérêt y aurait-il à placer l'enfant dans un foyer pour faire sas entre son départ de sa famille nourricière et son arrivée chez ses parents biologiques ? Reprenant l'ensemble de ce dossier, relisant les multiples rapports favorables de la précédente assistante sociale, le juge des enfants opte pour la voie du retour. Véronique est convoquée pour être informée officiellement de cette décision.

Procès-verbal de l'audience (avril 1992 — Déclarations de Véronique notées par le juge) :

> « — Je ne veux pas faire de peine à Mme N.
>
> — Chez Papa et Maman je ne manque de rien.
>
> — Je sais que c'est le juge qui décide que j'aille chez Papa et Maman.
>
> — S'il y avait quelque chose de très grave chez Papa et Maman, je le dirais. » Et signature.

Véronique est rendue à ses parents ainsi que le frère aîné. Le deuxième frère reste placé en raison de troubles psychomoteurs. Il faudra faire intervenir les gendarmes pour arracher Véronique des bras de sa mère nourricière qui s'oppose physiquement à son départ. Force doit rester à la loi. Mme N. perd son agrément de famille d'accueil en raison de son « opposition » au service. On lui reproche de s'être trop investie auprès de l'enfant et de ne pas avoir suffisamment de recul. Intoxiqués par les rapports de la première assistante sociale, référente de la famille durant neuf années, et par le sacro-saint principe enseigné à l'École de la magistrature selon lequel le « lien familial » doit être préservé et favorisé, peu de juges pour enfants (au surplus absorbés par de multiples autres dossiers et tâches) auraient pris une décision différente.

Pendant les quatre années que Véronique passera au domicile de son père, jusqu'à l'incarcération de celui-ci, elle ne cessera d'adresser à M. et Mme N. des courriers poignants qui mettent la rage au cœur :

> « Geneviève, Jacques, je vé vous dire un secré. A dix-huite ans je revin vous voire tonque dans neuf ans. Le disé pas a ma mère ni a mom père ni a mom frere à persone. Le secré que je vous sé confié, ne le disé pas, je vous san suplui. Merci. »
>
> « Geneviève, la première chose que je veux te dire sé que je t'aime. Tu le sais que je veux venire à 18 ans et maime si je peux venire avent je viendrais. Ossi la chose que je voulais te dire sé que toi

> et Jacques je vous aime et je vous carteré tout le tempt dans mon cœur. »
> « Geneviève, je tans supli vien me chercher chez moi j'en n'ais mare de mes parents. Mes nounours ont ton odeur alors j'esselle de lé gardé le plus longtemps possible. Le matin sen toi von être dure. »

Le tout comportant des dessins sur le thème de « la maison de Geneviève et Jacques, la maison du bonheur ». Sur ses cahiers d'écolier, elle écrit inlassablement « à 18 ans je retournerai chez Geneviève et je feré ce que je veux ».

Cette situation durera jusqu'au jour où le plus jeune frère de Véronique[25] confiera au juge des enfants les relations anormales entretenues par son père avec sa sœur. Véronique aurait eu bien du mal à contacter le juge pour lui dire qu'il se passait « quelque chose de très grave chez Papa et Maman » ! Que c'est loin un juge pour enfants pour une petite fille d'une dizaine d'années ! Et puis ne lui avait-il pas enlevé Geneviève et Jacques ? Comment avoir confiance en lui ? Et comment avoir foi dans le pouvoir et la capacité de ses parents nourriciers à la protéger, eux qui avaient été désavoués par les services sociaux et par le juge ?

Le médecin, qui avait alerté les services sociaux sur les attouchements commis par le grand frère, viendra témoigner. Il indiquera :

> « J'ai toujours pensé que c'était une erreur de remettre cette enfant à ses parents. J'avais remis à Mme N. plusieurs certificats en ce sens. Mais je précise qu'à aucun moment je n'ai été consulté par les organismes responsables. Ni par téléphone, ni par écrit, les décisions sont tombées pour l'enfant comme une sanction. »

Véronique a retrouvé Geneviève le jour de l'incarcération de son père. Elle avait treize ans.

PREMIÈRE URGENCE : MODIFIER NOS COMPORTEMENTS

De ces deux cas d'école où l'on retrouve à la fois la faillite des institutions judiciaires et sociales et celle des hommes, plusieurs enseignements peuvent être tirés :

— Le souci constant selon lequel il y a lieu de tout faire pour conserver les liens familiaux en maintenant l'enfant dans son milieu (ce dont la loi pose le principe, mais ce n'est qu'un principe) se révèle souvent contraire à l'intérêt de l'enfant. Il est faux de dire, comme on l'entend de multiples « spécialistes » de l'enfance, que « mieux vaut pour un enfant être battu qu'abandonné ». Cette idée repose sur l'axiome selon lequel chaque enfant a besoin de ses parents et que la meilleure façon de régler les problèmes rencontrés au sein de sa famille n'est pas d'en faire un orphelin, à peine de rajouter un traumatisme supplémentaire. Mais, lorsque à l'évidence on se trouve en présence d'une situation de maltraitance, comme cela était le cas pour Lise, même au temps où cette maltraitance ne pouvait être précisément nommée et clairement identifiée, ou bien encore lorsque l'on se trouve en présence d'une enfant comme Véronique qui, dès sa naissance, a pu trouver la réalité d'une vie affective auprès de tiers qui n'auraient d'ailleurs demandé qu'à l'adopter, on laisse les principes au vestiaire et l'on ne fait rien pour favoriser le maintien du « lien familial ».

— *L'enfant ne parle que quand il se sent vraiment, effectivement protégé,* étant précisé que les belles paroles ne constituent pas une protection. Lise ne nomme la maltraitance qu'elle subit qu'après la suppression du droit de visite et d'hébergement de son père à son égard. Inversement, la protection offerte avec une certaine naïveté par le juge des enfants à Véronique n'en constitue pas une. Lorsque des signes de maltraitance caractérisés apparaissent, il faut mettre l'enfant à l'abri, de manière conservatoire, hors son milieu familial, pour lui permettre de parler s'il a quelque chose à dire. Les juges et les travailleurs sociaux doivent agir prioritairement selon un principe de précaution.

Certains, pour des raisons totalement différentes motivées notamment par le souci de dépister plus facilement d'éventuelles « fausses allégations », rejoignent cette position en proposant la création de centres d'accueil spécialisés où les enfants présumés victimes « seraient placés en observation hors les influences familiales sous la responsabilité d'équipes pluridisciplinaires[26] ». Que ce soit pour permettre à l'enfant de parler s'il a quelque chose à dénoncer ou pour lui éviter de le faire s'il ne souffre en réalité de rien, la création de tels lieux d'écoute ne pourrait être que bienvenue.

— *Il n'est de richesse que d'hommes.* On se demande ce que pouvaient bien avoir dans la tête les représentants des institutions concernées au moment où les dossiers de Véronique et de Lise passaient entre leurs mains. Les bavures en la matière sont nombreuses et passent avec majesté aux oubliettes des services sans que la plupart des intervenants ne se sentent le moins du monde mis en cause. Pour un juge des enfants qui prendra la mesure de son erreur et viendra s'en excuser auprès de la victime comme sut le faire avec honneur le magistrat ayant traité le dossier de Véronique, combien d'autres qui continueront à suivre les rails de leurs fonctions dans une routine meurtrière sans se poser la moindre question ? S'il est vrai que l'on ne peut passer son temps à jeter des pierres sur les fenêtres des ministères pour réclamer des augmentations de crédit, il est tout aussi vrai de dire que déjà, sans un centime supplémentaire, le fonctionnement du système ne serait pas tant catastrophique si chacun y mettait toute sa conscience.

— *Comme l'écrivait Brecht, celui qui ne sait rien est un imbécile, celui qui sait et ne dit rien est un criminel.* La lutte contre les violences commises sur les mineurs ne concerne pas seulement ceux dont c'est la fonction. Prévenir est l'affaire de tous.

> « Quand nous nous trouvions chez eux, il prenait sa fille aînée sur ses genoux, lui tapotait les fesses ou lui touchait les seins en disant : "Elle est bien faite, ma petite." Un jour, au cours d'une discussion, sa femme nous avait dit avoir surpris son mari dans la chambre de leur fille. Je n'ai pas demandé plus de précision mais rien qu'au ton employé j'ai bien senti que c'étaient des choses pas très catholiques. Je plaignais les enfants... » (une « amie » de la famille de Lise).
>
> « Nous nous sommes posé des questions sur les relations entre cette fille et son père. En effet, nous nous étions rendu compte qu'elle passait très souvent des journées seule avec lui et parfois des nuits. J'ai très souvent rencontré le père et la fille, celle-ci dans des tenues sexy, se promenant la main dans la main. Une nuit, avec mon épouse,

il devait être aux alentours de minuit, nous avons très distinctement perçu des bruits de ressort et de couinement en provenance de leur appartement et nous nous sommes fait la réflexion qu'il n'y avait pas la mère que nous savions absente. Nous en avons discuté, mais nous avons jugé que c'était insuffisant pour porter des accusations formelles. Je considérais que ce n'était pas mon problème, d'autant plus qu'on allait tout de même pas leur poser directement la question » (des voisins de Véronique).

Comment dénoncer sans prendre le risque de se retrouver délateur ? La réponse tient dans la question. La délation suppose une dénonciation pour des motifs méprisables. Il n'y aura jamais rien de méprisable à intervenir dans une situation qui apparaît comme manifestement malsaine, soit avec courage directement auprès des personnes concernées, soit simplement avec conscience en transmettant l'information aux services adaptés. Celui qui agira ainsi aura fait ce qu'il avait à faire. À chacun d'ouvrir ses oreilles, d'aiguiser son regard et de refuser le confort du silence. Mgr Pican, évêque de Bayeux, n'avait sans doute pas pris conscience de cette nécessité : ne plus collaborer au silence. Informé par la mère de l'une des victimes (hors secret de la confession, mais selon lui dans le secret de la « confidence ») des agissements pédophiles de l'abbé Bissey, il n'avait pas cru devoir en informer les autorités judiciaires, se contentant de conseiller à l'intéressé de « prendre du repos » et de le muter dans une autre paroisse du Calvados[27].

L'ensemble des corps constitués doivent tenir un langage de nature à favoriser les comportements civiques[28]. Le devoir d'ingérence, le vrai, qui ne peut s'exercer qu'avec mesure et sans intention malveillante, ne peut rentrer dans nos mœurs tant que ceux qui l'assument avec un esprit de responsabilité courent le risque de se retrouver sanctionnés pour avoir eu le courage de le pratiquer. La presse s'est régulièrement fait l'écho dans le passé des difficultés rencontrées par les travailleurs sociaux et les médecins pour franchir le pas du signalement à l'administration et à la justice, partagés entre la crainte de commettre une dénonciation abusive et la peur d'abandonner un enfant en danger[29]. Ainsi, selon le syndicat CGT-Santé,

« 40 travailleurs sociaux ont été licenciés au cours de l'année 1999 pour avoir brisé le mur du silence[30] ». Chez les médecins, le cas du docteur Catherine Bonnet, pédopsychiatre condamnée trois fois à trois ans et une fois à un mois d'interdiction d'exercer la médecine par le conseil régional de l'ordre des médecins d'Île-de-France pour avoir rédigé des certificats médicaux dénonçant des cas de maltraitance, a fait couler beaucoup d'encre. En appel, le conseil national de l'ordre devait revenir à plus de mesure, ramenant l'une des peines à quinze jours d'interdiction d'exercer, en transformant deux en simple blâme, et annulant la quatrième. Il n'empêche. Voilà qui était de nature à refroidir les meilleures bonnes volontés[31]. Les modifications législatives intervenues à l'initiative de Ségolène Royal prohibant désormais toutes sanctions disciplinaires pour cause de signalement de sévices commis sur mineurs ou adultes handicapés constituent de ce point de vue un réel progrès[32].

L'information des enfants dès leur plus jeune âge est, bien évidemment, également au cœur de la prévention : les plus petits ont beaucoup de mal à imaginer pouvoir être agressés par un proche ou une connaissance. Ils pensent souvent par ailleurs qu'un « méchant, ça a une tête de méchant ». Il faut donc leur apprendre que cela n'est pas toujours le cas, leur apprendre à dire non. Pour les plus grands, la nécessité d'élargir l'éducation sexuelle en milieu scolaire bien au-delà des quelques explications techniques expédiées au collège dans une séance annuelle de deux heures généralement consacrée au sida et à la contraception qui en mériteraient à eux seuls davantage est une évidence. Seuls les enseignants en « sciences de la vie et de la terre » (SVT) paraissent avoir de fait intégré à leurs programmes l'éducation à la sexualité. Selon l'Inspection générale, le nombre d'établissements ayant mis en place une véritable politique d'éducation sur le sujet serait compris entre 10 et 15 %[33].

L'information permanente des mineurs sur l'existence des numéros verts réservés à la maltraitance est tout aussi indispensable. Le Service national d'accueil téléphonique de l'enfance maltraitée (SNATEM) a traité en 2000, sur le « 119 », plus de 2 000 appels quotidiens dont 19,7 % ont donné lieu à une orientation au titre d'abus sexuels[34]. Alain Rouby, chargé d'accueil téléphonique, estime qu'« aucun autre lieu ne permet plus facilement aux adolescents de parler à n'importe quel moment de choses graves avec des adultes qui peuvent entendre et leur venir en aide. Certains enfants ou adolescents nous appellent sans dire un mot ; peut-être avons-nous trop vite vu là un équivalent aux sonnettes que nous allions tirer quand nous étions gosses. Nous avons d'abord pensé que les appelants silencieux voulaient simplement s'assurer de l'existence du service, ou bien s'amusaient de notre impuissance. Mais un jour nous avons compris que certaines personnes étaient sidérées, incapables de parler ; c'est le cas par exemple pour certaines jeunes filles victimes de violences sexuelles quand elles entendent que c'est un homme qui leur répond. À présent quand quelqu'un reste muet malgré mes sollicitations, je demande : "Est-ce que ce serait plus facile de parler avec une de mes collègues ?" Et très souvent une voix féminine me répond "oui"[35] ».

De l'art de la réforme

L'État se retrouve comme toujours en première ligne. À lui de définir une politique susceptible d'assurer efficacement la protection des victimes et de motiver les hommes chargés de la mettre en œuvre pour que les souffrances de Véronique, de Lise ou de Vanessa trouvent des traitements adaptés. Pour l'heure, hélas, nous sommes encore loin du compte.

Deux chiffres suffisent à donner la mesure du problème : en 1914, la France comptait 6 000 magistrats pour 40 millions d'habitants ; en 2001, elle en comptait 6 846 pour plus de 60 millions[36]. Sans doute faut-il voir dans cette misère l'effet de la crainte et de la méfiance que la justice a toujours inspirées au pouvoir, son maintien dans une « indigence quémandeuse étant un gage de souplesse et de soumission envers l'exécutif et le législatif[37] ». Il fallut en arriver à une situation de crise extrême, avec grève des avocats et des greffiers à l'automne 2000, grève des magistrats durant l'hiver 2001, défilés, manifestations, délégations, jets de Code pénal place Vendôme, pour voir le découragement, l'épuisement et la révolte de ces différentes professions enfin pris en considération et assister à la mise en œuvre d'un timide « plan d'action pour la justice » prévoyant notamment la création de 1 200 postes de magistrats supplémentaires dont les effectifs totaux devraient atteindre très exactement le chiffre de 8 089 à l'horizon 2005[38]. Mais le retard accumulé était tel qu'il s'agissait là d'une mesure quasiment conservatoire.

Ce manque de moyens conduit à traiter « à l'autruche » des dossiers qui mériteraient une attention pour le moins soutenue. Cette légèreté conduit à son tour à nourrir des rumeurs qui viennent semer le trouble dans l'opinion. Ainsi, au printemps 1999, l'association belge Morkhoven, spécialisée dans la lutte contre la pédocriminalité, transmit aux différents dirigeants des pays européens des photos d'enfants victimes de viols et de tortures découverts sur un CD-ROM appartenant à un pédophile néerlandais, Gerrit Ulrich. La chancellerie accusa réception de ces documents fin avril 1999. Puis, silence, jusqu'au jour où *L'Humanité*, dans son édition du 24 février 2000, sous le titre « Le dossier de la honte », s'interrogea sur l'inexploitation de ce « répertoire contenant 470 photographies et plus de 10 000 séquences pornographiques ». On apprit alors que le parquet de Paris avait cru pouvoir classer cette affaire sans suite dès le 7 juillet 1999, délai pour le moins rapide compte tenu des investigations nécessairement lourdes qu'un tel dossier supposait, ne serait-ce que pour tenter de procéder à l'identification des enfants apparaissant sur le CD-ROM. Faut-il voir dans ce manque d'intérêt l'existence de « réseaux pédophiles protégés par le pouvoir », la trace d'une *omertà* imposée par certains politiques[39] et venir ainsi alimenter les rumeurs les plus folles[40] ? Naturellement non[41]. Mais il faut, par contre, certainement y voir la triste condition d'une institution paralysée par ses criants manques de moyens matériels et humains, préférant ignorer un dossier complexe faute de pouvoir avoir l'ambition de le traiter comme il conviendrait[42].

Quand on sait que les victimes sont elles-mêmes les parentes pauvres de cette justice indigente, on mesure le chemin qu'il reste à parcourir... En apparence pourtant, le fonctionnement de notre justice pénale donne l'impression de constituer une préoccupation majeure de notre société. Nos différents codes sont autant de chantiers permanents. Il n'est question que de réformes à longueur d'année. Au lieu de simplifier et d'alléger les procédures, on les complexifie d'ailleurs souvent, et, ce faisant, l'institution judiciaire ne fait que s'étouffer davantage. La loi du 15 juin 2000 sur la « présomption d'innocence » illustre parfaitement ce travers : en multipliant les contraintes procédurales et en encadrant notamment les faits et gestes des juges d'instruction tout en fixant des délais butoirs au-delà desquels la remise en liberté de la personne mise en examen devient automatique, ce texte conduira bien des juges soit à bâcler leurs dossiers pour respecter ces délais, soit à procéder (volontairement ou involontairement[43]) à des libérations qui ne manqueront pas dans certaines circonstances d'apparaître choquantes. Lancer des réformes sans prévoir de les accompagner par la mise en œuvre des moyens nécessaires à leur application est fort dangereux. Car non seulement les textes votés ne peuvent se concrétiser véritablement, ce qui génère un décalage supplémentaire entre le virtuel législatif et les réalités judiciaires, mais surtout ces réformes viennent encore accroître les dysfonctionnements : elles constituent autant de coups d'épée dans l'eau aux éclaboussures paralysantes pour des magistrats qui ne parvenaient déjà pas à faire face à leurs obligations antérieures.

UNE RÉFORME MANQUÉE, CELLE DE LA COUR D'ASSISES

C'est à l'unanimité que l'Assemblée nationale a cru bon de voter l'amendement instaurant un double degré de juridiction en matière criminelle au mois de février 2000. C'est à l'unanimité que nos parlementaires ont, en cette occasion, confirmé la place accessoire occupée par les victimes dans leur réflexion législative.

Cette réforme comportait le louable objectif de mettre la législation française en harmonie avec le protocole n° 7 de la Convention de sauvegarde des droits de l'homme et des libertés fondamentales imposant le droit à un double degré de juridiction en matière pénale. Considéré du point de vue de la personne poursuivie, le droit de faire appel d'un verdict de cour d'assises peut sembler la moindre des choses : comment, en effet, admettre qu'il puisse être fait appel d'une contravention ou d'un délit et non d'un crime ? Comment refuser de donner une « seconde chance » aux accusés[44] ?

La difficulté vint du fait que, lors de la discussion parlementaire, personne n'eut le souci des conséquences que cette réforme allait avoir pour les victimes et notamment pour les mineurs victimes de viols, qui, rappelons-le, représentent un tiers des dossiers évoqués devant les cours d'assises et sont donc au premier chef concernés. Dans le texte voté en février 2000, ni le parquet ni la partie civile, qui en a l'habitude — elle ne peut déjà pas faire appel des décisions de relaxe rendues par les tribunaux correctionnels[45] —, n'étaient autorisés à interjeter appel en cas d'acquittement ! Pas de « seconde chance » donc pour l'accusation, pas de « seconde chance » par conséquent pour les victimes ! Cette réforme profitait exclusivement aux accusés. On avait là un aperçu de l'aveuglement auquel conduisent les « droits de la défense » lorsqu'ils deviennent une religion. Les victimes n'avaient aucun recours dans l'hypothèse d'un acquittement de leur agresseur, et personne, apparemment, ne s'en était formalisé. Deux dossiers « sensibles[46] » se chargèrent de venir très rapidement démontrer l'incohérence et l'injustice de cette disposition. Par la loi du 4 mars 2002, le Parlement reconnut enfin aux parquets le droit de faire appel en cas d'acquittement, mais avec quelle difficulté[47] !

Même ainsi rééquilibrée, cette réforme n'en continue pas moins de présenter de graves inconvénients pour les victimes. L'appel entraîne inévitablement un rallongement des procédures qui n'avaient pas besoin de cela pour être déjà bien trop longues. N'aurait-il pas été préférable d'attendre, pour introduire cette possibilité, d'avoir amélioré le fonctionnement de notre justice criminelle qui, pour l'heure, se dégrade[48] ? En mettant notre législation en conformité avec le protocole n° 7 de la Convention des droits de l'homme, n'avons-nous pas pris le risque de méconnaître encore davantage une autre exigence du droit européen qui est de voir la justice rendue dans un délai raisonnable[49] ? Surtout, a-t-on suffisamment pensé aux souffrances endurées par les victimes ? Est-il acceptable de leur faire supporter à l'issue d'une procédure déjà fort lourde le poids d'un second procès ? N'ont-elles pas le droit de tourner enfin la page ? Les contraindre à revivre à nouveau cette épreuve a un caractère inhumain[50], surtout dans l'hypothèse où les faits ne sont pas contestés et où le condamné ne fait appel que pour tenter d'obtenir une diminution de la peine prononcée en première instance[51]. Cette évidence a immédiatement provoqué un effet pour le moins paradoxal : lors du procès de l'abbé Bissey devant la cour d'assises du Calvados, l'avocat général prenant ses réquisitions motiva le caractère modéré de celles-ci (moins de douze années d'emprisonnement) par le fait qu'une peine trop élevée « ouvrirait la voie à une absence totale d'hésitation de l'accusé à faire appel, ce qui impliquerait pour les victimes et leurs familles de revivre ces moments abominables[52] ». Pour respecter la souffrance des victimes, les juges sont-ils désormais condamnés à juger *a minima* et, au lieu de prononcer la sanction qui leur paraît juste, doivent-ils prendre l'initiative de la réduire pour éviter l'usage de l'appel ? Que reste-t-il de l'idée de justice dans ces préoccupations de marchands de tapis ?

Autre conséquence de cette réforme, la réduction du procès initial à une sorte de vaste répétition générale où chacun peut venir apprendre son rôle dans la perspective du second procès. Les erreurs à ne pas commettre sont soigneusement recensées et répertoriées : les réponses à ne pas faire ou les phrases à ne pas prononcer ne seront pas oubliées. Le récit de l'une des journées du procès de l'abbé Maurel, accusé de viols qu'il avait toujours contestés, en fournit l'illustration :

> « Depuis 1996, l'abbé Maurel, soixante et onze ans, nie avoir jamais commis un acte que la loi ou la morale chrétienne réprouvent. Fermement, celui qui dirigea pendant quarante ans le collège privé

Saint-Pierre de Mur-de-Barrez balaye les trois accusations de viol et d'agression sexuelle sur mineurs qui auraient été commis en 1995. Catégoriquement, il réfute toutes tendances pédophiles. Et puis entre dans la cour d'assises, vendredi 25 février, Pierre Gérard C., trente-six ans, ancien élève de Saint-Pierre : "En 1978, au cours de ma cinquième, l'abbé Maurel a sollicité mon amitié parce qu'il se sentait seul. Un jour, il avait besoin d'aide, il avait besoin de se sentir aimé. Il m'a embrassé sur la bouche, je m'en souviens, il avait le goût de mandarine. [...] Après, il venait me chercher le soir dans le dortoir. En fin d'année, j'ai voulu mettre un terme. J'ai eu beaucoup de mal. Il est tombé en larmes. Cela m'a beaucoup ému. C'était le directeur, le prêtre, l'adulte, l'autorité. Je ne voulais pas le trahir. J'ai failli retomber." L'abbé Maurel fixe le témoin : "Lui, il connaît la vérité et moi aussi." Il évoque le "garçon dynamique", qu'il "estimait beaucoup", parle de "relation privilégiée". Le président de la cour d'assises saisit le qualificatif sur un mode presque psychothérapeutique : "Était-ce de l'amitié ?" Un temps. — "Une amitié assez forte." — "De l'amour ?" —"J'avais un certain penchant pour lui, mais pas à tendance sexuelle." — "Une attirance ?" — "Je ne sais pas." — "Une attirance liée à l'émotion ?" — "Oui." — "Physique ?" Silence. — "Avez-vous essayé de réaliser cette attirance physique ?" — "Peut-être. Je ne sais pas. Je ne peux pas vous expliquer." Dans la salle, les partisans de l'abbé sont réduits au silence. *Mezza voce,* le président part en quête d'un autre qualificatif : "Ça peut s'appeler une amitié particulière ?" Embarras. — "Ce serait à définir." — "Une relation amoureuse ?" — "Platonique." — "Aimiez-vous ce garçon ?" Très bas : — "Oui."[53] »

On conçoit l'importance de ces demi-aveux, de ces « confidences » lâchées par l'abbé qui, bien que ne concernant pas l'une des victimes mais un témoin et des faits couverts par la prescription, ouvraient cependant largement la voie à une reconnaissance de culpabilité. Gageons que, lors du second procès (s'il y en avait eu un et si l'accusé avait persisté dans son système de défense), l'abbé se serait tenu sur ses gardes et ne se serait plus laissé submerger par l'émotion qui avait autorisé ces quelques instants de sincérité.

Le compte rendu d'une autre journée d'audience[54] relate la « gaffe » commise par le même abbé suite à la déposition de l'une de ses victimes décrivant la manière dont étaient commises les agressions : « L'abbé Maurel proteste. La position décrite par l'adolescent est selon lui "sujette à débat". "Quelle expérience avez-vous pour le dire puisque vous vous êtes toujours défendu d'avoir entretenu une quelconque relation sexuelle avec qui que ce soit ?" questionne alors le président. » Qu'il soit permis de formuler l'hypothèse selon laquelle une telle maladresse aurait eu fort peu de chance de se reproduire en « deuxième semaine » si l'abbé Maurel avait pu faire appel du verdict l'ayant condamné à dix années de réclusion criminelle.

La vérité judiciaire ne peut jaillir que de la spontanéité des débats[55]. Évidence que le Code de procédure pénale prend soin de protéger en isolant notamment les témoins. Cette spontanéité, aspect essentiel du débat judiciaire, est, en appel, anéantie : comment ce caractère pourrait-il subsister lors du second procès après que les différents protagonistes ont inévitablement pris connaissance au cours du premier des positions et des déclarations des uns et des autres ainsi que du contenu des questions auxquelles ils seront à nouveau appelés à répondre ? Et comment se faire une opinion lors du second procès en cas de contestation sur la réponse faite à une même question posée lors du premier[56] ?

Cette réforme n'était pas indispensable. La justice souffre de bien d'autres misères, notamment la justice au quotidien dont peu de monde se soucie. La question du double degré de juridiction en matière criminelle ne se pose véritablement que pour les dossiers complexes où les faits sont vigoureusement niés par les accusés et leurs moyens de défense consistants ; ce qui est loin, très loin de représenter la majorité des dossiers plaidés en cour d'assises. Seul le règne de l'intime conviction[57] est de nature à apporter une solution judiciaire à ces dossiers difficiles. Que ce soit dans le sens d'un acquittement ou d'une condamnation, les juges doivent alors trancher, dire la vérité judiciaire du drame qui leur est soumis, telle est leur fonction. À eux de dire si, oui ou non, les charges réunies à l'encontre de la personne qu'ils ont à juger sont suffisantes pour prononcer sa condamnation, mais, quel qu'il soit, leur verdict ne peut être neutre. Dans ces cas exceptionnels, sa teneur sera toujours contestée soit par la défense, soit par la partie civile : à la colère et à l'amertume générées par une décision de condamnation répondra toujours le tollé provoqué par une décision d'acquittement. Ces polémiques ne doivent pourtant pas masquer l'essentiel, à savoir que ces condamnations ou ces acquittements, quoi qu'on en dise, interviennent devant les cours d'assises à la suite d'une procédure présentant des conditions de sécurité indéniables. Que la juridiction susceptible de prononcer les plus lourdes peines ne puisse voir ses décisions réformées par la voie de l'appel pouvait paraître paradoxal, mais ce paradoxe n'était qu'apparent dans la mesure où les procédures utilisées devant les tribunaux correctionnels ou de police n'ont strictement rien à voir avec la procédure prévue en matière criminelle : en l'absence d'instruction (facultative en matière correctionnelle, exclue en matière contraventionnelle), l'enquête demeure le plus souvent sommaire et n'est nourrie que des diligences du parquet, c'est-à-dire par l'accusation. Devant le tribunal de police et devant le tribunal correctionnel en certaines matières, la justice n'est rendue que par un seul juge[58]. Le tribunal correctionnel siégeant en matière collégiale ne comprend que trois juges, et leurs décisions ne sont pas prises à bulletin secret. Dans un cas comme dans l'autre, les décisions sont rendues au cours d'audiences bien souvent surchargées. Ces diverses procédures présentent donc beaucoup moins de garanties que la procédure criminelle qui offre plusieurs années d'enquête conduite par un juge sous le contrôle permanent des chambres d'instruction et plusieurs journées d'audiences au cours desquelles l'instruction est totalement reprise. Et ce n'est qu'au terme de l'ensemble de cette procédure que les douze hommes et femmes composant le jury rendent leur verdict. Cette décision, prise à bulletin secret, ne peut être une décision de condamnation que dans la mesure où elle a été prise à une majorité qualifiée, l'article 359 du Code de procédure pénale stipulant que « toute décision défavorable à l'accusé se forme à la majorité de huit voix au moins », étant précisé que les votes blancs ou nuls sont décomptés en faveur de l'accusé. Il suffit donc que cinq jurés soient envahis par le doute ou convaincus de l'innocence de l'accusé pour qu'un acquittement soit prononcé. Et c'est ainsi que de l'intime conviction individuelle de douze personnes surgit de manière collective la vérité judiciaire et qu'est respecté le principe sacré selon lequel le doute doit profiter à l'accusé.

N'était-ce pas suffisant ? Quelles juridictions peuvent se vanter de prendre autant d'égard et autant de précautions pour parvenir à débusquer la vérité ? Certainement pas les tribunaux correctionnels. Ce sont pourtant bien souvent les mêmes qui, d'un côté, ont réclamé cette réforme et, de l'autre, acceptent quotidiennement la correctionnalisation de multiples dossiers, vidant ainsi les cours d'assises des contentieux qui leur reviennent et privant les justiciables des garanties offertes par cette juridiction. En outre, et sur le plan des principes, pour quelles obscures raisons un verdict rendu par un jury populaire en appel aurait-il plus de légitimité qu'un verdict rendu par un jury populaire en première instance ?

Si l'on souhaitait encore et toujours, et à juste titre, tout en respectant les victimes, faire reculer les risques d'une éventuelle erreur judiciaire, ce qu'aucun système, si sophistiqué soit-il, à deux, trois ou quatre étages de juridictions ne pourra jamais totalement écarter, la création d'une juridiction d'appel n'était pas la meilleure des solutions. D'autres mesures auraient pu être envisagées avant de recourir à cette solution de façade. La réforme la plus utile, bien que moins spectaculaire, eût d'abord consisté, en amont, à donner aux juges d'instruction, aux enquêteurs et aux chambres d'accusation (dites désormais de l'instruction) la possibilité de se consacrer pleinement à leurs tâches et de disposer du temps et des moyens nécessaires pour apporter à chaque dossier dont ils sont saisis les soins qu'ils méritent. Tous les professionnels savent bien que les erreurs judiciaires sont avant tout le résultat d'enquêtes et d'instructions mal conduites, sous le contrôle de chambres d'accusation/instruction submergées[59]. L'argent nécessaire à l'amélioration du fonctionnement de ces institutions aurait été bien mieux utilisé à ce stade que ne l'est celui consacré à la création de juridictions d'appel en matière criminelle qui ne pourront que constater une deuxième fois les insuffisances d'instructions bâclées faute de temps et de moyens. Et, en aval, cela eût consisté à assouplir vigoureusement les règles permettant à la Cour de cassation d'ordonner la révision des décisions pénales devenues définitives. Actuellement, cette révision n'est possible que dans le cas où apparaissent, postérieurement à la condamnation, des « éléments nouveaux ou inconnus du tribunal au jour du procès de nature à faire naître un doute sur la culpabilité[60] ». La Cour peut alors remettre en cause la condamnation prononcée et renvoyer l'affaire devant une nouvelle cour d'assises pour y être rejugée[61]. L'adoption d'un texte plus souple, autorisant par exemple les magistrats de la Cour de cassation à ordonner un nouveau procès dès lors que les moyens soulevés par la défense présenteraient simplement un caractère « sérieux » (que ces moyens de défense aient été soulevés avant, pendant ou après le premier procès), était parfaitement envisageable. Un tel texte aurait suffi pour nous mettre en conformité avec la législation européenne. Il aurait été bien suffisant pour faire rejuger à moindres frais les quelques affaires venant épisodiquement rappeler l'existence de possibles erreurs judiciaires, affaires qui se comptent chaque année sur les doigts d'une seule main en matière criminelle[62]. En ayant ainsi la possibilité d'accueillir favorablement et sans difficultés les requêtes présentées par ces rares condamnés dont la culpabilité peut effectivement être mise en doute[63] et de rejeter les autres, les magistrats de la Cour de cassation auraient pu faire au budget de la justice et aux victimes l'économie de cette réforme manquée.

UNE PRATIQUE CONTESTABLE : LA CORRECTIONNALISATION

Il aurait été plus efficace de consacrer toute cette énergie et ces budgets à mieux faire fonctionner les cours d'assises actuellement en place. Car ces juridictions sont aujourd'hui bien loin de juger toutes les affaires qu'il leur appartiendrait pourtant de connaître. Pour dix dossiers criminels qui remplissent les conditions nécessaires d'un point de vue légal pour recevoir la qualification de viol, combien sont « correctionnalisés » et jugés à la va-vite sous une qualification délictuelle par un tribunal correctionnel au cours d'audiences encombrées sans comparution du moindre témoin ni du moindre expert, la victime étant tout juste conviée à venir dire quelques mots à la barre ?

Accepter cela, c'est accepter que la loi soit violée tous les jours et notamment le nouvel article préliminaire ouvrant notre Code de procédure pénale depuis le vote de la loi du 15 juin 2000 selon laquelle « les personnes se trouvant dans des conditions semblables et poursuivies pour les mêmes infractions doivent être jugées selon les mêmes règles ». À quoi bon se donner le mal de définir précisément ce qu'est un viol, « un acte de pénétration sexuelle de quelque nature qu'elle soit », de faire voter une loi retenant cette définition après des mois de réflexion de la part d'une commission *ad hoc* rassemblant les plus éminents représentants du monde judiciaire et universitaire, si cela n'est pas respecté ?

Les véritables motifs des correctionnalisations sont inavouables et néanmoins avoués avec une candeur extraordinaire par toute l'institution : les affaires destinées aux assises coûtent cher. Elles monopolisent trois magistrats pendant de longues semaines de sessions plus ou moins fréquentes selon les régions pour un petit nombre de dossiers. Et puis, mobiliser douze personnes, déplacer des experts et des témoins, cela est-il vraiment nécessaire pour une histoire de « touche-pipi » ? En faisant cela, l'institution judiciaire entérine le discours des agresseurs déniant à leurs actes le caractère de gravité criminelle qui est pourtant le leur. L'instauration de l'appel des verdicts des cours d'assises ne peut qu'accentuer cette pratique. Pour échapper à cette lourdeur supplémentaire, les correctionnalisations vont aller bon train.

Il n'y a pourtant pas de petits viols ou de viols moins graves que d'autres. Il n'y a pas à réserver les assises aux affaires les plus « flamboyantes ». Il y a à appliquer la loi. Tous les professionnels participent à cette pratique quasiment « institutionnelle » que personne ne remet en question : les avocats de la défense parce que le maximum de la peine encourue par leur client est subitement et providentiellement divisé par deux, le parquet parce que cela est synonyme de traitement plus rapide du dossier, la chancellerie parce que cela permet de faire des économies et d'améliorer les statistiques, et l'avocat de la partie civile parce qu'il a tous les autres contre lui et peut préférer, selon l'état psychologique du mineur, recourir à une procédure moins longue. Et s'il exige néanmoins une qualification criminelle (il en a les moyens[64]), il indispose, et les autres acteurs du procès ne se privent pas de le lui faire remarquer.

Les assises ont pour les victimes une haute valeur symbolique, car elles signifient que l'agression subie n'a rien d'anodin. Il importe de ne pas les priver de cette solennité, de ce quasi-recueillement, de cette étude et de cette écoute attentives qui sont le climat de ces juridictions siégeant à huis clos[65]. Les assises doivent se réunir quand elles doivent se réunir. Vu l'importance du nombre de dossiers, peut-être seront-elles appelées à siéger toute l'année ? Qu'elles siègent donc toute l'année ! Elles ont été créées pour cela. Les jurés populaires en attraperont la nausée ? Qu'importe, ils pourront ainsi mesurer l'ampleur du mal. On jugeait bien les affaires de presse devant les assises au début du XXe siècle. Zola fut condamné par une cour d'assises pour avoir publié « J'accuse ! » dans *L'Aurore*. Sa voix aurait-elle tant porté s'il avait été jugé et condamné par un tribunal correctionnel ?

Si la chancellerie incitait les parquets à appliquer la loi strictement en leur donnant par voie de circulaire des instructions claires pour que cesse la pratique de la correctionnalisation pour les viols commis sur les mineurs, sauf cas exceptionnels[66], cela constituerait un remarquable acte de politique pénale[67]. Cela permettrait au moins d'assurer le même traitement à tous et une parfaite égalité devant la loi, en évitant que pour des faits identiques une personne soit condamnée pour viol à Dunkerque et pour agression de nature délictuelle à Brive. Les condamnations prononcées n'ont aucune cohérence, et les peines varient d'un lieu à l'autre de manière vertigineuse. Au sein d'un même tribunal, selon la personnalité du procureur qui requiert et celle des magistrats faisant office de juges, les différences sont déjà considérables. À se demander parfois si, un jour, il ne faudra pas finir par faire rendre un préjugement par des ordinateurs intégrant tous les paramètres de la personnalité de l'accusé, origine sociale, âge, profession, situation matrimoniale, conclusions favorables ou défavorables des rapports d'expertise, précédents, casier judiciaire, nature des faits, durée, etc., qui ne pourrait ensuite être qu'affiné par les juges ! Ici, après correctionnalisation, un tribunal condamne un grand-père coupable d'agressions pendant six années sur deux de ses petites-filles, âgées de cinq et sept ans au commencement des faits, à trois années avec sursis. Là, un ecclésiastique ayant abusé de cinq garçons écope d'une peine de deux ans avec sursis. Ailleurs, c'est l'inverse, et les condamnations prononcées par certaines cours d'assises peuvent être extrêmement lourdes : trente ans pour Francis R., vingt ans pour la mère et le beau-père de Vanessa, dix-huit pour l'abbé Bissey — qui reconnaissait les faits —, mais seulement dix pour l'abbé Maurel — qui les niait. Comment ne pas s'interroger en présence de traitements si différents[68] ? Que faire pour limiter ce que d'aucuns considèrent comme une « loterie insupportable » ?

Une certaine cohérence pourrait résulter de la revalorisation du rôle du parquet dont les réquisitoires n'ont aujourd'hui aucune portée, les juridictions de jugement n'étant nullement liées par les peines requises par le ministère public : ne reconnaître à ces réquisitoires que le statut de vœux pieux conduit inévitablement à ne pas en faire cas, à l'arbitraire et au prononcé de condamnations qui peuvent varier d'une région à l'autre et d'un tribunal à l'autre du simple au double. On a d'ailleurs du mal à percevoir la raison pour laquelle des juges peuvent se permettre de dépasser les réquisitions du parquet et condamner, par exemple, un prévenu à cinq années d'emprisonnement alors que le procureur, qui représente au procès la société, n'en avait requis que trois. C'est pourtant une chose courante. Au nom de quel principe supérieur les juges peuvent-ils s'autoriser à prononcer une sanction plus sévère que celle réclamée au nom de la société tout entière par le procureur ? Les juridictions de jugement ne devraient pas pouvoir infliger de peines allant au-delà des réquisitions qui leur sont faites, pas plus qu'elles ne peuvent statuer *ultra-petita* sur les intérêts civils, c'est-à-dire allouer à la partie civile plus que cette dernière demande[69].

Cela aurait pour effet de responsabiliser le représentant du ministère public et de le rendre plus attentif aux peines qu'il peut requérir[70]. Cela permettrait surtout d'harmoniser quelque peu les condamnations en évitant le prononcé de peines manifestement excessives par certains magistrats notoirement connus pour leur esprit ultrarépressif et le dérapage de certaines compositions de jury d'assises où, par les hasards du tirage au sort, Marianne, entre électeurs néopoujadistes et lecteurs du *Nouveau Détective*, a bien du mal à reconnaître les siens. La justice rendue « au nom du peuple français » a aussi ses limites... Inversement, cela mettrait en évidence le caractère déplacé de certaines autres, manifestement insuffisantes, rendant ainsi le scandale apparent à défaut de pouvoir l'empêcher.

Pour une égalité des droits

Dans *Le Monde* du 1er septembre 1999, le garde des Sceaux de l'époque, Élisabeth Guigou, signe un fort bel article intitulé « Justice : du ministère des affaires au ministère du droit » dans lequel revient comme un leitmotiv le mot magique d'égalité : « égalité dans l'accès au droit », « égalité dans la sécurité », « égalité de chacun devant les poursuites », « égalité devant l'exécution des peines », « égalité dans le fonctionnement de la justice », « égalité des personnes face au droit », « égalité devant la responsabilité », ou encore « égalité quel que soit le lieu de résidence ».

Pour qui sait lire entre les lignes, le paragraphe réservé à « l'égalité des armes entre défense et accusation » vaut plus qu'un aveu : le ministre, c'est-à-dire la chancellerie, n'a en effet pas pensé à écrire « égalité des armes entre défense, accusation et partie civile »... Dans le corps de l'article, il est néanmoins précisé que cette égalité (entre défense et accusation) est nécessaire « parce qu'une bonne justice résulte du débat contradictoire entre les intérêts de la société, ceux des parties, sans oublier les victimes qui, elles aussi, ont droit à être représentées et défendues »... Le « sans oublier les victimes » ne manque pas de saveur et prouve bien la place tout à fait secondaire où elles sont reléguées.

Ce sentiment de manque de respect est confirmé par toutes les enquêtes d'opinion conduites depuis une décennie. Celle réalisée par l'institut Louis-Harris au mois de janvier 2000 indique que 64 % des victimes, toutes infractions confondues, estiment avoir été mal protégées par l'institution judiciaire, 54 % ajoutant avoir été mal accueillies et 56 % ne pas avoir vu leur préjudice réparé dans de bonnes conditions[71].

Parlant de la réforme de la cour d'assises ou du régime de la détention provisoire, le respect des droits de l'homme est en toutes circonstances mis en avant, et c'est heureux. Mais de quels droits parlons-nous ? Pourquoi les mineurs violés, battus, insultés, traités de menteurs, auraient-ils moins de droits que leurs agresseurs pour assurer leur défense et exprimer leur point de vue ? La loi « renforçant la protection de la présomption d'innocence et les droits des victimes » a été votée le 15 juin 2000. Qu'y trouve-t-on ? L'appel des verdicts en matière criminelle, l'amélioration du régime de la garde à vue, la limitation de la durée de la détention provisoire, la « judiciarisation » de la libération conditionnelle, l'élargissement de la procédure de témoin assisté pour limiter les mises en examen, la définition des pouvoirs du « juge des libertés et de la détention provisoire », la présence des avocats dès la première heure de garde à vue, la pénalisation de la publication de photographies de personnes menottées, tout cela pour le volet « protection de la présomption d'innocence ». Les droits de la défense s'en trouvent renforcés, et c'est tant mieux. Et sur le versant « droits des victimes » ? Rien, ou si peu. Commentant cette loi, une circulaire adressée aux chefs de juridiction indique au chapitre « Dispositions concernant les victimes d'application immédiate » que « la plus importante en pratique est celle faisant obligation à la police judiciaire de recevoir les plaintes des victimes d'infraction, y compris lorsque ces plaintes sont déposées dans un service territorialement incompétent, à charge pour ce dernier de les transmettre au service compétent »... Quelle importante réforme qui désormais dispense les victimes de connaître les dispositions du Code de procédure pénale définissant les règles de compétence territoriale ! Quand on pense qu'il a fallu attendre l'an 2000 pour que les services de police soient mis dans l'obligation d'enregistrer les plaintes des victimes quel que soit le lieu où ces dernières viennent les déposer, cela donne une petite idée du retard accumulé[72] !

Dans son livre[73] consacré à Jean-Claude Romand, ce faux docteur coupable de l'assassinat de cinq membres de sa famille, Emmanuel Carrère indique l'état d'esprit qui était le sien lors de leurs rencontres : « Il n'y a sans doute pas trente-six mille manières de s'adresser à quelqu'un qui a tué sa femme, ses enfants, ses parents, et leur survit. Mais je me rends compte avec le recul que je l'ai tout de suite caressé dans le sens du poil en adoptant cette gravité compassée et compassionnelle et en le voyant non comme quelqu'un qui a fait quelque chose d'épouvantable, mais comme quelqu'un à qui quelque chose d'épouvantable est arrivé, le jouet infortuné de forces démoniaques. » De fait, éprouver spontanément de la compassion pour les coupables est un sentiment naturel. Veiller à renforcer les droits de la défense est parfaitement louable. Mais que l'on n'oublie pas les victimes et que soit assuré à ces dernières un traitement au minimum égal à celui de leurs agresseurs. La défense des droits de l'homme commence par la protection des plus innocents. La fonction première de la justice est de participer au maintien de la paix civile. Si la justice ne remplit pas son rôle, c'est le retour à la loi du talion. Si elle n'inspire plus confiance, c'est la loi de la jungle. Si elle perd en raison de ses carences et de ses insuffisances sa crédibilité, c'est l'avènement possible des règlements de comptes personnels. Méditons sur ce fait divers italien ainsi relaté par le journal *Le Monde* sous le titre : « Les carabiniers en sont réduits à protéger les pédophiles ». « Ciro Falanga, un buraliste de cinquante-huit ans tué lundi soir 26 juillet dans son magasin, et Pasquale Sansone, du même âge, éliminé le lendemain à l'heure du déjeuner, venaient d'être condamnés pour pédophilie. L'affaire avait défrayé la chronique il y a deux ans : une histoire de viols autour de l'école. Trois jeunes victimes étaient attirées régulièrement dans des appartements voisins. Dix-sept personnes dont cinq femmes avaient été arrêtées. Le procès s'était conclu le 9 juin dernier par des condamnations à des peines de prison ferme allant de quatre à quinze ans. Mais tous avaient été remis en liberté pour cause d'expiration de la détention préventive. Ciro Falanga et Pasquale Sansone, condamnés respectivement à treize et quinze ans, attendaient donc le jour de l'éventuel jugement définitif après l'appel et, qui sait, le recours en cassation. La justice italienne, lente, n'est pas faite pour calmer les esprits. À Torre Annunziata, on avait pu assister ainsi aux manifestations de joie de condamnés qui fêtaient au spumante leur remise en liberté. Chacun avait repris ses activités, comme si de rien n'était. Mais quelqu'un a voulu appliquer une autre "justice", plus rapide, faisant correspondre les balles de revolver aux années de prison : quinze pour Pasquale Sansone considéré comme le chef de bande[74]. »

CONCLUSION

Respecter les parties civiles et leur douleur, cesser de les considérer comme de simples figurants et leur donner les moyens de lutter à armes égales avec la défense sont aujourd'hui des nécessités. L'article préliminaire introduit par la loi du 15 juin 2000 dans le Code de procédure pénale en fixe d'ailleurs l'obligation : « La procédure doit être ÉQUITABLE et contradictoire et préserver l'ÉQUILIBRE des droits des parties. »

Faut-il pour imposer cette égalité transformer radicalement nos codes et rejoindre le camp de ceux qui militent pour l'abandon de notre procédure d'inspiration « inquisitoire » et pour l'adoption d'un système de type « accusatoire » ? Les arguments en faveur d'une telle évolution sont connus : notre procédure actuelle — qualifiée de « mixte », mi-inquisitoire[1], c'est-à-dire écrite, secrète et non contradictoire durant la phase de l'instruction, mi-accusatoire, c'est-à-dire orale, publique et contradictoire durant la phase de jugement — ne serait pas équilibrée : elle ferait la part trop belle à l'accusation[2]. Notre système serait incompatible avec un véritable respect des droits de la défense. Nombreux sont donc ceux à souhaiter l'avènement d'une procédure de type accusatoire magnifiant l'oralité et la publicité des débats telle qu'on la pratique dans les pays anglo-saxons où le juge ni n'instruit ni n'enquête et se cantonne dans une fonction d'arbitre : au procureur d'établir l'accusation et à la défense d'y répondre par tous les moyens et notamment par le recours à des enquêteurs privés, au juge de contrôler que les droits de chacun sont respectés.

Tout aussi nombreux sont ceux pour qui une telle réforme constituerait une véritable catastrophe dans la mesure où elle ne ferait qu'accroître les inégalités à l'accès au droit en donnant aux seuls nantis les moyens de se défendre.

Qu'en penser ? Les critiques des premiers ne sont pas toujours empreintes d'objectivité. Pour les besoins de leur démonstration, il n'est pas rare d'entendre les détracteurs de l'« inquisitoire » se lancer dans des procès d'intentions : les juges d'instruction seraient nécessairement complaisants vis-à-vis du ministère public, les procureurs seraient tous des héritiers de Fouquier-Tinville, et les policiers ne reculeraient devant aucune méthode pour boucler leurs enquêtes. Dans ces conditions, les bavures devenant la règle, il faudrait effectivement se débarrasser au plus vite de cette survivance archaïque et barbare et la jeter promptement aux oubliettes de l'histoire. Mais, en procédant de la sorte, aucun système ne résisterait à l'examen. Pointer les carences et les dysfonctionnements, faire un amalgame et solliciter, pour ces raisons, le bouleversement de la procédure pénale tient de la généralisation abusive[3].

Les critiques émises sans volonté caricaturale ne paraissent pas davantage justifiées : les partisans du système accusatoire se plaignent ainsi des trop grands pouvoirs reconnus au procureur de la République. À les entendre, le juge d'instruction serait son vassal, lui qui, il est vrai, ne peut instruire que dans les limites fixées par le parquet dans son réquisitoire introductif. Ils s'inquiètent également de la connivence, de l'esprit de corps que cultiveraient les uns et les autres, considérant cela comme inévitable compte tenu des passerelles existant entre ces deux mondes, de leur histoire et de leur formation commune au sein de la même École nationale de la magistrature.

S'il est vrai que notre Code reconnaît des pouvoirs importants au parquet, bien plus importants que ceux reconnus à la défense durant la phase d'enquête préliminaire et notamment durant la garde à vue, équivalents par la suite[4], dans la pratique toutefois, cette puissance est beaucoup moins manifeste :

le parquet est un géant au pied d'argile, il est victime d'une faiblesse structurelle, de ses moyens plus que réduits tant sur le plan matériel qu'au niveau de ses effectifs.

En règle générale, et sauf affaire médiatico-politique aussi sensible que rare, le juge d'instruction une fois désigné, le parquet ne s'occupe plus de rien : il n'a ni le temps ni les moyens d'assister aux interrogatoires des uns et des autres, n'assiste pas aux confrontations, à peine trouve-t-il quelques instants pour participer aux reconstitutions en matière criminelle et se tenir au courant de l'évolution du dossier[5]. Quant à l'esprit de corps, s'il peut exister, il peut tout aussi bien générer des jalousies, des aigreurs ou des antipathies qui d'ailleurs, pas plus que la connivence, ne devraient trouver leur place dans le fonctionnement de notre justice. La meilleure preuve de cette absence de « solidarité de classe » entre le parquet et les magistrats du siège réside dans les fréquentes relaxes prononcées par les tribunaux désavouant ainsi l'accusation et son représentant.

Le parquet, théoriquement « indivisible », est par ailleurs affaibli structurellement par son changement de représentant à tous les étages de la procédure : le substitut de permanence le jour du démarrage de l'enquête préliminaire ne sera pas le même que celui qui suivra le dossier durant l'instruction, qui sera différent de celui appelé à intervenir devant la chambre d'accusation, qui ne sera pas forcément le même que le parquetier présent à l'audience de jugement, qui sera nécessairement différent de celui qui interviendra devant la cour d'appel, etc. Sans oublier l'adage selon lequel « si la plume est serve, la parole reste libre » qui, dans des dossiers épineux laissant une grande place aux appréciations personnelles, conduira parfois le représentant du ministère public à tenir durant l'audience un discours différent de celui contenu dans les réquisitions écrites par l'un de ses collègues. Il ne sera pas rare dans ces conditions d'entendre un substitut solliciter *mezza voce* une relaxe alors qu'il est censé partager l'opinion du parquetier ayant engagé les poursuites et soutenir l'accusation. De ce point de vue, la défense et la partie civile ne paraissent pas les plus mal loties : la cohérence et l'efficacité sont de leur côté.

On entend également des plaintes concernant les pouvoirs reconnus au juge d'instruction, longtemps désigné sous le terme d'« homme le plus puissant de France[6] », qui n'instruirait qu'à charge et jamais à décharge. Cela reste à démontrer, mais la critique est intéressante par le paradoxe qu'elle met en évidence : s'il existe aujourd'hui en France un scandale judiciaire et s'il est une procédure où les droits de la défense sont ignorés, c'est dans la pratique de la comparution immédiate qu'on les trouvera. Or ce qui caractérise la comparution immédiate, c'est l'absence du juge d'instruction... Dans ce cadre, l'enquête conduisant le prévenu devant le tribunal correctionnel n'est en effet diligentée que par le seul parquet et ne contient la plupart du temps que des éléments en faveur de la culpabilité. Les droits de la défense sont dans cette situation bien souvent méconnus : les avocats, la plupart du temps commis d'office sur l'audience, n'ont guère de possibilités pour assurer une défense efficace, et le jugement à intervenir n'est généralement plus qu'une formalité[7]. Or ce scandale n'intervient précisément que lorsque le parquet court-circuite l'instruction. Contrairement à ce que les tenants de la procédure accusatoire laissent entendre, c'est l'instruction qui s'avère être le rempart à l'arbitraire puisqu'elle seule empêche le face-à-face entre le procureur (et sa machine plus ou moins bien huilée) et un prévenu ne disposant en pratique d'aucun délai ni d'aucun moyen pour préparer sa défense.

Qu'il faille modifier les conditions dans lesquelles la justice expédie les « petits dossiers » est une évidence. Plus les affaires sont importantes, plus les magistrats se montrent tatillons et précautionneux, et plus la défense dispose de garanties. Moins les affaires le sont, et plus le risque d'arbitraire est grand : personne ne s'y intéresse, le prévenu est jugé sans délai et condamné à quelques mois de prison dans l'indifférence générale[8]. Aucun juge ne prendra la peine de lancer une commission rogatoire nationale ou internationale pour faire entendre un quelconque témoin à décharge dans le cadre du procès d'un voleur de poules. Le voleur de poules n'intéresse personne, l'erreur judiciaire est dans son cas largement facilitée, il n'y a pas pour lui de véritable présomption d'innocence, surtout s'il dispose d'un casier judiciaire bien rempli, et l'avènement d'une procédure accusatoire n'y changerait rien puisqu'il n'aurait de toute façon pas les moyens financiers de s'offrir la défense de ses rêves.

Ces procédures expéditives ne sont d'ailleurs quasiment jamais utilisées dans les dossiers de violences sexuelles, par nature complexes : les indispensables expertises psychologiques et médicales de la victime et de son agresseur empêchent de juger ce dernier de manière immédiate. Dans ces dossiers, l'ouverture d'une information est la règle. Si le juge veille à conduire son instruction à charge et à décharge comme les textes l'y obligent[9], l'égalité des armes entre la défense et l'accusation est possible. Il ne faut pas en effet sous-estimer le versant accusatoire de la procédure : il est loin le temps où les cabinets des juges d'instruction étaient fermés aux avocats de la défense. Il est aujourd'hui possible de demander aux juges d'effectuer tous les actes utiles à la manifestation de la vérité et, en cas de refus, d'en faire appel devant la chambre d'accusation/instruction ou de prendre à témoin de cette carence la juridiction de jugement en lui demandant d'ordonner tel ou tel supplément d'information. Il est également possible de faire citer à l'audience tous les témoins que l'on souhaite, y compris ceux qui n'auraient pas été entendus durant l'instruction, de prendre l'initiative de faire effectuer des contre-expertises et de les verser aux débats, etc. La palette est large. Faute de temps, faute d'argent, faute de volonté, tous ces droits sont loin d'être complètement exploités par les différentes parties au procès, et les discussions sur les mérites respectifs de l'accusatoire ou de l'inquisitoire ne constituent bien souvent qu'un rideau de fumée servant à masquer l'incapacité des parties (accusation, défense et partie civile) à en utiliser tout le potentiel.

D'autres estiment en revanche que l'avènement d'une procédure de type accusatoire serait fort inquiétante. Car la pseudo-égalité en vigueur dans les pays anglo-saxons paraît d'abord liée aux moyens financiers, et certains, comme le remarquait George Orwell, sont de ce point de vue manifestement plus égaux que d'autres... On a pu en France avoir un avant-goût des potentielles dérives d'un tel système en voyant la manière dont le milliardaire Mohamed Al-Fayed a pu embaucher un ancien commissaire et d'anciens inspecteurs de la police judiciaire pour contester la thèse de l'accident dans lequel avait péri son fils en compagnie de la princesse Diana. Cela donne une idée des déséquilibres auxquels une procédure strictement accusatoire pourrait conduire, et s'imaginer que l'État supporterait le coût des enquêteurs privés et des divers experts qu'accusés et victimes seraient appelés à utiliser est une utopie si l'on considère qu'il n'est même pas capable de prendre en charge, dans le système actuel de manière convenable, les aides juridictionnelles ou les commissions d'office assurées par les avocats.

Le système accusatoire aurait par ailleurs pour effet de faire disparaître le juge d'instruction dont la personnalité fait fort heureusement écran entre les victimes et leurs agresseurs, ce qui constituerait incontestablement une régression. L'égalité réclamée ne va tout de même pas jusqu'au point de souhaiter revenir à celle qui était imposée aux plaideurs au temps du jugement de Dieu où « on poussait si loin le souci de ne pas préjuger et d'imposer aux combattants des conditions de préparation identiques qu'avant la bataille on mettait en prison l'accusé du crime mais aussi son accusateur[10] ».

Notre tradition « inquisitoire », qui a su se tempérer au fil des réformes de multiples éléments d'inspiration « accusatoire », n'a pas à être remise en cause de manière fondamentale. Que nous nous inspirions de certains aspects de la procédure anglo-saxonne pour améliorer notre fonctionnement judiciaire, par exemple le fait d'assurer un traitement différent à ceux qui plaident coupables et à ceux qui plaident non coupables permettant aux premiers de bénéficier d'une peine « aménagée » et d'un « circuit court » susceptible de désencombrer les tribunaux, et de réserver aux seconds la solennité et la rigidité du circuit traditionnel, serait certainement une excellente chose. Mais non l'adoption d'un système dont nous ne pouvons prétendre ignorer les limites[11].

Notre procédure, dans sa mixité, est en son principe équilibrée sous réserve de cesser de considérer l'expression « droits de la défense » au bénéfice des seuls accusés ou prévenus. On ne saurait en effet se satisfaire des inégalités de droits actuellement consacrées par notre Code de procédure pénale au détriment de la partie civile. Historiquement, ce décalage a d'ailleurs toujours existé : si la loi du 8 décembre 1897 a permis aux inculpés d'être assistés d'un conseil durant leurs interrogatoires par un juge d'instruction, ce n'est que vingt-cinq ans plus tard que la loi du 22 mars 1921 a accordé aux victimes la possibilité d'utiliser à leur tour les services d'un avocat. Il serait temps d'en finir avec cette culture discriminatoire. Il importe pour cela de prendre les réformes nécessaires pour renforcer effectivement « les droits des victimes » et non se contenter d'accoler cette expression à celle de « présomption d'innocence », véritable et unique objet de la loi du 15 juin 2000. L'équilibre reste à créer en n'oubliant jamais que, si la personne mise en examen doit être présumée innocente, la partie civile doit être de la même façon présumée victime.

À titre d'exemple, pourrait-il être fait obligation aux juges d'instruction de désigner dès l'ouverture de l'information un administrateur *ad hoc* dans les intérêts de l'enfant pour que celui-ci puisse disposer d'un avocat et exercer les droits reconnus à la partie civile si ses représentants légaux ne sont pas en mesure de le faire ou s'y refusent. Trop de magistrats retardent actuellement cette prise de décision pourtant élémentaire, ce qui prive l'avocat de l'enfant d'intervenir en temps et en heure dans le dossier d'instruction.

De même, sur le plan des principes, devrait être reconnue la possibilité pour la partie civile de faire appel sur les dispositions pénales des décisions rendues par les tribunaux correctionnels et les cours d'assises en cas de relaxe ou d'acquittement. Les parties civiles ne doivent pas dépendre du parquet pour cela. Les analyses des uns et des autres peuvent être divergentes[12].

Le droit pour les victimes de dénoncer l'agression subie et de faire éventuellement naître des poursuites sans demander l'avis du parquet en saisissant directement le juge d'instruction d'une plainte avec constitution de partie civile ou en faisant citer directement l'auteur d'une infraction devant un tribunal correctionnel est reconnu. La possibilité pour la partie civile de faire appel des ordonnances de non-lieu rendues par le juge d'instruction devant la chambre d'accusation/instruction n'est pas discutée. Et il lui est actuellement refusé le droit de faire appel des jugements... Après avoir eu le courage de parler et de dénoncer, avoir supporté le poids du parcours judiciaire, avoir bénéficié de l'exercice de voies de recours tout au long de la procédure, les victimes sont subitement privées, au moment essentiel qu'est le prononcé du jugement, de l'autonomie et de la liberté d'en faire appel si ce jugement se refuse à reconnaître la légitimité de leur plainte... Cela n'est pas acceptable.

Que la partie civile ne puisse pas interjeter appel du quantum de la peine prononcée en cas de condamnation, cela est normal. La victime n'a pas à intervenir sur ce terrain qui serait celui de la vengeance. Cet aspect de la condamnation ne la concerne pas. C'est l'affaire de la société et donc du parquet. Mais qu'elle ne puisse pas faire appel sur le principe de la culpabilité, sur la reconnaissance de la réalité de l'agression qu'elle a dénoncée, cela ne l'est pas. L'illusion juridique actuelle autorisant la partie civile à interjeter appel sur les seuls intérêts civils[13] est en l'état insuffisante. En effet, le jugement pénal forme un tout (on parle d'ailleurs à son sujet d'unité de jugement), et dans cet ensemble le jugement sur l'action civile est l'accessoire du jugement sur l'action publique. En cas d'acquittement ou de relaxe et en l'absence d'appel du parquet sur la partie pénale, un verdict d'acquittement ou un jugement de relaxe acquièrent « l'autorité de la chose jugée », c'est-à-dire qu'ils deviennent définitifs et ne peuvent plus être remis en cause. La partie civile est dans cette hypothèse néanmoins autorisée à interjeter appel des dispositions civiles. Que cela signifie-t-il ? Si l'on en croit la doctrine, « ce recours permettra de discuter de l'existence de l'infraction, puisque celle-ci est une condition *sine qua non* du succès de l'action civile, bien qu'une décision définitive soit intervenue sur l'action publique. Ainsi, même si une décision définitive de relaxe est intervenue, la partie civile pourra continuer à soutenir devant la juridiction d'appel que l'infraction est constituée[14] ». Cela est naturellement, la plupart du temps, et notamment en matière d'agressions sexuelles, une tartufferie[15].

Cette situation est d'autant plus anormale que la Cour de cassation a eu à plusieurs reprises l'occasion d'affirmer que la constitution de partie civile « a pour objet essentiel la mise en mouvement de l'action publique en vue d'établir la culpabilité de l'auteur présumé d'une infraction » et que cette constitution « est une prérogative attachée à la personne pouvant tendre seulement à la défense de son honneur et de sa considération, indépendamment de toute réparation du dommage par voie de l'action civile[16] ». Dans un autre arrêt, la Cour de cassation ajoute que « la victime d'une infraction, même si elle ne veut pas demander réparation de son préjudice, peut malgré tout se constituer partie civile afin de faire établir l'existence d'une infraction[17] ». On voit bien à la lecture de ces décisions qu'il existe une dissociation et une césure complète entre la constitution de partie civile (qui entraîne l'action pénale du ministère public et met en mouvement l'action publique) et l'exercice de l'action civile (qui vise à obtenir réparation du dommage subi). Ce sont deux choses totalement différentes. Il est donc juridiquement incohérent de vouloir limiter les droits de la victime au seul exercice de l'action civile à l'issue du premier procès alors qu'on lui a reconnu la possibilité de faire naître les poursuites et de les perpétuer tout au long de l'instruction. Le législateur se doit d'inventer une formule permettant à la victime de faire rejuger l'intégralité du procès pénal, avec ou sans le soutien du parquet, en écartant simplement les appels sur le quantum des peines prononcées.

Autre exemple de réforme nécessaire au rééquilibrage des pouvoirs des uns et des autres, la participation de la partie civile au débat sur l'opportunité de la détention provisoire qui, n'en déplaise à beaucoup, la concerne : le risque de pression sur les témoins et sur les victimes fait d'ailleurs partie des cas justifiant l'incarcération dans un cadre préventif. Qui, sur cet aspect de la question, peut être mieux placé que la victime pour exprimer un avis ? Actuellement, la situation est la suivante : non seulement la partie civile n'est pas invitée à donner son sentiment, mais encore n'est-elle même pas informée de l'éventuelle libération de son agresseur ; cet élargissement peut survenir du jour au lendemain sur décision du magistrat compétent, d'office ou à la demande de la défense, sans même que la victime ou son avocat n'en soient avisés, sauf bon vouloir du juge et de manière informelle. Au risque de se retrouver, au coin d'une rue, fortuitement nez à nez avec son agresseur que l'on croyait en prison. Cet ostracisme est en outre totalement incohérent puisque, paradoxalement, dans l'hypothèse où la demande de mise en liberté est repoussée et où la personne mise en examen fait appel de cette décision de refus, la partie civile est alors invitée à présenter ses observations et à participer au débat devant la chambre d'instruction. Pourquoi dans ces conditions n'a-t-elle pas la possibilité de le faire avant ? Mystère… Cette réforme, élémentaire, que l'on pourrait même qualifier de réforme de simple courtoisie, de bonne éducation, avait d'ailleurs été votée voici quelques années avant que le texte édictant cette judicieuse obligation d'information de la partie civile ne soit supprimé et remplacé par un énième texte qui fit aussi long feu que le précédent. Il serait temps d'y revenir.

Dernier exemple, réforme de détail mais néanmoins de principe, que les avocats de la partie civile soient rémunérés dans les mêmes conditions que les avocats de la défense quand ils interviennent dans le cadre de l'aide juridictionnelle : un avocat désigné d'office pour assurer la défense d'un accusé perçoit pour l'instruction une indemnité trois fois supérieure à celle perçue par l'avocat de la partie civile[18]. Cette indemnité est près de deux fois supérieure devant la cour d'assises. Le travail et le temps consacrés sont pourtant identiques. Soutenir à bout de bras une victime demande autant d'énergie qu'assister un présumé innocent. C'est aussi à des petites choses comme cela que se mesure la considération…

Il serait souhaitable, une fois intervenues ces quelques réformes de structures venant renforcer l'égalité entre les trois parties au procès, d'en rester là et de consacrer toute l'énergie, tous les budgets, à améliorer les moyens matériels et humains afin que les rêves nés des réformes législatives deviennent enfin des réalités. On comprend que, pour le législateur, il soit frustrant de ne pas réformer encore et toujours et de se donner ainsi l'illusion d'avoir marqué son époque de son empreinte :

légiférer est sa fonction. Qu'il n'hésite cependant pas à méditer les paroles prêtées par Marguerite Yourcenar à l'empereur Hadrien dont le règne constitua l'apogée du siècle d'or de la Pax Romana : « Je me proposais pour but une prudente absence de lois superflues[19]. » N'en doutons pas, les victimes seront sensibles à sa modestie si la justice au quotidien y gagne en rigueur et en efficacité.

CIRCUIT JUDICIAIRE (schéma simplifié)

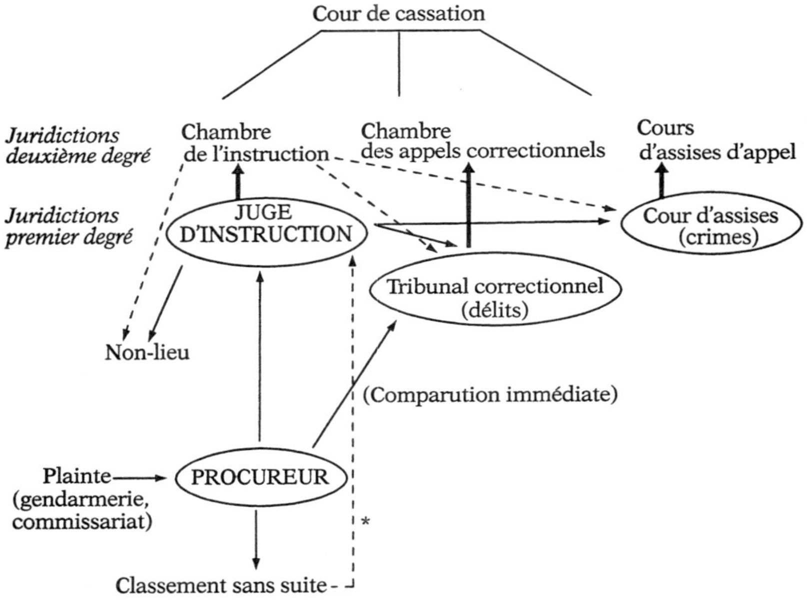

* Saisine du juge d'instruction à l'initiative de la partie civile.

NOTES ET RÉFÉRENCES

INTRODUCTION

1. Circulaire du 26 août 1997, n° 97-175. *BOEN* (*Bulletin officiel de l'Éducation nationale*), n° 30 du 4 septembre 1997.

2. Agence nationale de recherche sur le sida.

3. Hughes Lagrange et Brigitte Lhomond.

4. *Le Monde*, 5 avril 1995 — *Le Monde de l'éducation*, mars 2001.

5. 7 142 plaintes ont été déposées en 1974, 20 637 en 1998, 20 690 en 1999, 22 721 en 2000. Sur les 20 637 plaintes enregistrées en 1998, 13 842 concernaient des mineurs. Les plaintes déposées pour viols sur mineurs ont augmenté de 14,5 % en 2000 et de 13,06 % en 2001. Source : statistiques de la criminalité 1999-2000-2001 du ministère de l'Intérieur.

6. Source : *Annuaire statistique du ministère de la Justice*, Paris, La Documentation française, 2001.

7. 6 753 pour un total de 31 059 condamnés. Source : *Annuaire statistique du ministère de la Justice*, Paris, La Documentation française, 2001.

8. Le 2e Congrès mondial contre l'exploitation sexuelle des enfants organisé du 17 au 20 décembre 2001 à Yokohama (Japon) n'a pas permis de réviser ces chiffres à la baisse. Les progrès réalisés en matière de coopération internationale ont cependant pu être constatés. L'amélioration de certaines législations nationales a également pu être saluée (dont la législation française qui, depuis Stockholm, s'est dotée d'outils législatifs autorisant notamment la poursuite des clients de mineurs prostitués, des détenteurs de cassettes à caractère pédopornographique ainsi que celle des Français ayant commis des crimes ou des délits sexuels à l'étranger).

9. *Le Monde*, 3 mai 2000. Selon l'association « Le Bouclier », il y aurait 150 000 adresses pédophiles sur Internet. *Le Monde*, 17 mai 2001. Et 28 000 « sites pédopornographiques » selon Laurence Berneux et Serge Garde, *Le Livre de la honte*, Paris, Le Cherche-Midi, 2001.

10. Thierry Lévy, *Justice sans Dieu*, Paris, Éditions Odile Jacob, 2000.

11. Le mot de « victime », le seul hélas à pouvoir être utilisé à l'exclusion de tout autre, renferme une connotation désagréable qui ne veut pas avoir sa place ici, car pollué par des images de passivité, de plaintes continuelles et de jérémia-

des. Ne dit-on pas de manière péjorative au sujet d'individus trop préoccupés par leur sort qu'ils se « comportent comme des victimes » ? On comprendra à la lecture de ce livre que les mineurs parvenant à dénoncer ces violences et à mener jusqu'au bout leur démarche judiciaire ne connaissent pas cette attitude résignée.

Chapitre premier
SORTIR DU SILENCE

1. *Le Monde*, 11-12 mai 1997.

2. L'enquête devait permettre d'identifier 72 victimes. *Cf. Le Monde*, 26 juin 2001. Jacky Kaisersmertz fut condamné à dix-huit années de réclusion criminelle (avec une peine de sûreté de douze années) par la cour d'assises de la Nièvre.

3. *Le Monde*, 23 juin 2001.

4. *Le Monde*, 11-12 mai 1997.

5. Noëlle Magano-Vouland, Colloque de défense pénale « Les infractions sexuelles sur mineurs », Syndicat des avocats de France, Marseille 29-30 avril 2000.

6. Frédérique Gruyer, Martine Fadier-Nisse, Dr Pierre Sabourin, *La Violence impensable*, Paris, Nathan, 1991.

7. *Ibid.*, p. 23-24.

8. Cette loi a été précédée par celles des 10 juillet 1989 et 4 février 1995 qui suspendaient également la prescription durant la minorité de la victime, mais dans des conditions plus restrictives.

9. Pour un crime « ordinaire », le délai de prescription est de dix années après la commission des faits.

10. Pour un délit « ordinaire », le délai de prescription est de trois années après la commission des faits.

11. *Cf.* article 8 du Code de procédure pénale.

12. *Cf.* article 2270-1 du Code civil. Dans cette hypothèse, l'auteur ne peut plus être condamné à une sanction pénale, mais il peut encore l'être à des dommages et intérêts par une juridiction civile (tribunal de grande instance ou tribunal d'instance selon le montant réclamé).

13. *Cf.* article 35, loi du 29 juillet 1881. En règle générale, la preuve de véracité des faits diffamatoires n'est pas admise si l'imputation se réfère à des faits remontant à plus de dix années.

14. Une campagne d'affichage menée à l'initiative de l'association L'Enfant bleu sollicitant l'imprescriptibilité des crimes contre l'enfance a été engagée au mois de janvier 2002.

15. Remo Forlani, *Libération*, 1er juin 2000.

16. Trop de médecins se réfugient encore derrière ces textes pour se dispenser d'intervenir. Il peut inversement arriver de rencontrer le cas de certains autres se laissant aller à rédiger des certificats sans aucune précaution. Les excès des uns ne sauraient faire oublier les carences des autres.

17. *Le Monde*, 17 février 2001. À l'issue de l'enquête préliminaire au cours de laquelle 260 anciens élèves de l'instituteur en cause furent entendus, 36 plaintes pour agressions sexuelles furent finalement enregistrées. *Le Monde*, 13-14 mai 2001.

18. *Libération*, 11 juin 2001.

19. Les mineurs n'ont pas en droit français la « capacité juridique » pour agir en leur propre nom : ils ne peuvent intervenir que par l'intermédiaire de leurs parents ou par celui d'un « administrateur *ad hoc* » dans l'hypothèse où « la protection de leurs intérêts n'apparaîtrait pas complètement assurée par leurs représentants légaux ou par l'un d'entre eux ». Sur ce sujet, *cf.* « L'administrateur *ad hoc*, cet inconnu ! », actes du colloque « Premières assises nationales

du représentant spécial de l'enfant en droit français », association CHRYSALLIS, septembre 2000, 24, quai de France, Grenoble (38000).

20. Amende d'un montant maximal de 15 000 euros. *Cf.* articles 88 à 91 du Code de procédure pénale.

21. Sans oublier l'éventualité d'un recours à une procédure en dénonciation calomnieuse passible de cinq années d'emprisonnement. Si les circonstances le permettent, pour limiter les risques (mais non les exclure), les plaintes peuvent parfois être rédigées avec prudence, non pas contre une personne précisément nommée, mais « contre X ».

22. 5 039 643 procès-verbaux constatant des infractions ont été établis en 2000. Dans 72 % des cas, ces infractions n'ont pas donné lieu à des poursuites judiciaires (soit pour défaut d'élucidation — ainsi, en matière de cambriolage, le taux d'élucidation des affaires n'est que de 8 % —, soit pour des motifs tenant à l'irrecevabilité de la plainte). Sur le 1,3 million d'affaires restantes, « poursuivables », mettant en cause une personne identifiée, 48,7 % ont fait l'objet d'un renvoi devant une juridiction, 19,2 % ont donné lieu à une procédure alternative aux poursuites (ex. médiation, injonction thérapeutique), et 32,1 % ont été classées sans suite, ce qui demeure considérable. Source : *Les Chiffres clés de la justice*, octobre 2001, ministère de la Justice.

23. Département qui est loin d'être l'un des plus mal lotis pour avoir été le « fief » du garde des Sceaux de 1997 à octobre 2000 lorsque Mme Guigou occupait cette fonction.

24. Articles 222-22 à 222-32 du Code pénal.

25. *Cf.* articles 227-25 à 227-27 du Code pénal. Cette qualification figure à la section « De la mise en péril des mineurs ». Elle ne fait pas de distinction selon que les actes commis ont donné lieu, ou non, à pénétration. Cette section comprend également, entre autres, la répression de la corruption des mineurs.

26. On s'aperçoit d'ailleurs que le maximum des peines encourues est le même qu'il s'agisse d'agressions exigeant violence, contrainte, menace ou surprise ou d'atteintes n'en exigeant pas : dix années dans les deux cas. C'est dire si, pour le législateur, il n'existe quasiment pas de différences entre les deux.

27. On voit mal comment il pourrait en être autrement dans la mesure où l'ordonnance du 2 février 1945 relative à l'enfance délinquante prévoit l'impossibilité de prononcer une peine à l'encontre d'un mineur âgé de moins de treize ans lorsqu'il commet une infraction. Si un enfant de cet âge n'est certes plus considéré comme pénalement irresponsable (puisqu'il peut être reconnu coupable des faits qui lui sont reprochés et que des mesures éducatives peuvent être prononcées contre lui à titre de sanctions), ce traitement « de faveur » malgré tout particulier sous-entend qu'il ne peut être considéré comme totalement responsable ni avoir pleinement conscience du caractère délictuel ou criminel des actes qu'il peut avoir commis. Dans ces conditions, il serait plus que paradoxal de considérer qu'un enfant du même âge puisse avoir pleinement conscience de la portée d'un acte qu'il subit.

28. Ainsi, au mois d'octobre 1999, une enseignante de Montpellier d'une trentaine d'années ayant entretenu une relation avec l'un de ses élèves âgé de quatorze ans fut poursuivie devant le tribunal correctionnel. Il ne vint à l'idée de personne de placer ce dossier sur le terrain des « atteintes sexuelles » bien que les conditions fussent remplies (on pouvait en effet considérer que l'enseignante avait autorité sur son élève, qui était de toute façon âgé de moins de quinze ans). Sur plainte de la tutrice de l'adolescent, Muriel F. fut jugée pour « soustraction sans fraude ni violence d'enfant mineur des mains de celui qui exerce l'autorité parentale » et condamnée symboliquement à la peine de un mois de prison avec sursis. Et encore, nombreux furent les magistrats à estimer publiquement inopportunes les poursuites qui avaient été engagées. Si la maturité de l'adolescent et les circonstances font effectivement apparaître un consentement véritablement

« éclairé », pourquoi engager des poursuites, sauf à leur donner une connotation morale désuète ? Jamais, grand Dieu, de relation sexuelle entre un adulte, eût-il à peine dix-huit ans, et un mineur de plus de treize ans !

29. *Journal officiel*, Assemblée nationale, compte rendu 1991, p. 3 565.

30. Le droit pénal révolutionnaire avait fixé ce seuil à quatorze ans en 1791. En 1832, il fut abaissé à onze ans, puis relevé à treize ans en 1863 avant d'atteindre l'âge de quinze ans en 1945.

31. Le développement des enregistrements audiovisuels des premières déclarations des victimes par les services de police conduit de nombreux magistrats instructeurs à estimer désormais inutile de procéder eux-mêmes au moindre interrogatoire. Cette pratique minimaliste est regrettable. Une audition, même brève et sans retour sur les faits eux-mêmes, permettra toujours au juge d'intéressantes observations sur la personnalité de la victime. Pour cette dernière, cette rencontre sera un moment important : l'enfant a besoin de connaître ce juge lointain qu'il sait être en charge de son dossier. Il a besoin de l'identifier.

32. La loi du 15 juin 2000 a prévu un maximum de six mois entre la date de renvoi et la date de l'audience si le prévenu est détenu, à peine de quoi ce dernier serait immédiatement libéré. En matière criminelle, le délai maximal est de deux ans. Aucun délai n'est prévu si le prévenu ou l'accusé sont libres.

33. Depuis le vote de la loi du 15 juin 2000, les accusés condamnés par une cour d'assises peuvent faire appel du verdict. Seuls les prévenus condamnés par des tribunaux de police ou des tribunaux correctionnels en avaient auparavant la possibilité. Sur ce sujet, *cf. infra*.

34. Il ne s'agit naturellement pas d'ignorer l'existence des fausses accusations qui peuvent parfois être formulées. Cette réalité sera examinée *infra*.

35. Rapport d'enquête parlementaire, juillet 2000.

Chapitre 2
LE COMBAT JUDICIAIRE

1. Alain Molla, avocat au barreau d'Aix-en-Provence, président de la commission juridique du mouvement AIDES, fut notamment, en compagnie d'Henri Leclerc, le défenseur de Richard Roman dans le procès dit de « la Motte du Caire » qui vit, devant la cour d'assises de l'Isère, l'acquittement de Richard Roman et la condamnation à la réclusion criminelle à perpétuité de Didier Gentil pour le viol et l'assassinat de la petite Céline Jourdan.

2. Colloque de défense pénale « Les infractions sexuelles sur mineurs », Syndicat des avocats de France, Marseille, 29-30 avril 2000.

3. Les faits à caractère incestueux seraient reconnus, totalement ou partiellement, dans environ 90 % des cas, les faits à caractère non incestueux ne le seraient que dans 80 % des cas. Source : *Rapport de recherche sur les agresseurs sexuels*, Claude Balier, André Ciavaldini, Martine Girard-Khayat, direction générale de la Santé, 1996.

4. La qualification sera alors celle d'atteinte sexuelle sans violence, contrainte, menace, ni surprise. Sur cette qualification, *cf. supra*.

5. Charlotte Rampling y interprète le rôle ambigu d'une femme attirée par l'humiliation et les sévices.

6. *Apostrophes*, 1975.

7. Pour en arriver en 1999 à la fameuse décision de hauts magistrats italiens selon lesquels une jeune fille vêtue d'un jean ne pouvait avoir de relation sexuelle que consentie...

8. André Cayatte devait porter à l'écran cette tragique histoire dans son film *Mourir d'aimer*. Le roman autobiographique de Jean-Baptiste Rossi, *alias*

Sébastien Japrisot, *Les Mal-Partis* (Paris, Robert Laffont, 1950, Denoël, 2000), écrit à l'âge de dix-sept ans, traite également d'un sujet similaire.

9. *Cf. La Provence* du 23 novembre 1999 : « Vaucluse : l'incompréhensible acquittement. L'accusé avait reconnu avoir violé son neveu âgé de onze ans et lui avait demandé pardon. Les jurés vauclusiens l'ont acquitté. » L'enfant et ses défenseurs ne sont jamais dispensés de leur devoir d'explication.

10. Christian Besnard, psychologue au centre hospitalier de Saint-Brieuc, *Libération*, 13 juillet 1998.

11. *Cf.* chapitre « Les fausses allégations ».

12. Nos mémoires sont encore remplies du souvenir du film d'André Cayatte, *Les Risques du métier*, où Jacques Brel joue le rôle d'un instituteur confronté à une situation de ce type.

13. Alain Molla, Colloque « Les infractions sexuelles sur mineurs », SAF, Marseille, 29-30 avril 2000.

14. Noëlle Magano-Vouland, Colloque « Les infractions sexuelles sur mineurs », SAF, Marseille, 29-30 avril 2000.

15. Alain Molla, *ibid.*

16. Ce qui n'autorise notamment pas l'expert à formuler un avis sur l'évolution du sujet entre le moment où a eu lieu l'expertise et le moment du procès, bien souvent distants de plusieurs mois ou années.

17. Les experts n'apprécient guère ce genre de rappel. Maître Libman, qui, au cours d'un procès, s'en étonnait tout de même, s'entendit un jour répondre : « Mon cher maître, la qualité d'une expertise ne dépend pas du temps passé. Au fond, c'est comme une plaidoirie. » Explication brillante sur la forme, mais un peu courte sur le fond. Rapporté par Charles Libman, *Et ce sera justice*, Paris, Plon, 1996.

18. Émile Pollack, *La parole est à la défense*, Paris, Robert Laffont, 1975.

19. Alain Molla le soulignait à juste titre lors du colloque organisé par le SAF à Marseille : « Toutes ces questions expertales non résolues sont essentielles et relèvent du domaine de l'égalité des armes qu'il reste à inventer. »

20. *Le Monde*, 2 octobre 1999.

21. Revue de l'Association française des magistrats de la jeunesse et de la famille.

22. Le représentant du parquet (le ministère public) devant le tribunal correctionnel est le procureur de la République ou l'un de ses substituts. Devant la cour d'assises, le représentant du parquet porte le nom d'avocat général.

23. *Cf.* à titre d'exemple les réquisitions de l'avocat général en faveur de l'acquittement de Patrick Dils devant la cour d'assises de la Marne en juin 2001.

24. Colloque de défense pénale « Les infractions sexuelles sur mineurs », SAF, Marseille, 29-30 avril 2000.

25. Cette idée, pour être « dans l'air du temps », n'en est pas moins totalement contraire à la tradition du barreau. Pour Charles Libman, l'une de ses mémoires les plus respectées, « l'avocat a une mission qui est toujours la même, de quelque côté qu'il se trouve : il défend ». Charles Libman, *Justice impossible*, Paris, Robert Laffont, 1974.

26. Comme ont cru ainsi devoir le faire quelques parties civiles lors du procès de Maurice Papon, l'un estimant que dix ans seraient suffisants, l'autre considérant que la perpétuité serait plus adaptée…

27. Maître Laure Mathys, Colloque « Les infractions sexuelles sur mineurs », SAF, Marseille, 29-30 avril 2000.

28. A. Camus, *L'Homme révolté*.

29. Colloque « Les infractions sexuelles sur mineurs », SAF, Marseille, 29-30 avril 2000.

30. F. Nietzsche, *Ainsi parlait Zarathoustra*.

31. Colloque « Les infractions sexuelles sur mineurs », SAF, Marseille, 29-30 avril 2000.

32. Sans oublier ceux qui, s'ils en ont le talent, peuvent prétendre à la dimension artistique qu'autorise la profession d'avocat, dimension ainsi décrite par Jacques Vergès : « Défendre, c'est présenter, avec les mêmes faits qui servent de support à l'accusation, une autre histoire tout aussi fausse et tout aussi vraie que la première. Et de convaincre juges et jurés que c'est la bonne. Mais il ne s'agit pas de raconter n'importe quelle histoire. Il faut trouver celle qui donnera sens au destin du criminel ou à son procès. Qui le tirera de l'anecdotique pour le hisser à la hauteur du significatif. L'avocat doit faire pour son client ce que Stendhal a fait pour un obscur héros de fait divers de province en le transformant en Julien Sorel. Et sur le plan esthétique au moins, les chances sont du côté de la défense. Chargé de défendre, puisqu'il parle au nom de la société, les idées et les valeurs de la majorité, le procureur est condamné à faire du roman de gare. Tandis que l'avocat de la défense, contraint à chaque coup de rechercher d'autres règles, atteint parfois au chef-d'œuvre. » *Le Journal de Genève*, 15 mars 1991.

33. Procès de Raymond Falcou, *L'Intransigeant*, mars 1933.

34. Selon un rapport édité en 1997 par l'Institut des hautes études de la sécurité intérieure, « Violences en famille ».

35. Colloque européen, 21 novembre 1997, Fondation pour l'enfance.

36. Ce collégien, âgé de treize ans à l'époque, fut poursuivi pour dénonciation mensongère et finalement relaxé par le tribunal pour enfants de Reims au mois de juin 2001.

37. *Le Monde*, 19 avril 2001.

38. L'enquête ouverte à la suite de ce suicide devait établir « la véracité des faits » reprochés à l'instituteur. *Le Monde*, 4 juin 2001. Cette démonstration *post mortem* ne devait cependant pas apaiser les polémiques : sur ce sujet, *cf.* « Zittersheim, un village traumatisé », *Le Monde*, 9 janvier 2002.

39. *Le Monde*, 22 juin 1997. Une opération du même type, baptisée Willy, conduite également en 1997 mais avec beaucoup plus de discrétion, dans 70 départements, devait permettre la saisine de 1 261 cassettes pédopornographiques, l'interpellation de 170 personnes et le renvoi de 80 prévenus devant le tribunal correctionnel de Nice au mois de février 2002. Soixante-dix-neuf condamnations furent prononcées.

40. Ces situations représenteraient 22 % des plaintes enregistrées chaque année. « Violences en famille », rapport édité par l'Institut des hautes études de la sécurité intérieure, 1997.

41. Selon les auteurs, cette proportion varierait de 30 à 75 %. *Cf.* Dr Paul Bensussan, « Le poids de la parole de l'enfant », Colloque SAF, « Les infractions sexuelles sur mineurs », Marseille, 29-30 avril 2000. Lorsque l'on en arrive à de telles imprécisions statistiques, autant s'abstenir de donner le moindre chiffre.

42. Hibbard, « Génitalia in children's drawing », *Pediatric*, 79, 1987.

43. Ou si l'enfant s'y refuse, situation relativement courante, tant l'« œil » de la caméra semble parfois décupler sa gêne et le paralyser.

44. Hubert Van Gijseghem, *L'Enfant mis à nu*, Montréal, Éditions Méridien, 1992.

45. *Ibid.*

46. Hubert Van Gijseghem, « Facteurs interférant avec la qualité du témoignage de l'enfant au tribunal dans les causes d'abus sexuel », *Revue canadienne de psycho-éducation*, vol. 19, n° 1, 1990.

47. Elle peut avoir été elle-même victime d'agression de ce type dans son enfance. Ce sera une circonstance favorisante.

48. *Sciences et Avenir*, n° 634, décembre 1999.

49. Aux antipodes des difficultés posées par les « accusations » d'un enfant en bas âge véhiculées par sa mère, on trouve les souvenirs « refoulés » de traumatismes enfantins ressuscités par des adultes à l'issue d'une psychanalyse ou d'une thérapie sous hypnose. Problème sérieux dans les pays anglo-saxons au point que le Royal College of Psychiatrists (RCP), qui réglemente la formation des psychiatres en Grande-Bretagne, a interdit en 1997 à ses membres la pratique consistant à amener leurs patients à se remémorer un abus sexuel subi dans l'enfance. Frederick Crews, professeur à l'Université de Californie, évalue à un million au moins le nombre de Nord-Américains qui, au cours d'une thérapie, auraient ainsi retrouvé des souvenirs de cet ordre. Il y a quelques années, la comédienne Marie Laforêt exposait dans *Paris Match* son expérience personnelle à ce sujet. Des abus sexuels peuvent effectivement fort bien ne revenir à la mémoire de certaines victimes que des années après les événements. Mais comment distinguer les souvenirs vrais des faux ? Où se situe la frontière entre fantasme et réalité ? Tout le monde s'accorde sur le fait qu'un souvenir qui reste toujours présent dans la mémoire est un souvenir « vrai ». Ce qui n'est pas obligatoirement le cas lorsque la mémoire « fluide et vaporeuse comme les nuages » ne revient que plusieurs années après les événements. Les conséquences judiciaires de ces dénonciations « tardives » sont de toute façon limitées en France par la prescription qui impose à toute victime de dénoncer les faits avant l'âge de vingt-huit ans. Ainsi que par la difficulté de la preuve. De tels cas peuvent donc actuellement apparaître dans notre pays comme des hypothèses d'école. Sur ce sujet, *cf. Le Monde*, 10 octobre 1997.

50. Il semble juste de souligner à ce propos que les fausses allégations paraissent être avant tout un phénomène anglo-saxon : elles pullulent outre-Atlantique dans des pays n'ayant nullement la même culture que la nôtre. Ce n'est pas un hasard aux États-Unis et au Canada où la gesticulation judiciaire est devenue une véritable pathologie sociale.

51. Ces déclarations n'avaient pas fait l'objet d'un enregistrement audiovisuel. La loi du 17 juin 1998 n'était pas à l'époque encore entrée en vigueur. On ne saurait trop insister sur l'absolue nécessité de procéder à l'enregistrement des déclarations des jeunes enfants. Trop d'enquêteurs, trop de magistrats instructeurs passent encore outre, faute de locaux et de matériel pour y procéder aisément.

Chapitre 3
DU CÔTÉ DES AGRESSEURS

1. En 1999, toutes agressions sexuelles confondues, les tribunaux français ont condamné 115 femmes (dont 23 pour viols) et 7 701 hommes (dont 1 894 pour viols). Source : *Annuaire statistique de la justice*, Paris, La Documentation française, 2001.

2. *Cf.* la condamnation de Marc Dumoulin, député du Haut-Rhin, par la cour d'assises du Bas-Rhin, le 19 octobre 2001.

3. Cinquante-six au total selon le FBI. Source : Sarah Finger, *Les Perversions sexuelles*, Paris, Ellipses, 1998.

4. 42 % des agressions et 56 % des viols sur mineurs sont commis par l'entourage familial. *Le Monde*, 17 février 2001.

5. *Psychologies*, avril 1999, n° 174, dossier « Les secrets de famille ».

6. Pas plus d'ailleurs que la pédophilie, catégorie psychologique et non juridique.

7. *La Lettre de la Fondation pour l'enfance* n° 25, mai 2000.

8. Claude Olievenstein, *Naissance de la vieillesse*, Paris, Éditions Odile Jacob, 2000. Au mois de juin 2001, dans l'Ain, était incarcéré un homme de quatre-vingt-quinze ans, auteur présumé d'agressions sexuelles sur plusieurs enfants dont ses arrière-petites-filles.

9. Un bœuf (signe de sacrifice, pour la fonction religieuse), un équipement militaire (pour la fonction guerrière) et un gobelet ou une coupe (symbole d'abondance, pour la fonction agricole).

10. Ce temps correspond au temps de réclusion « en brousse » que l'on observe dans les initiations de sociétés « primitives ».

11. Sur ce sujet, *cf.* notamment, Bernard Legras, *Éducation et culture dans le monde grec*, Paris, SEDES, 1998.

12. Sur ces questions, *cf.* notamment Jean-Louis Flandrin, *Familles, parenté, maison, sexualité dans l'ancienne société*, Paris, Seuil, 1984, et la contribution de Benoît Garnot, dans *Crimes et Cultures*, sous la direction de Jean-Michel Bessette, Paris, L'Harmattan, collection « Logiques sociales », 1999.

13. *Étude médico-légale sur les sévices et mauvais traitements exercés sur des enfants*, Annuaire hygiène, 1860-13.

14. Pierre Georges, *Le Monde*, 23 février 2001.

15. René Scherer, *Une érotique puérile*, Paris, Galilée, 1978.

16. *Le Monde*, 26 janvier 1977. Parmi les signataires, Louis Aragon, Jean-Paul Sartre, Simone de Beauvoir, Roland Barthes, Patrice Chéreau, François Chatelet, Félix Guattari.

17. Le rapport de 1995 devait recenser 173 associations remplissant au moins l'un des dix critères cités.

18. Jean-Marie Abgrall, *Le Cerveau prisonnier*, Paris, Calmann-Lévy, 1995.

19. Certains « régimes » alimentaires et notamment le jeûne peuvent également faire partie des techniques utilisées. *Cf.* dans ce registre, les théories mises en avant par l'« apôtre » du manger cru, fondateur de l'instinctothérapie, G.-C. Burger.

20. On notera d'ailleurs la sévérité des condamnations prononcées : ainsi, vingt années de réclusion pour le « président-fondateur » de l'association Droit de survie, qui présentait à ses victimes l'acte sexuel comme un « acte de purification » — cour d'assises de la Creuse, 20 octobre 2000 ; dix-sept ans pour le « directeur d'études » de l'association Ontologie méthodique culture et tradition — cour d'assises des Vosges, 14 septembre 2001 ; trente ans pour Francis R. envers qui devait être retenue la circonstance aggravante de « torture et actes de barbarie » à l'égard de certaines de ses victimes ; quinze ans pour Guy-Claude Burger, fondateur de l'instinctothérapie, selon lequel les pratiques sexuelles imposées aux enfants autorisaient des « visions extra-sensorielles liées à la spiritualité » — cour d'assises de Seine-et-Marne, 7 décembre 2001.

21. *Cf.* notamment la contribution de C. Balier, « Agresseurs sexuels : psychopathologie et stratégies thérapeutiques », dans *Le Traumatisme de l'inceste*, sous la direction de Marceline Gabel, Serge Lebovici, Philippe Mazet, Paris, PUF, 2000.

22. Selon une étude québécoise, près de 75 % des agresseurs sexuels auraient subi un abandon parental précoce. Cf. Sarah Finger, *Les Perversions sexuelles*, *op. cit.*, p. 19.

23. Note d'un expert.

24. Notes sur Edgar Poe.

25. Alain Molla, Colloque « Les infractions sexuelles sur mineurs », SAF, Marseille, 29-30 avril 2000.

26. Procès de Raymond Falcou, *L'Intransigeant*, mars 1933.

27. C. Montiel, R. Fillieule, *Études et recherches*, IHESI, juin 1997. La classification internationale des maladies publiées par l'Organisation mondiale de la santé (OMS) classe la pédophilie (c'est-à-dire l'attirance sexuelle envers les enfants prépubères) parmi les « troubles de la préférence sexuelle ».

28. Les décrets d'application (parus deux ans après le vote de la loi...) ont prévu le recrutement de 100 médecins coordonnateurs chargés d'assurer le suivi annuel de 15 délinquants chacun pour une rémunération de 2 800 francs par personne suivie. Compte tenu de l'important retard de la France sur ces sujets,

Le Monde daté du 7-8 mai 2000 évoquait la probable hypothèse selon laquelle « ces médecins risquent de faire cruellement défaut ». Seulement 72 peines de ce type ont été prononcées au cours de l'année 1999. *Le Monde,* 17 février 2001.

29. Il en existe deux dans le Vaucluse, département de Mme Guigou, garde des Sceaux durant quatre années. Dans un tribunal comme Montpellier, un JAP suit 900 dossiers (*Cf.* intervention de Gilles Sainati, secrétaire général du Syndicat de la magistrature, Colloque SAF, Marseille, 29-30 avril 2000).

30. À Montpellier, chaque éducateur suit 150 dossiers (*ibid.*).

31. Il est bon de rappeler en cet instant que l'article 716 du Code de procédure pénale pose le principe du régime de l'emprisonnement *individuel* des personnes placées sous le régime de la détention provisoire. Il existe en France 119 maisons d'arrêt. Leur taux d'occupation moyen est de 132 %. Pour sept d'entre elles, il est supérieur à 200 %. Pour 42 d'entre elles, il est compris entre 150 et 200 %. Dans les 55 centrales ou centres de détention, la situation est meilleure, le taux moyen d'occupation n'y étant que de 86 %. *Le Monde,* 6 juillet 2000. Les maisons d'arrêt accueillent les personnes en détention provisoire et les condamnés à moins d'un an d'emprisonnement ou dont la peine restant à effectuer, compte tenu de la détention provisoire accomplie, est inférieure à une année. Les centrales accueillent les longues peines.

32. Un nouveau programme devant autoriser à l'horizon 2006 la création de 35 nouvelles prisons — 7 maisons d'arrêt et 28 établissements pour peines — dans le but de permettre « une véritable séparation des prévenus et des condamnés », a été lancé par Mme Lebranchu, garde des Sceaux, au mois d'octobre 2001. *Le Monde,* 26 octobre 2001.

33. Évry Archer est président de l'Association des psychiatres exerçant en prison. *Cf.* sur ce sujet, notamment, l'ouvrage collectif publié sous sa direction, *Agressions sexuelles : victimes et auteurs*, Paris, L'Harmattan, 1998.

34. *Le Monde*, 7-8 mai 2000.

35. Source : *Annuaire statistique de la justice,* Paris, La Documentation française, 2001.

36. *Cf.* l'étude de Pierre Tournier et Anne Kensey : *L'Exécution des peines privatives de liberté : aménagement ou érosion ?* Cette étude, portant sur un total de 2859 détenus toutes infractions confondues, a permis d'évaluer la durée de détention moyenne à 69 % de la peine prononcée. En ce qui concerne les agressions sexuelles, les condamnations moyennes de la population étudiée s'élevaient à 6,2 années pour les crimes et 2,1 années pour les délits. La durée de détention effective était respectivement de 4,2 et 1,3 années. Soit, pour les crimes, 68,6 % de la peine exécutée en milieu carcéral, 27 % de la peine non exécutée du fait des réductions de peine, grâces ou amnistie, et 4,4 % de la peine effectuée en milieu ouvert sous le régime de la libération conditionnelle. Pour les délits, les proportions respectives étaient de 66,6 %, 30,1 % et 3,3 %. Source : Centre de recherches sociologiques sur le droit (Cesdip), décembre 2001.

37. La durée moyenne de détention provisoire était en matière criminelle de 2,9 ans en 1999. Pour les délits, cette durée était de 6,2 mois.

38. Source : Docteur Coutanceau, Centre national d'observation de Fresnes. Cité dans *Les Perversions sexuelles, op. cit.*, p. 115.

39. Ces condamnés sont principalement ceux dont la peine est importante, notamment ceux dont la peine comporte une période de sûreté, ainsi que ceux qui n'ont pas été placés en détention provisoire, dans la mesure où la part d'emprisonnement ferme à effectuer sera supérieure à un an.

40. A. Kensey, P. Tournier, *Libération sans retour ?*, Direction de l'administration pénitentiaire, coll. « Travaux et documents », n° 47, 1994.

41. *Le Monde*, 7-8 mai 2000.

42. *Le Monde*, 20 juin 1995.

43. A. Kensey, P. Tournier, *Libération sans retour ?, op. cit.*

44. *Infostat Justice*, Bulletin d'information de la sous-direction de la Statistique, des Études et de la Documentation, décembre 1997, n° 50.

45. Aucune exploitation informatique du casier judiciaire ne peut être faite antérieurement à 1984, date de la mise en place de sa gestion centralisée et informatisée.

46. Ainsi, un individu condamné pour viol en 1988, commettant une nouvelle infraction en 1995 et jugé l'année suivante, ne sera pas comptabilisé.

47. Ainsi, 13 % des délinquants sexuels récidiveraient dans les quatre ou cinq ans suivant leur mise en liberté selon une méta-analyse de 61 études à travers le monde portant sur 23 393 contrevenants. Rapporté par le *Journal du Centre de toxicomanie et de santé mentale* (CTMS, reconnu comme « centre d'excellence » par l'OMS), Université de Toronto, janvier-février 2000.

48. 3,7% selon le rapport Lemperière réalisé par le service médico-psychologique régional (SMPR) de Grenoble-Varces. Cité par M. Jacques Bimbenet, sénateur, dans son rapport devant la Commission des affaires sociales, avis n° 51, 1997-1998.

49. Selon le rapport Lemperière, le taux de récidive serait de 8 % en cas de viol et de 20,4 % pour les agressions de nature délictuelle.

50. *Les Perversions sexuelles, op. cit.*, p. 112. On retrouve, à peu de chose près, les mêmes chiffres dans le rapport du sénateur Bimbenet.

51. Commission des affaires sociales, avis n° 51, 1997-1998.

52. Sur cette question, voir *infra*.

Chapitre 4

« SANS OUBLIER LES VICTIMES »

1. Boris Cyrulnik, *Psychologies*, mars 2001.

2. *Lettre de la Fondation pour l'enfance*, n° 24, 4e trimestre 1999. Voir également Boris Cyrulnik, *Un merveilleux malheur*, 1999, *Les Vilains Petits Canards*, 2001, Paris, Éditions Odile Jacob.

3. Noëlle Magano-Vouland, Colloque « Les infractions sexuelles sur mineurs », SAF, Marseille, 29-30 avril 2000.

4. *Lettre de la Fondation pour l'enfance*, n° 24, 4e trimestre 1999.

5. Boris Cyrulnik, *Psychologies*, mars 2001.

6. *Ibid.*

7. 31,3% des patients souffrant d'un syndrome de l'intestin irritable aurait ainsi été victimes d'abus sexuels. Chiffre fourni dans une étude conduite en 1994 par le docteur Delveaux, du CHU Rangueil à Toulouse. Ce taux élevé figurait déjà dans des travaux américains menés par D. A. Drossman qui avançait la proportion encore plus importante de 40 %. *Le Monde*, 25-26 novembre 2001.

8. Selon une étude menée auprès de 200 prostituées mineures en Californie, 40 % d'entre elles avaient été victimes de relations incestueuses. *Cf.* Frédérique Gruyer, Martine Fadier-Nisse, Dr Pierre Sabourin, *La Violence impensable, op. cit.*

9. 4 % des quinze-dix-neuf ans font des tentatives de suicide ; au premier plan des circonstances favorisantes, les violences subies, l'appartenance à une famille monoparentale ou recomposée, les difficultés scolaires, les conduites addictives — drogues diverses (rapport du Haut Comité à la santé publique, 1999).

10. 80 % selon Nicholas Groth, psychologue américain, cité dans *La Violence impensable, op. cit.*, p. 195. 52,9 % (pour les pédophiles) selon Jocelyn Aubut, professeur de psychiatrie à Montréal, *Les Agresseurs sexuels*, Paris, Maloine, 1993. Environ 35 % selon le *Rapport de recherche sur les agresseurs sexuels*, de Claude Balier, André Ciavaldini et Martine Girard-Khayat, direction générale de la Santé, 1996, portant sur l'étude de 176 cas.

11. *Le Journal des psychologues*, mai 1994, n° 117.

12. *Psychologies*, avril 1999, n° 174, dossier « Les secrets de famille ».

13. D. Dumas, *L'Ange et le Fantôme*, Paris, Minuit, 1995.

14. *Le Monde*, 21 octobre 1999.

15. Y compris, si la prescription est acquise, devant un tribunal civil dans le cadre d'une action en réparation. *Cf.* le combat exemplaire et symbolique mené par Georges Kempf devant le tribunal de grande instance d'Albertville, trente ans après les faits dont il affirme avoir été victime de la part de son oncle. Pour lui, « les victimes ne peuvent sortir de la souffrance et de la culpabilité qu'en faisant un procès ». *Le Monde*, 20 décembre 2001.

16. *Cf.* p. 172-173.

17. Selon quatre magistrats enseignant les fonctions de juge correctionnel et de juge de l'application des peines à l'École nationale de la magistrature, il convient de « s'interroger sur l'absence totale de mise en œuvre de dizaines de milliers de jugements chaque année. Les rares études qui ont été faites concluent à la mise à exécution d'un tiers seulement des peines prononcées par les tribunaux ». *Le Monde*, 30 janvier 2002. S'agissant seules des condamnations à des peines de prison, le taux d'inexécution serait de 37 % selon l'Union syndicale des magistrats (USM) et de 32 % selon la chancellerie. Le ministère de la Justice indique que 11,5 % des peines ne sont pas exécutées pour cause de grâces, 5 % en raison d'aménagements décidés par les JAP, 15,5 % en raison de l'ignorance du lieu du domicile du condamné. *Le Monde*, 11 avril 2002.

18. *Le Midi libre*, 17 février 2001.

19. Ces sommes sont en effet très faibles si on les compare avec les dommages et intérêts accordés régulièrement pour « atteinte à la vie privée et au droit à l'image », suite à la parution d'articles type « Claire C. menacée, traquée, harcelée par un trop lourd secret » (150 000 francs) ou encore « Un prince dans la vie de Caroline » (200 000 francs), etc.

20. Les Français aiment bien se moquer des Belges. Nous ferions cependant mieux de saluer la capacité d'indignation de nos voisins. Une affaire similaire aurait-elle autant remué l'opinion française ? Chez nous, l'indifférence est trop souvent la règle. Les Belges ont su en cette occasion donner un sens et un contenu au mot « insupportable ». Ils ne se sont pas contentés de le prononcer. Ils furent 325 000 à descendre dans la rue pour exprimer clairement que là c'en était trop. À titre de comparaison, 1 500 personnes défilèrent à Paris à l'appel des associations protestant contre les dysfonctionnements judiciaires relevés dans les dossiers d'Émile Louis et des « disparus de l'Yonne » le 3 mars 2001.

21. « Le pardon peut-il guérir ? », *Esprit*, n° 211, mai 1995.

22. M. Kundera, *La Plaisanterie*.

23. Expression utilisée par Maître Henri Leclerc au sujet de Didier Gentil après que celui-ci eut enfin reconnu son rôle dans le meurtre et le viol de la petite Céline Jourdan.

24. Il s'agit d'un médecin de campagne ne craignant pas les foudres du conseil de l'ordre, fournissant un excellent exemple de ce qu'il faut entendre par devoir d'ingérence.

25. Ainsi qu'on a pu le lire en début de cet ouvrage, *cf. supra* p. 13 et suivantes.

26. Paul Bensussan, « Le point de la parole de l'enfant », Actes du colloque « Les infractions sexuelles sur mineurs », SAF, Marseille, 29-30 avril 2000.

27. La plainte déposée à l'encontre du prélat par certaines parties civiles (en juillet 1999) devait aboutir (en juin 2001) à son jugement par le tribunal correctionnel de Caen pour « non-dénonciation d'atteintes sexuelles et de mauvais traitements » et à sa condamnation (en septembre 2001) à trois mois d'emprisonnement avec sursis.

28. La prise de position des évêques français réunis en assemblée plénière le 10 novembre 2000 à Lourdes mérite d'être saluée. Elle tient en deux phrases : « les prêtres coupables d'actes pédophiles doivent en répondre devant la Justice », « les évêques ne doivent pas rester passifs et encore moins couvrir de tels actes ». Cette prise de position a connu une première traduction concrète dès le 30 novembre 2000 avec l'autodénonciation d'un prêtre du diocèse d'Évreux sur les recommandations de son évêque, Mgr Jacques David. *Cf. Le Monde*, 3-4 décembre 2000. Au mois de juin 2001, 19 prêtres (sur les 25 000 ecclésiastiques que compte l'Église de France) étaient mis en examen pour des agressions sexuelles commises sur des mineurs.

29. À noter les déclarations de Jacques Chirac lors d'une réunion de travail sur l'enfance maltraitée : « Dans le doute, plutôt que de taire un soupçon, il faut le signaler aux services spécialisés... Chaque citoyen doit se sentir personnellement investi. » *Le Monde*, 5 mars 2001.

30. *Le Monde*, 15 septembre 1999.

31. Même souci pour les docteurs Chantal Ély et Christian Spitz dont les cas ont été respectivement soumis au conseil de l'ordre des médecins en octobre 2000 et septembre 2001. *Le Monde*, 5 octobre 2000 et 20 septembre 2001.

32. *Cf.* lois des 16 novembre 2001 et 17 janvier 2002 modifiant l'article 226-14 du Code pénal assurant respectivement la protection des travailleurs sociaux et des médecins.

33. *Le Monde de l'éducation*, mars 2001. À saluer cependant les régulières campagnes de prévention lancées sur ce thème, notamment par Ségolène Royal en janvier 2002, ainsi que le projet de mise en place à son initiative d'un « Observatoire national des maltraitances et des violences sexuelles ».

34. 789 282 appels ont été traités par le 119 en 2000. Source SNATEM.

35. Source : Journées des correspondants départementaux SNATEM, 23 juin 1995.

36. Soit 1 magistrat pour 6667 habitants en 1914, 1 magistrat pour 8765 habitants en 2001. Source : *Les Chiffres clés de la justice*, ministère de la Justice, octobre 2001.

37. J.-C. Xuereb, président honoraire du tribunal de grande instance d'Avignon, *Le Monde*, 14 juillet 2001.

38. Pour retrouver le même rapport qu'en 1914, il en faudrait 1000 de plus.

39. Un tract distribué lors de la « Marche blanche » organisée le 3 mars 2001 par plusieurs associations protestant contre « les dysfonctionnements de la lutte contre la pédocriminalité », suite aux carences certaines dont la justice avait fait preuve dans le traitement des dossiers d'Émile Louis et des « disparus de l'Yonne », se faisait l'écho de cette inquiétude. On pouvait y lire : « La Justice française persiste au quotidien dans cette complicité active, passive et criminelle, abandonnant ainsi des enfants victimes à leurs bourreaux. Pourquoi ? Une lourde chape de plomb étouffe certaines affaires, une étrange loi du silence favorise les agresseurs d'enfants. Pourquoi ? » *Le Monde*, 6 mars 2001. Même état d'esprit chez Mme Chalon, présidente de la Fédération des comités Alexis-Danan qui évoque à ce sujet « l'impunité des grands de ce monde » et chez le professeur Léon Schwartzenberg qui parle d'une « *omertà* de classe ». *Le Monde*, 20 novembre 2001.

40. Comme celle lancée par une magistrate le 27 mars 2000 affirmant sur France 3 l'existence « d'un charnier d'enfants en région parisienne ». *Le Monde*, 14 avril 2000.

41. Encore que le traitement de certaines affaires puisse parfois laisser rêveur. *Cf.* celui réservé par la justice niçoise au dossier de la petite Lauriane Kamal dont le père, Karim Kamal, fut le premier (et à ce jour unique) citoyen français à obtenir l'asile politique aux États-Unis, les juges américains ayant estimé qu'il avait subi de graves « représailles de la part du système judiciaire

français » pour avoir accusé des « officiels haut placés » (dont des magistrats) d'être impliqués dans les actes pédophiles que sa fille Lauriane disait avoir subis. *Le Monde*, 15 juin 2001.

42. Autre exemple : le non-traitement des affaires touchant à la prostitution des filles (souvent mineures) venues des pays de l'Est. À la journaliste Sylvia Zappi s'étonnant de ce que « la police nie l'existence de réseaux et soutient que ces jeunes femmes arrivent de leur plein gré », Philippe Dorcet, juge d'instruction au TGI de Nice, apporte la réponse suivante : « Cela arrange tout le monde de dire que les réseaux n'existent pas, qu'il n'y a pas de proxénète et que les filles sont consentantes... On refuse de voir qu'elles se prostituent sous la pression dans des conditions d'hygiène déplorables et on fait semblant d'ignorer qu'elles sont en situation irrégulière. Il est peut-être plus simple pour certains services de police de continuer à ignorer la dimension du crime organisé et du blanchiment d'argent. Mais le calcul est pourtant simple : à Nice sont recensées 300 filles des pays de l'Est qui gagnent en moyenne 2 500 francs par nuit. Les sommes amassées représentent près de 800 000 francs tous les soirs, soit 24 millions par mois. Il est impensable que cet argent soit collecté sans lien avec le crime organisé. » *Le Monde*, 25 août 2001.

43. « Si la loi est appliquée dans toute sa rigueur, le système sera vite bloqué. J'attends le jour où on libérera l'équivalent de Guy Georges ("le tueur de l'Est parisien"), sur une erreur de procédure. » Commentaire d'un magistrat à propos de ce texte. *Le Monde*, 11-12 mars 2001. Sans qu'aucune erreur de procédure n'ait été commise, la libération sous contrôle judiciaire de Jacques Kaisersmertz, suivie de sa fuite pour tenter d'échapper à la cour d'assises, ne manqua pas d'indigner les parties civiles.

44. L'expression figure dans la circulaire du 11 décembre 2000 adressée par la chancellerie aux chefs de juridiction : « L'appel de l'accusé contre les décisions de condamnation constitue l'essence même de la réforme consistant à donner une "seconde chance" aux personnes condamnées en matière criminelle. »

45. Les parties civiles ne peuvent faire appel que sur les dispositions civiles des jugements. Cela signifie qu'en cas de relaxe devant un tribunal correctionnel, si le parquet se refuse à faire appel sur l'action pénale, et si la partie civile fait néanmoins appel sur l'action civile, la juridiction d'appel ne pourra pas se prononcer sur la culpabilité et ne pourra donc pas prononcer de condamnation pénale vis-à-vis du prévenu. On se doute qu'à partir de là la discussion sur les intérêts civils devient généralement sans objet...

46. Le premier dossier concernait le procès des parents du petit Lubin qui étaient tous les deux poursuivis pour avoir maltraité à mort leur enfant. Les parents s'accusaient mutuellement d'en porter la responsabilité. Lors du premier procès, en novembre 2000, le père fut acquitté, et la mère condamnée. La mère fut donc seule à être rejugée devant la cour d'assises d'appel un an plus tard. Le père se constitua partie civile, ce qui ne manquait pas d'être paradoxal. La mère fut à nouveau condamnée, et la constitution de partie civile du père rejetée.

Le second dossier fut celui de Pascal Hiblot, policier responsable de la mort d'un jeune d'une cité du Val-Fourré, acquitté par la cour d'assises des Yvelines en octobre 2001. La cour d'assises avait reconnu la légitime défense. Le jeune Youssef Khaif était pourtant décédé d'une balle dans la nuque alors qu'il s'enfuyait à bord d'une voiture. Ni le parquet (qui avait demandé une peine de principe, compte tenu du contexte — le policier était sous le choc de la mort de l'une de ses collègues décédées quelques heures auparavant au cours de cette nuit d'émeute), ni bien sûr la famille de la victime ne purent faire appel. Cent trente écrivains, cinéastes et universitaires signèrent une pétition pour dénoncer cet acquittement. Dans une tribune libre du 11 octobre 2001 parue dans *Le Monde*, Philippe Bilger, avocat général près la cour d'appel de Paris, après avoir rappelé que le parquet n'avait pas la possibilité d'interjeter appel, écrivait : « Espérons que cette indignation unilatérale servira au moins à réparer cette absurdité. » Il fut fort heureusement entendu.

47. Dans un premier temps, la proposition de loi examinée en février 2002 n'ouvrait la possibilité aux parquets de faire appel d'une décision d'acquittement que dans l'hypothèse où une décision de condamnation ayant fait l'objet d'un appel avait été prononcée à l'encontre d'un coaccusé (ce qui répondait au cas des parents du petit Lubin). En revanche, les affaires dans lesquelles une personne seule avait été acquittée (comme cela avait été le cas pour Pascal Hiblot) restaient exclues du dispositif. C'est dire combien cet accouchement fut difficile.

48. Ainsi, le délai moyen d'audiencement d'un dossier criminel (qui court du jour où le dossier est renvoyé par le juge d'instruction ou la chambre de l'instruction devant la cour d'assises au jour de l'ouverture du procès) était de 11,4 mois en 1999 (ce délai était de 8,1 mois en 1993).

49. En cas d'appel, la nouvelle audience doit débuter dans un délai maximal de douze mois. Si tel n'est pas le cas, l'accusé, s'il est détenu, doit être libéré.

50. *Cf.* le témoignage de Jean Querre dont la fille, Mélanie, fut violée, torturée et tuée par deux hommes condamnés le 30 juin 2000 à la réclusion criminelle à perpétuité assortie d'une période de sûreté de vingt-deux ans. Ces hommes — qui reconnaissaient la totalité des actes qui leur étaient reprochés — firent néanmoins appel de ce verdict (confirmé en toutes ses dispositions par la cour d'assises du Val-de-Marne en septembre 2001) : « Humainement, les conditions de déroulement du second procès ne sont pas acceptables pour les familles des victimes. Elles apparaissent causes de souffrances supplémentaires inutiles et injustes. » *Le Monde*, 14 novembre 2001. Même douleur pour les familles des quatre victimes des frères Jourdain rejugés en appel par la cour d'assises du Nord en mars 2002.

51. Si l'on voulait absolument instaurer un double degré de juridiction, n'aurait-on pu le limiter aux accusés niant les faits et plaidant l'acquittement, selon le système anglo-saxon du « coupable-non coupable » ? C'est une évidence, mais il n'est apparemment pas inutile de le rappeler : quand les faits sont reconnus, il n'y a pas de risque d'erreur judiciaire. On aurait ainsi évité à ceux qui les reconnaissent la « tentation de l'appel », si forte lorsque l'on est condamné à une longue peine. Car nombreux sont ceux, « tentant leur chance », à se retrouver condamnés à des peines plus lourdes qu'en première instance. Les premières estimations données par la chancellerie évaluent le taux d'appel à environ 30 %.

52. Les jurés lui ont d'ailleurs donné raison : condamné à dix-huit années de réclusion criminelle, René Bissey a immédiatement annoncé son intention de faire appel. Il devait fort heureusement s'en désister en août 2001.

53. *Le Monde*, 27-28 février 2000.

54. *Le Monde*, 1er mars 2000.

55. La manière dont la défense de Guy Georges fut déstabilisée lors de son procès au point d'entraîner finalement ses aveux en est l'illustration parfaite : *cf. Le Monde* du 26 mars 2001 : « En milieu d'après-midi, la cour entend un expert en textiles venu expliquer que les déchirures constatées sur les vêtements des victimes du "tueur en série de l'Est parisien" avaient été provoquées par une lame de couteau. Le débat s'engage sur la question de savoir si l'agresseur était droitier ou gaucher quand Maître Doumic, avocate d'une famille de victime, décide d'interroger l'accusé : "Vous nous avez dit que vous étiez droitier, pourtant, tout à l'heure, quand vous regardiez l'album photo (représentant la scène d'un crime imputé à Guy Georges), vous tourniez les pages de votre main gauche, que doit-on comprendre ? — Je suis droitier, assure Guy Georges interloqué. — Donc, quand vous frappez, c'est de la main droite ? — Oui. — Et quand vous frappez avec un couteau, c'est toujours de la main droite ? — Oui." Maître Doumic réussit son effet. Guy Georges enrage. Me Pons, son avocate, le presse de s'expliquer. "C'est un piège, elle m'a eu !" crie l'accusé. »

56. Les débats ne sont pas filmés, ni enregistrés, ni pris sous forme sténographique, et il est impossible d'imaginer pouvoir se faire donner acte de toutes les déclarations susceptibles de présenter un intérêt lors du second procès. S'en remettre à la presse paraît difficilement concevable, même s'il existe un précédent, celui de Jean-Marc Théolleyre, chroniqueur judiciaire au *Monde* pendant plus de quarante ans. Au cours d'un procès-fleuve des années 1960, « la greffière avait du mal à retrouver trace d'un incident d'audience. Le président s'est tourné vers le ministère public et les parties. "Convenons, a-t-il proposé, que l'article de M. Théolleyre fera foi !" ». Rapporté par B. Poirot-Delpech, dans *Le Monde* du 15 juin 2001, lors de la disparition de ce grand journaliste.

57. La motivation des verdicts souhaitée par certains n'y changerait rien. Sur ce sujet, *cf.* notamment l'article de Jean-Michel Dumay dans *Le Monde* du 3 juillet 2001, après la seconde condamnation de Patrick Dils, « un verdict qui pose le problème de la motivation des décisions de cours d'assises ».

58. Malgré l'adage, de bon sens, « juge unique, juge inique ». La collégialité demeure en effet l'une des meilleures garanties de la sûreté des jugements rendus et de l'indépendance des magistrats (sur ce sujet, *cf.* Maurice Garçon, *Lettre ouverte à la Justice*, Paris, Albin Michel, 1966, p. 71 et suivantes).

59. Les avocats connaissent leur part de responsabilités dans cette situation : lorsque certains viennent se plaindre des carences de telles ou telles instructions, ils se gardent généralement soigneusement de dire qu'ils y sont totalement associés.

60. Condition requise depuis 1989. Auparavant, la révision était encore plus difficile à obtenir puisqu'il était exigé un élément nouveau ou inconnu au jour du procès « de nature à établir l'innocence du condamné ».

61. Cette procédure est interprétée par les magistrats de la Cour de cassation de manière tellement restrictive que rarissimes sont les dossiers parvenant à révision : durant tout le XXe siècle, seules sept demandes ont fini par aboutir (Jean Deshayes, Guy Mauvillain, Jean-Marie Devaux, Roland Agret — qui pour attirer l'attention sur son cas devait se couper deux doigts et avaler plusieurs manches de fourchette —, Rida Daalouche, Patrick Dils et... le capitaine Dreyfus). Il a fallu attendre soixante-dix-huit ans et la nomination d'un garde des Sceaux d'origine bretonne, Marylise Lebranchu, pour envisager enfin la révision du procès de Guillaume Seznec. Ni Dominici ni Misse et Thiennot, ne sont quant à eux parvenus à obtenir gain de cause. Pour ce faire, la famille Dominici devra-t-elle attendre que la fonction de ministre de la Justice soit occupée par un Bas-Alpin ?

62. On ne peut certainement pas en dire autant des condamnations en provenance des tribunaux correctionnels ou de police.

63. On peut citer actuellement notamment les cas d'Omar Raddad, Dominique Loiseau et Jean-Marc Deperrois. Le droit de grâce du président de la République est un autre moyen de régulation ; utilisé dans les dossiers d'Omar Raddad et de Dominique Loiseau, il peut atténuer les effets d'une éventuelle erreur judiciaire. Mais il ne la répare pas, ne valant pas réhabilitation. La commission de révision démontra une nouvelle fois le caractère restrictif de sa jurisprudence en rejetant la requête présentée par Dominique Loiseau au mois de février 2002.

64. L'avocat de la partie civile peut notamment discuter la qualification retenue devant la chambre de l'instruction. Il peut également soulever l'incompétence du tribunal correctionnel s'il ressort du dossier que les faits sont de nature criminelle. Ce faisant, le jugement sera repoussé de plusieurs mois. On comprend donc ses hésitations.

65. Devant la cour d'assises, le huis clos est « de droit » s'il est demandé par la partie civile.

66. Notamment dans les hypothèses où, compte tenu du grand âge de l'agresseur, un procès conduit dans des délais rapides s'impose.

67. Dans la mesure naturellement où les moyens nécessaires seraient parallèlement mis en œuvre pour assurer le renvoi des dossiers devant les cours d'assises dans des « délais raisonnables ».

68. Le problème est le même pour toutes les infractions commises, du trafic de drogue au vol de voiture : chacun sait que le même délit jugé dans dix tribunaux différents connaîtra dix jugements différents, l'expérience en a été d'ailleurs faite en 1995 à l'échelon européen. *Cf.* également l'étude conduite par l'Observatoire français des drogues et des toxicomanies (OFDT) sur les disparités entre tribunaux dans le traitement des crimes et délits liés à la drogue. *Le Monde*, 26 juillet 2001.

69. Les juridictions restant naturellement libres de leurs décisions dans l'hypothèse où le parquet abandonnerait l'accusation.

70. À la condition naturellement de ne pas l'entendre solliciter des sanctions ridicules pour éviter de voir les condamnés interjeter appel des décisions rendues. *Cf. supra*, sur le réquisitoire de l'avocat général au procès de l'abbé Bissey.

71. Une « enquête de satisfaction » publiée par la chancellerie le 22 mai 2001 précise par ailleurs que 77 % des victimes estiment que les tribunaux ne se sont pas montrés assez répressifs dans l'affaire les concernant.

72. Anecdotique, mais néanmoins bien révélateur de l'oubli dans lequel sont tenues les victimes, l'article 307 du Code de procédure pénale où l'on peut lire la précision suivante : [les débats devant la cour d'assises] « peuvent être suspendus pendant le temps nécessaire au repos des juges et de l'accusé »... Le Code ignore la fatigue des parties civiles.

73. Emmanuel Carrère, *L'Adversaire*, Paris, POL, 1999.

74. *Le Monde*, 28 juillet 1999. Le 26 mai 2000, la cour d'assises de l'Isère condamnait à trois années d'emprisonnement Serge S., assassin d'un « papy » pédophile de soixante-dix-huit ans qui avait sévi dans son village pendant plus de quarante années avant d'être dénoncé. Le parquet de Grenoble s'était contenté d'ordonner une simple expertise psychiatrique, s'abstenant dans un premier temps de solliciter l'ouverture d'une instruction. En présence de cette apparente inertie judiciaire, Serge S. (dont les deux enfants figuraient au nombre des victimes) s'était posé en « justicier ».

CONCLUSION

1. Inquisition = enquête, le juge d'instruction est un magistrat « enquêteur ».

2. *Cf.* notamment l'ouvrage de Thierry Lévy, *Justice sans Dieu*, *op. cit.*

3. Il en va de même de toute généralisation faite à partir d'erreurs d'appréciation commises ici ou là par tel ou tel magistrat dans l'exercice de ses fonctions.

4. Voire inférieurs, *cf.* l'impossibilité pour le parquet d'interjeter appel des verdicts de cour d'assises en cas d'acquittement jusqu'au vote de la loi du 4 mars 2002.

5. C'est d'ailleurs cette carence du parquet, cette transparence de l'accusation, qui conduit le juge d'instruction à donner l'impression de se laisser aller à instruire plus facilement à charge qu'à décharge.

6. Charles Libman, dans son ouvrage *Justice impossible* datant de 1974, écrivait déjà : « Prétendre que le juge d'instruction est le personnage le plus puissant de France relève de la faribole. »

7. Les magistrats ne sont d'ailleurs pas les derniers à s'en scandaliser : « Les prévenus apparaissent à l'audience détenus puisqu'ils viennent d'être arrêtés. Les garanties procédurales sont nulles, ce sont des chambres d'abattage ! », dit l'un d'entre eux. *Le Monde*, 10 mars 2001, « La révolte des juges » (Horizons).

8. La France est aujourd'hui dans un système de justice à deux vitesses, « l'une très lente pour la grande criminalité et la délinquance économique et financière avec d'innombrables motifs d'annulation, un luxe de détails et d'attentions sur la procédure, et l'autre où les garanties procédurales sont minimes, les droits de la défense bafoués et l'AJ au rabais ». Un magistrat au journal *Le Monde, ibid.*

9. La loi du 15 juin 2000 a modifié l'article 81 du Code de procédure pénale qui précise désormais que le juge se doit d'instruire à charge et à décharge.

10. Thierry Lévy, *Justice sans Dieu, op. cit.*

11. *Cf.* la tribune libre d'Étienne Jaudel parue dans *Le Monde* du 1er décembre 2001, sous le titre « Mythe ». L'auteur y relate les dérives de la justice américaine : « Pour "instruire" l'accusation, les procureurs disposent de l'appareil policier qu'ils contrôlent et peuvent faire appel à tous les techniciens utiles à leur démonstration. C'est donc aux avocats de la défense qu'il revient de refaire l'enquête menée par l'accusation dans la seule optique de la culpabilité du prévenu. À eux de requérir l'assistance de techniciens de toute nature (enquêteurs, experts balistiques, comptables, médecins psychiatres, etc.), en mesure de prouver l'inanité ou la faiblesse des charges retenues contre l'accusé et de les rémunérer. Un travail considérable. Des frais exorbitants. Des honoraires que la plupart des justiciables ne sont pas en mesure d'assumer. Une justice de riches : des coupables fortunés acquittés, des innocents "indigents" condamnés. » Et d'évoquer le « désastreux système du *plea bargain* : pour éviter les frais et les longueurs d'une audience publique contradictoire, les procureurs acceptent, si l'accusé se reconnaît coupable, de négocier la peine encourue par lui. Une justice à la carte. Par souci d'économie, des innocents se reconnaissent coupables ». Avant de conclure avec sagesse : « Le système accusatoire suppose des moyens matériels et financiers que les États modernes n'ont guère coutume de mettre à la disposition de la justice, ce parent pauvre des budgets. Laissons donc un magistrat instruire les affaires pénales, sous le contrôle d'autres magistrats, et consacrons-nous à améliorer notre système plutôt qu'à le changer. »

12. Ainsi, dans le procès de Patrick Dils devant la cour d'assises des mineurs de la Marne en juin 2001, l'avocat général avait abandonné l'accusation et réclamé l'acquittement. Malgré ce, la cour avait condamné l'accusé à vingt-cinq ans de réclusion criminelle. Patrick Dils avait alors interjeté appel. Si Patrick Dils avait été acquitté et si le parquet, comme cela eût été logique compte tenu des réquisitions prises, s'était refusé à faire appel de la décision d'acquittement (à supposer que la loi lui en ait donné à l'époque la possibilité), la partie civile n'aurait pas eu la liberté de remettre en cause ce verdict, en l'état actuel des textes.

13. C'est-à-dire, généralement, sur le montant des dommages et intérêts qui ont été accordés en cas de condamnation et, dans les cas d'agressions sexuelles par ascendant, sur la déchéance de l'autorité parentale si les premiers juges ont refusé de la prononcer.

14. Juris. Classeur Procédure pénale, « action publique et action civile », fasc.10.

15. Plaisanterie d'autant plus hypocrite dans la loi du 15 juin 2000 que les arrêts rendus sur l'action civile après un acquittement sur l'action publique ne sont pas susceptibles d'appel... On voit mal dans ces conditions comment et devant qui « soutenir que l'infraction est constituée » !

16. Cour de cassation, chambre criminelle, 19 octobre 1982.

17. Cass. Crim., 8 juin 1971.

18. Jusqu'au mois de septembre 2001, cette indemnité était six fois supérieure.

19. Renaud Denoix de Saint-Marc, vice-président du Conseil d'État, ne disait pas autre chose en jugeant « dommageable » que « l'action politique ait pris la forme d'une gesticulation législative » et que la loi, au lieu d'être « solennelle, brève et permanente », soit « bavarde, précaire et banalisée ». *Le Journal du Dimanche*, 21 janvier 2001.

BIBLIOGRAPHIE INDICATIVE

ABGRALL Jean-Marie, *Le Cerveau prisonnier*, Paris, Calmann-Lévy, 1995.
ARCHER Évry, *Agressions sexuelles : victimes et auteurs*, Paris, L'Harmattan, 1998.
AUBUT Jocelyn, *Les Agresseurs sexuels*, Montréal, Maloine, 1993.
BENSUSSAN Paul, *Inceste, le piège du soupçon*, Paris, Belfond, 1999.
BERNEUX Laurence, GARDE Serge, *Le Livre de la honte (les réseaux pédophiles)*, Paris, Le Cherche-Midi, 2001.
BESSETTE Jean-Michel (ouvrage collectif), *Crimes et cultures*, Paris, L'Harmattan, 1999.
CYRULNIK Boris, *Un merveilleux malheur*, Paris, Éditions Odile Jacob, 1999.
CYRULNIK Boris, *Les Vilains Petits Canards*, Paris, Éditions Odile Jacob, 2001.
DALIGAND Liliane, GONIN Daniel, *Violence et victimes*, Lyon, Méditions, 1993.
FINGER Sarah, *Les Perversions sexuelles*, Paris, Ellipses, 1998.
FLANDRIN Jean-Louis, *Familles, parenté, maison, sexualité dans l'ancienne société*, Paris, Seuil, 1984.
GABEL Marceline (ouvrage collectif), *Les Enfants victimes d'abus sexuel*, Paris, PUF, 1998.
GABEL Marceline, LEBOVICI Serge, MAZET Philippe, *Le Traumatisme de l'inceste*, Paris, PUF, 2000.
GRUYER Frédérique, FADIER-NISSE Martine, SABOURIN Pierre, *La Violence impensable*, Paris, Nathan, 1991.
LEGRAS Bernard, *Éducation et culture dans le monde grec*, Paris, SEDES, 1998.
LÉVY Thierry, *Justice sans Dieu*, Paris, Éditions Odile Jacob, 2000.
LIBMAN Charles, *Justice impossible*, Paris, Robert Laffont, 1974.
LIBMAN Charles, *Et ce sera justice*, Paris, Plon, 1996.
MANCIAUX Michel (ouvrage collectif), *L'Enfant maltraité*, Paris, Fleurus, 1993.
POLLACK Émile, *La parole est à la défense*, Paris, Robert Laffont, 1975.
TOMKIEWICZ Stanislas, *L'Adolescence volée*, Paris, Calmann-Lévy, 1999.
VAN GIJSEGHEM Hubert, *L'Enfant mis à nu*, Montréal, Méridien, 1992.

REVUES, RAPPORTS, COLLOQUES

Actes des Journées nationales d'études petites enfances, Nîmes, 26-27 novembre 1996, *Les Cahiers de l'ANPASE*, n° 3-4, 1997 ; Liliane Daligand, *Protéger, sanctionner, Soigner* ; Docteur Carot Jonas, *Les Syndromes posttraumatiques chez l'enfant maltraité.*

Actes des Journées d'études et de réflexion de l'Unité de formation et de recherche de la Fondation pour l'enfance, *Des lieux de soins et de réparations pour les enfants victimes d'agressions sexuelles*, Fondation pour l'enfance, 21 novembre 1997.

Actes du colloque *Premières Assises nationales du représentant spécial de l'enfant en droit français*, Association CHRYSALLIS, septembre 2000, 24, quai de France, Grenoble (38000).

Actes du colloque de défense pénale *Les Infractions sexuelles sur mineurs*, Syndicat des avocats de France, Marseille, 29-30 avril 2000.

Actes des Journées d'études et de réflexion de l'Unité de formation et de recherche de la Fondation pour l'enfance, *L'Administrateur* ad hoc, Fondation pour l'Enfance, 15 octobre 2001.

Annuaire statistique de la justice, Paris, La Documentation française, 2001.

Le Journal des psychologues, Dossier « Perversions : entre souffrance et fascination », n° 117, mai 1994.

Le Monde de l'éducation, mars 2001.

Psychologies, avril 1999, mars 2001.

Rapport de la Commission d'enquête parlementaire, n° 2468, *Les Sectes en France*, Les Documents d'information de l'Assemblée nationale, 1995.

Revue canadienne de psycho-éducation, vol. 19, n° 1, 1990.

Sciences et Avenir, n° 634, décembre 1999.

TABLE

Cet ouvrage a été réalisé par

FIRMIN DIDOT
GROUPE CPI

Mesnil-sur-l'Estrée

pour le compte des Éditions Odile Jacob
en avril 2002

Cet ouvrage a été transcodé et mis en pages
chez Nord Compo (Villeneuve-d'Ascq)

Imprimé en France
Dépôt légal : mai 2002
N° d'édition : 7381-1113-X – N° d'impression : 59461